KB254184

왜 나는 중국을 공부하는가

중국 전문가
김만기 박사의
가슴 뛰는
중국 이야기

왜 나는 중국을 공부하는가

김만기

지음

달북

02 두 얼굴의 중국
진짜 공부는 현장에 있다

03 베일 속의 중국
알수록 깊이 있는 나라

04 기회의 중국

한국만 빼고 다 아는 가능성의 땅

당신이 아직도 모르는
미지의 세계, 중국

중국은 언제나 나를 가슴 뛰게 만든다. 20대 초반에 중국을 만나 내 나이 40이 넘은 지금까지 약 20여 년이 넘는 세월을 함께했음에도 중국은 여전히 아는 것보다 모르는 것이 많은 미지의 세계다. 그래서 더 호기심이 일고, 마치 처음 연애를 시작할 때처럼 가슴이 설레는 것인지도 모르겠다.

중국은 마치 살아 움직이는 거대한 생물체 같다. 게다가 지금의 중국은 내가 처음 만났을 때보다 더 젊어지고 더 강해졌다. 어찌나 역동적인지 불과 몇 달 사이에도 확확 달라진다. 그런 중국을 볼 때마다 조바심이 나곤 한다. 중국은 하루가 다르게 성장하는데, 아직까지도 중국에 대해 제대로 모르는 사람들이 너무나도 많기 때문이다. 이미 중국은 우리나라를 한참 앞질러 가버렸는데도, 여전히 중국을 값싼 노동력으로 세계의 공장 노릇을 하는 나라 정도로 폄하하는 사람들을 볼 때마다 안타깝고 답답하다.

처음 출판사로부터『왜 나는 중국을 공부하는가』라는 제목으로 집필을 요청받았을 때 두말하지 않고 바로 수락한 것도 이 때문이다. 내가 경험한 중국을 제대로 알리고 싶었다. 이미『중국 천재가 된 홍 대리』를 출간해 중국을 알고 싶어 하는 분들에게 그 실체를 쉽고 재미있게 전달하고, 중국에 진출하기 위해 꼭 필요한 정보를 제공하긴 했지만 좀 아쉬움이 남았다.『중국 천재가 된 홍 대리』에서 보여준 중국은 빙산의 일각에 불과하기 때문이다.

어느새 중국은 개인에게나, 기업에게나, 국가에게나 큰 영향을 미치는 나라로 자리를 잡았다. 부정적으로 생각하거나 두려워할 필요는 없다. 만약 아무런 준비도 없는 무방비 상태로 중국에서 불어오는 바람을 맞으면 쓰러지겠지만, 제대로 알고 준비하면 이 새로운 바람은 기회이자 달콤한 미래가 될 수 있기 때문이다. 이 분명한 사실을 좀 더 많은 사람들과 공감하고 함께 준비하고 싶었다. 지극히 개인적인 경험들을 속속들이 다 보여주는 것이 쉽지는 않았지만 20여 년 이상 중국을 공부하고, 수없이 시행착오를 되풀이하며 이해한 중국을 더 많은 사람에게 알려야 한다는 책무감으로 이 책을 쓸 용기를 냈다.

이 책에서는 가능한 한 직접 경험한 중국을 담으려고 노력했다. 어디에서나 들을 수 있는 중국 이야기가 아닌 내가 직접 체험한 살아 있는 중국 이야기를 하고 싶었기 때문이다. 20대 초반 중국 유학을 결심했던 이유부터 베이징(北京)대학을 졸업하고 영국에서 중국학을 공부했던 이야기, 중국에서 직·간접적으로 사업을 하면서 겪었던 이야기들을 가감 없이 이 책에 담았다.

중국은 기회다

내 인생에서 가장 고통스럽고 힘들었던 시절, 나는 중국을 선택했다. 재수에 이어 삼수마저도 실패한 후, 나는 다시는 올라오지 못할 벼랑으로 떨어진 것 같았다. 패잔병처럼 군대에 끌려갔지만 내내 캄캄한 어둠 속에 갇혀 있는 듯 극도의 불안함에 시달렸다.

막다른 골목에서 중국은 운명처럼 다가왔다. 그때만 해도 중국은 낯설고 두려운 나라였다. 우리나라와는 체제가 다른 사회주의 국가라서 마음대로 갈 수도 없고, 간다고 해도 자기 목숨을 부지하기 어려운, 위험천만한 나라로만 알던 시절이었다. 그래도 나는 중국에 관심이 갔다. 어렸을 때부터 막연하게나마 중국을 동경하기도 했지만 당시 사회적인 분위기도 어느 정도 역할을 했다. 군 복무를 마칠 무렵인 1992년 8월 24일 역사적인 한중수교가 이루어진 것이다. 더 이상 중국은 냉전의 논리에 얽매여 가까이하면 안 되는 나라가 아니라 함께할 수 있는 이웃나라였다. 이를 계기로 중국에 대한 나의 관심은 더욱 뜨거워졌다.

당시 중국은 전혀 예측할 수 없는 곳이었기에 두려움이 컸지만 그래서 더 마음이 끌렸던 것도 사실이다. 이미 모두가 몰려가는 길에서는 뒤처져도 한참을 뒤처진 상태였다. 수많은 사람들이 앞서간 길에서 남은 이삭을 줍는 것보다는 아무도 가지 않은 길을 가야 기회를 다시 얻을 가능성이 크다고 생각했다.

솔직히 처음 중국으로 떠날 때만 해도 패배자와도 같았던 내 삶을 반전시킬 수 있으리란 확신은 없었다. 그럼에도 어떻게든 다시 일어서고 싶다는 간절함이 컸다. 나는 두려움을 뒤로 하고 중국에 도전했고, 결국 그토록 갈망했던 새로운 삶의 기회를 얻을 수 있었다.

지금 중국은 20여 년 전, 내가 처음 중국을 만났을 때와는 사뭇 다르다. 수십 년 동안 비약적인 성장을 거듭해 경제적으로나 정치적으로나 전 세계에 막대한 영향력을 행사하는 강국으로 자리를 잡았다. 그만큼 중국은 더 큰 기회의 나라가 되었다. 예전에 많은 사람이 아메리칸 드림을 꿈꾸며 미국으로 갔다면 지금은 그 발길이 중국으로 향하는 추세다.

하지만 한국에서는 아직도 중국이 얼마나 많은 기회를 품고 있는 나라인지를 모르는 사람들이 많다. 중국의 기회는 중국을 제대로 알고 직접 부딪쳐야만 볼 수 있는 것이다. 기회는 준비하고 움직이는 자의 것이다. 만약 내가 낯선 중국이 두려워 끝내 중국으로 갈 용기를 내지 못했다면 삶을 반전시킬 수 있는 기회를 얻을 수 있었을까? 또한 중국에 가서도 적극적으로 부딪치고 하나라도 더 알기 위해 노력하지 않았다면 어땠을까? 나도 모르는 사이에 기회가 조용히 왔다 가버렸을지도 모르는 일이다.

그런데 어떤 기회가 있는지를 궁금해하기 전에 중국을 알려는 노력부터 해야 한다. 단, 중국은 책상머리에서만 공부해서는 제대로 알기가 어렵다. 중국에 처음 건너가 중국어를 배울 때도, 베이징대학에서 공부를 할 때도 나는 책상에만 앉아 있지 않았다. 가능한 한 밖으로 나와 직접 사람들과 부딪치면서 있는 그대로의 중국을 체험해보고자 노력했다. 그러다 보니 유학생이 공부에 전념해도 모자랄 판에 걸핏하면 딴짓을 한 것처럼 보는 독자들도 있을 것 같다. 하지만 그러한 딴짓들이 진짜 중국을 공부하고 이해하는 데 결정적인 자양분 역할을 했고, 그만큼 기회의 폭도 넓어졌다고 자신 있게 말할 수 있다.

중국은 너와 나의
미래다

중국은 나의 현재이자 미래다. 현재 나의 모든 활동은 중국과 연결되어 있다. 대학에서 학생들에게 중국을 가르치고 있고, 중국을 알고 싶어 하는 기업인들을 대상으로 한 최고 경영자 과정 지도교수로 활동하고 있다. 사업적으로 중국에 진출하려면 이론적인 공부도 중요하지만 실무 경험이 더 중요하다. 나는 직·간접적으로 많은 경험을 했다. 베이징대학과 영국 런던대학에서 중국을 공부하고 한국으로 돌아온 후 중국에 진출하고 싶어 하는 업체들을 컨설팅하면서 간접적으로나마 많은 경험을 했고, 중국 투자 전문가로서 수년에 걸쳐 직접 중국에서 개발 사업을 진행하고 성공시키면서 이론적으로는 설명할 수 없는 귀중한 실무경험을 많이 쌓을 수 있었다.

돌이켜봐도 내가 중국에서 부동산개발 사업을 성공시켰다는 게 믿어지지가 않는다. 중국 선양에 28층짜리 쌍둥이 주상복합 건물을 완공할 때까지 하루도 마음 편히 자본 적이 없다. 당시만 해도 국내 굵직한 기업들도 중국 부동산개발 사업에 성공한 예가 없었다. 그만큼 어려운 사업이었는데, 개인 회사나 마찬가지인 조그만 신생 법인이 수백억 원 규모의 자금을 확보하고, 중국 본토 사람과 치열한 경합 끝에 선양의 요지를 낙찰받고, 대규모 공사까지 차질 없이 계획한 일정대로 마칠 수 있었던 것은 기적과도 같은 일이었다. 어느 한 과정도 순조롭게 지나가지 못했고 사사건건 문제가 발생했지만 현장에서 그런 악몽과도 같은 경험을 한 덕분에 생생하게 중국의 비즈니스 세계를 알 수 있었다.

중국 전문가로 알려지면서 방송 출연도 잦아졌다. 아직은 방송이 나에게는 맞지 않는 옷처럼 어색하게 느껴지지만 좀 더 많은 사람들에게 중국을 알릴 수 있는 좋은 기회라 생각하며 서툴지만 열심히 하고 있다. 앞으로도 활동의 내용은 조금씩 달라질 수 있겠지만 그 모든 활동이 중국과 관련된 것임은 분명하다. 중국이 없는 나의 미래는 상상하기조차 힘들다.

과연 중국은 나의 미래이기만 한 것일까? 그렇지 않다. 우리가 원하든, 원하지 않든 중국은 이미 우리의 삶 깊숙이 들어와 있다. 우리가 무심코 구매하는 제품의 상당 부분이 중국산이고, 한국 곳곳에 관광하러 온 중국인들은 우리나라 경제에 큰 영향을 미친다. 메르스가 우리나라를 강타해 중국 관광객들이 급감하자 바로 경제가 위축되고, 중국 주식시장이 폭락하자 우리나라 주식시장도 빨간 등이 켜졌다. 중국이 한 번 기침을 하면 우리나라는 곧바로 심각한 몸살에 걸릴 정도로 중국의 파급력은 크다.

누가 이런 중국의 거대한 바람을 피할 수 있을까? 아무도 없다. 결국 우리의 미래는 중국의 행보에 달려 있다고 해도 과언이 아니다. 기업은 특히 더 그렇다. 중국을 모르는 기업에게 미래가 있을까? 세계에서 가장 큰 시장을 놓친 기업이 과연 얼마나 생존하고 성장할 수 있을까?

단순한 우려가 아니다. 지금 우리나라 기업들 중 탄탄하게 성장하는 기업들은 다 일찌감치 중국을 공부하고 준비한 기업들이다. 이랜드와 아모레퍼시픽이 대표적인 예다. 이랜드는 1994년에 중국에 진출해 철저한 현지화로 현재 중국 전역에 7300여 개의 직영 매장을 오픈했을 정도로 크게 성공했다. 철저한 준비와 오랜 시간 인내를 가지고 기다리지 않았다면 불가능한 일이었다. 지금 중국 이랜드에는 제품 판매를 위탁하려는 외국 업체들이 줄을 서 있다고 한다. 직접 중국에 진출해 시행착오를 겪으며 시장을 개척하는 것보다 이미 성공적으로 유통망을 구축한 이랜드를 통하는 것이 훨씬 안전하다고 판단했기 때문일 것이다.

아모레퍼시픽도 이랜드와 마찬가지로 1990년대 초반부터 중국의 가능성을 보고 일찌감치 진출했다. 진출 후 어려움도 많았지만 3500명의 중국 소비자 조사, 중국 고객의 피부에 맞는 제품 개발, 90%에 가까운 중국 직원 비율 등 끊임없이 현지화에 충실하면서 꾸준한 매출 성장을 기록했다. 2014년에는 중국 《인민일보》의 인터넷판인 인민망에서 실시한 '중국인이 가장 사랑하는 한국 명품' 조사에서 한방 화장품 설화수가 화장품 부문 1위로 선정될 만큼 중국인들의 사랑을 받는 데도 성공했다. 2015년 설화수가 국내 화장품 브랜드 가운데 단일 브랜드로는 최초로 연매출 1조 원을 달성했는데, 여기에는 중국 소비자들의 영향력이 절대적이었음을 무시할 수 없다. 아모레퍼시픽은 한류를 발판으로 성장했지만 지금은 K-뷰티 산업을 선도하는 기업으로 승승장구 중이다.

취업을 앞둔 학생들이 종종 '어떤 기업에 취업하는 것이 좋은지' 묻는다. 기업들도 워낙 부침이 심해 오늘 잘나가는 기업이 당장 내일 무너질 수도 있는 상황이기에 현재보다는 미래가 밝은 기업으로 가고 싶은 것이다.

요즘 한국 기업들 중에는 중국 때문에 승승장구하는 기업과 고전하는 기업, 두 부류로 나눠지는 것 같다. 그래서 학생들의 질문에 그 기업이 10년 후 성장할 기업인지 아닌지 고민해보라고 답한다. 그리고 중국을 잘 아는 기업이 아무래도 미래가 더 밝지 않겠느냐는 말도 덧붙인다. 중국을 잘 아는 기업과 그렇지 않은 기업의 10년 후는 사뭇 다를 것이 분명하다.

우리의 미래,
함께 준비하면 더 좋다

최근 몇 년간 분위기는 많이 달라졌다. 적어도 지금은 많은 사람이 어렴풋하게나마 중국의 중요성을 안다. 중국에 대해 이런저런 이야기를 하며 관심을 갖는 사람들도 많아졌다. 더 이상 중국은 경쟁해서 이겨야 할 대상이 아니라 함께 가야 할 나라라는 공감대도 예전보다는 많이 형성된 상태다.

하지만 그뿐이다. 무섭게 비상하는 중국을 보면서 불안해하고 긴장하면서도 아무런 준비를 하지 않는다. 중국과 함께 윈윈하려면 중국을 제대로 알아야 하는데, 어떻게 준비를 해야 하는지조차 모르는 게 우리의 현실이다. 이 또한 이 책을 쓰게 된 이유 중 하나다. 중국에 관심은 있지만 방법을 몰라 애태우는 사람들에게 조금이라도 길잡이 역할을 하고 싶어 내가 중국을 공부했던 방법을 가감 없이 소개했다.

중국을 공부하는 데 지름길이란 있을 수 없다. 그럼에도 가능한 한 빠른 시간에, 효율적으로 중국을 공부할 수 있는 방법도 정리해보려고 노력했다. 내 경험을 토대로 최소한 시행착오라도 줄일 수 있다면 그만큼 중국을 빨리 이해할 수 있지 않겠느냐는 바람에서였다. 경험을 통해 터득한 중국 공부 노하우는 주로 파트3에서 소개했다. 파트3의 중국 공부법이 절대 정답은 아니지만 중국을 이해하고, 어떻게 공부해야 할지 방향을 잡는 데에는 조금이나마 도움이 될 것이다.

개인적인 차원에서 중국을 공부하는 것도 중요하지만 기업적인 차원에서, 더 나아가 국가적인 차원에서 중국을 공부하는 것이 더 중요하다. 지금은 그 어느 때보다도 중국을 제대로 아는 사람들이 필요하다. 나도 중국을 다 아는 전문가라 할 수는 없다. 하지만 14억 명 중국인들의 마음을 헤아려 우리 편으로 만들려면 중국을 잘 아는 사람이 적어도 10만 명은 있어야 하지 않을까?

나는 오래전부터 중국 전문가 10만 양성론을 이야기해왔다. 개인의 힘으로는 중국 전문가 10만 명을 양성하기란 불가능하다. 몇몇 대학이나 기업의 힘만으로도 역부족이다. 국가적인 차원에서 조직적으로 중국에 정통한 인재를 키워야 거대해진 중국과 당당하게 손을 잡을 수 있는데, 아직은 아무런 움직임이 없어 안타까울 뿐이다.

　"혼자 꾸는 꿈은 꿈에 불과하지만, 여럿이 함께 꾸는 꿈은 현실이 된다"는 말이 있다. 중국은 시진핑(習近平) 시대에 돌입하면서 본격적으로 '중국몽(中國夢)'을 꾸기 시작했다. 중국몽은 중국이 세계 중심이 되는 꿈을 의미한다. 국가적인 차원에서 꾸는 꿈이니만큼 중국몽이 현실이 될 가능성은 충분해 보인다.

　우리도 함께 중국을 공부하고 준비했으면 좋겠다. 아는 만큼 보이고, 보이는 만큼 느끼고, 느끼는 만큼 행동한다고 한다. 중국을 알아야 중국이 얼마나 큰 가능성을 가진 나라인지가 보이고, 제대로 봐야 어떻게 해야 할지 느껴지고 비로소 행동할 수 있다. 일단 중국을 공부하는 것이 먼저다. 함께 공부하다 보면 중국을 통해 기회를 찾고, 지속적으로 성장 가능한 행복한 미래를 만드는 일이 어느새 현실이 되어 있을 것이다.

01

운명의 중국

20대, 막다른 골목에서
운명처럼 중국을 만나다

공부를 해야
자유를 얻을 수 있었다

충청북도 청주 시내에서 10리쯤 떨어진 곳에 농촌동이란 아주 작은 마을이 있었다. 고작해야 37가구가 옹기종기 모여 농사를 짓던 그곳에서 나는 7남매 중 여섯째로 태어나고 자랐다. 나에게는 둘도 없는 포근한 동네였지만 사람들은 지명 때문에 농촌동에 사는 걸 창피해했다. 그래서 민원을 넣은 끝에 1990년에 마을의 이름이 '성화동'으로 바뀌었다. 때문에 지금은 기억 속에만 존재하는 마을이 된 지 오래다.

유년기에는 농촌동이 세상의 전부인줄 알았다. 눈만 뜨면 산과 들을 뛰어다니며 놀았다. 친구들과 딱지도 치고, 구슬치기도 하고, 팽이도 돌리고, 나뭇가지로 칼싸움도 했다. 칼싸움을 할 때는 해바라기 대를 칼집으로 만들고, 그 안에 나뭇가지를 칼처럼 꽂아두었다가 마치 무협영화처럼 그럴듯하게 뽑곤

했다. 해바라기 대는 속이 흰 솜 같은 것으로 가득 차 있다. 해바라기 대를 자르고 속에 있는 흰 솜을 빼면 제법 멋진 칼집이 된다. 누가 처음에 그런 기발한 생각을 했는지는 모르겠지만 나와 친구들은 이렇게 자연에서 놀이기구를 만드는 방법을 배워 신나게 놀았다.

돌아보면 온통 놀 거리였다. 가을이면 추수를 해 논에 쌓아 놓은 볏짚에 올라가 뛰어내렸고, 산에서는 나뭇가지와 풀로 동굴을 만들었다. 겨울이면 꽁꽁 언 개울가에서 썰매를 타고 놀았다. 어찌나 험하게 놀았는지 새 옷을 입어도 금방 흙투성이가 되곤 했는데, 이런 나를 보고 어머니는 '털펑이'라 부르셨다. 털펑이는 아무데나 털퍽털퍽 앉아 옷을 더럽힌다는 의미였던 것 같다.

그렇게 농촌동이란 작은 마을에서 행복한 유년기를 보냈다. 여름이면 얼굴이 새까맣게 타고, 겨울이면 손이 꽁꽁 얼고 부르틀 때까지 밖에서 신나게 놀기만 하면 되었으니 행복한 것은 어찌 보면 당연했다.

학교에 다니는 것 자체가 다행

초등학교에 입학한 후에는 유년기 때처럼 마냥 놀기만 할 수는 없었다. 공부를 해야 해서가 아니다. 일꾼으로서 몫을 해야 했다. 저학년 때만 해도 솔직히 공부는 뒷전이었다. 학교에 가려면 시골길을 한 시간 이상 걸어가야 했는데, 학교 가는 길에는 늘 유혹이 넘쳐났다. 개울가에는 물고기들이 '나를 잡아보라'는 듯이 꼬물거리고, 길섶에는 크고 작은 곤충들이 숨바꼭질하듯 모습을 드러냈다가 사라졌다. 결국 발걸음을 멈추고 물고기나 곤충을 잡는 데 정신이 팔렸다가 허둥지둥 학교까지 전력 질주했던 적이 한두 번이 아니다. 물고기를 잡다 물에 빠져 옷이 흠뻑 젖은 채로 수업을 들은 적도 있다.

물론 모든 초등학생들이 다 그랬던 것은 아니다. 그때도 불타는 교육열로 아이들의 뒷바라지를 하던 부모들이 있었다. 청주에 '대농'이란 방직공장이 있었는데, 청주에서 가장 영향력이 컸다. 지금으로 치면 울산의 현대자동차 공장 정도의 위세였던 것 같다. 아버지가 대농에 다녔던 집은 시골에서 농사 짓는 집과는 분위기가 사뭇 달랐다. 소위 '대농 엄마'들은 치맛바람이 대단했다. 어린이날에는 초코파이를 돌리고, 스승의 날에는 선생님들을 접대하면서 자식들의 기를 살려주었다. 그런 엄마들이니 아이가 공부를 잘할 수 있도록 지원하고 독려하는 일에 당연히 열심이었다.

하지만 대부분의 농촌 아이들에게는 공부가 뒷전이었다. 학교는 갔다 오기만 하면 되는 곳이었다. 시골 부모들도 학교 갔다 온 것 자체로 공부를 다 했다고 안심했다. 사실 시골 부모들은 새벽부터 밤늦게까지 농사일을 하느라 너무 바쁘기 때문에 아이들이 공부를 하는지 안 하는지 확인할 시간조차 없다. 아이들에게 공부하라는 말 대신 농사일을 거들라는 것이 시골의 현실이었다.

나도 초등학교에 들어가면서 조금씩 농사일을 거들기 시작했다. 지극히 자연스러운 일이었다. 형이나 누나들이 시간 날 때마다 농사일을 돕는 모습을 보면서 나도 누가 시키지 않아도 부모님을 도우러 논과 밭에 나갔다. 시골에서는 누구나 그렇게 하기 때문에 마땅히 해야 할 일이라고 생각했다.

어린 초등학생이 뭔가 대단한 농사일을 했을 리 만무하다. 농약을 뿌릴 때 중간에 호스를 붙잡고 있거나 밭에서 풀을 뽑거나, 물을 주는 정도의 아주 단순한 일을 했다. 그럼에도 어린 나는 농사일이 힘에 부쳤다. 게다가 몸도 둔한 편이라 어른들이 보기에는 별것도 아닌 아주 쉬운 일도 빠릿빠릿하게 잘하지 못해 아버지한테 '둔자바리'라고 혼이 나곤 했다.

중학생이 된 후부터는 논에 삽으로 가래질도 하고, 모도 심고, 밭에 콩이나 고추를 심는 등 제법 농사꾼처럼 일을 했다. 초등학교 때부터 농사일을 돕다 보니 어느새 어엿한 일꾼이 된 것이다.

하지만 농사일은 여전히 힘들었다. 농사일이 꽤 손에 익었는데도 하루 종일 뙤약볕에서 일을 하다 보면 신음이 절로 나왔다. 해도 해도 끝이 없었다. 자칫 방심하면 다치기도 일쑤였다. 한 번은 논에 두엄을 뿌리다가 농기구 소시랑의 뾰쪽한 부분에 발가락이 찔려 피가 많이 났던 적이 있다. 상처가 꽤 깊어 수십 년이 지난 지금도 흐릿하게 상처가 남아 있다.

그나마 학교에는 빠지지 않고 다닐 수 있어 다행이라면 다행이었다. 농번기 때의 시골은 도시 사람들은 상상도 할 수 없을 정도로 눈코 뜰 새 없이 바쁘다. 오죽하면 고양이 손이라도 빌리고 싶다는 이야기가 나왔을까. 한번은 친구가 결석을 했는데 집에 돌아가는 길에 보니 논에서 모를 심고 있었다. 친구뿐만 아니라 시골 아이들이 농번기 때 학교에 가지 못하고 농사일을 돕는 것은 아주 흔했다.

부모님을 도와 농사짓는 일이 싫지는 않았다. 좋고, 싫고를 떠나 무조건 해야 하는 일이라고 받아들였다. 늘 고생하는 부모님을 돕는 것이 분명 기쁘기도 했지만 그보다는 너무 힘들고 고생스러웠던 일이란 기억이 더 강하다.

서울에서 자란 아내는 TV에서 귀농에 성공한 사람들을 보면 종종 노후에 시골에 가서 농사를 지으며 살자는 말을 한다. 너무도 쉽게 말하는 아내가 놀랍기도 하고, 나중에 진짜 가자고 할까 겁이 나기도 한다. 솔직히 나는 자신이 없다.

절로 공부가 재밌어진 순간, 칭찬의 힘

몸이 자라고, 머리가 크면서 나는 조금씩 농촌동이 답답해졌다.

단순히 작은 시골 마을이어서만은 아니었다. 농사일을 돕는 게 힘들어서는 더더욱 아니었다. 그렇게 힘들게 농사를 지어도, 일 년 내내 쉬지 않고 개미처럼 일해도 아무것도 달라지지 않는다는 게 숨이 막혔다.

부모님은 늘 일만 했다. 비가 오고, 바람이 분다고 일을 쉬는 법이 없었다. 오히려 비나 바람에 곡식이 잘못될까 비바람을 고스란히 맞으며 논밭을 살폈다. 그렇게 성실하게, 열심히 일만 하는데도 어찌된 일인지 부모님은 항상 빚에 허덕였다. 잘해보려고 일을 벌이면 더 큰 빚을 졌다.

언젠가 정부가 기적의 볍씨라며 노풍벼를 권장한 적이 있다. 부모님은 정부를 철석같이 믿고 노풍벼를 재배했는데, 수확할 무렵 목도열병에 걸려 1년 농사를 완전히 망치고 빚만 잔뜩 떠안았다. 그 일로 원래부터 넉넉지 않았던 살림은 생계를 유지하기도 어려운 지경이 되어 결국 아버지는 처자식을 먹여 살리기 위해 집을 떠나 반 년 동안 거제도에서 막일을 해야 했다.

그런 부모님을 보면서 나는 농사를 열심히 짓는 것만으로는 잘살 수 없다고 생각했다. 노력한 만큼 대가를 돌려주지 않는 세상이 불만스러웠다. 아버지도 "너는 공부 열심히 해서 나처럼 농사짓지 말고 더 훌륭한 사람이 되라"는 말씀을 자주 하셨다. 열심히 일해도 가난을 숙명처럼 안고 사는 농부의 삶을 자식에게 대물림하고 싶지 않으셨던 모양이다. 당시 아버지로 선 삶을 바꿀 수 있는 유일한 방법이 공부라고 알고 있었기에 열심히 공부할 것을 당부하셨다.

　물론 아버지의 당부만으로 공부에 관심을 갖게 된 것은 아니다. 초등학교 3학년 때의 일이다. 학교에서 씨름대회를 했는데 내가 1등을 했다. 씨름이라고는 해본 적도 없는 내가 1등을 할 수 있었던 것은 타고난 신체조건 때문이었던 것 같다. 반에서 키도 제일 크고 힘도 세서 특별한 기술 없이 그저 힘만으로 상대방을 쓰러뜨릴 수 있었다.

　1등이라는 것을 해본 것은 그때가 처음이었다. 선생님은 '씨름왕'이라며 나를 칭찬했고, 학생들도 마치 영웅 대하듯 했다. 참으로 짜릿했다. 행동이 둔해 '둔자바리'로 불렸던 나로서는 처음으로 '나도 선생님한테 칭찬을 받을 수 있구나. 나도 하면 잘할 수 있는 놈이구나'라는 생각을 하게 되었다.

　칭찬의 힘은 컸다. 선생님의 칭찬 한마디에 어수룩한 시골 소년은 한껏 고무되었고, 더 칭찬을 받고 싶었다. 공부를 열심히 해서 농사짓고 살지 말라는 아버지의 간곡한 당부가 당시로선 아주 먼 훗날에나 이룰 수 있는 막연한 꿈과 같았다면 선생님의 칭찬은 바로 먹을 수 있는 당근과도 같았다. 그래서 어떤 아이들이 선생님들로부터 귀여움을 독차지하고 칭찬을 받나 살폈고, '공부'라는 답을 얻을 수 있었다.

비록 공부에 관심을 갖기 시작했지만 성적은 더디게 올랐다. 하긴 학교만 왔다 갔다 하던 시골 촌놈이었으니 기초가 부족했을 것이다. 공부하는 방법도 당연히 몰랐다. 그래도 초등학교 공부가 예나 지금이나 아주 기초적인 수준이어서 무턱대고 책을 읽고, 선생님 말씀에 귀를 쫑긋 세우는 것만으로도 충분했다. 그렇게 공부를 시작하자, 학년이 올라갈수록 성적이 오르더니 초등학교 6학년 때는 우등상을 받기에 이르렀다.

처음 우등상을 받았을 때의 기분을 지금도 잊을 수가 없다. 우등상이란 부모가 청주 대농을 다니는 공장 아이들만 탈 수 있는 것인 줄 알았는데, 내가 타게 되니 너무 뿌듯하고 스스로가 자랑스러웠다. 나도 노력하면 공부를 잘할 수 있다는 것을 확인하고 나니, 공부에 어느 정도 자신감이 붙기 시작했다.

농촌동 시골 소년, 더 넓은 세상을 꿈꾸다

흔히 중학교 시절을 질풍노도의 시기라고 말하지만 나의 중학교 생활은 비교적 평탄했다. 학교에서는 공부 열심히 하고, 친구들과 잘 어울렸고, 선생님 말씀도 잘 들었다. 집에 돌아오면 시키지 않아도 농사일을 돕거나 소에게 줄 풀을 베거나 소와 돼지 밥 주고 똥 치우는 일을 했다. 그러면서도 공부를 비롯해 내 할 일은 알아서 하는 '범생이'였다.

하고 싶은 것도 많고, 호기심도 많은 중학생이 다른 길로 새지 않고 범생이의 길을 걷게 된 데는 아버지의 영향이 크다. 아버지는 새벽 3~4시면 어김없이 일어나 마당을 쓸었다. 동이 트기도 전에 마당에서 들려오는 쓱싹쓱싹 빗자루 소리에 잠에서 깨다 보니 나도 자연스럽게 새벽형 인간이 되었다. 5시 반이면 아버지와 함께 이른 아침 식사를 하고 집을 나서 학교에 갔다. 중학교도 초등학교처럼 꽤 먼 거리였지만 나는 언제나 제일 먼저 등교하는 학생이었다.

무엇보다 새벽마다 한자를 공부하시던 아버지의 모습이 지금도 생생하다. 배움이 짧은 아버지는 아무리 피로해도 새벽에 마당을 쓸고 한자 공부를 하신 후 논밭으로 일하러 나가셨다. 어렸을 때는 막연하게 공부를 많이 못하신 게 한이 돼서 그렇게라도 공부를 하시는 줄 알았다.

성인이 된 후 아버지께 그때 왜 그렇게 한자 공부를 열심히 했는지 물은 적이 있다. 아버지의 대답은 내가 생각했던 것과 달랐다.

"한자를 알아야 하니까 했지. 신문을 읽으려 해도 한자를 알아야 하고, 은행에서도 한자를 알아야 일을 볼 수 있었잖아. 또 동네 호구조사를 하거나 공문이 내려왔을 때 주민들에게 알려줄 때도 한자를 알아야 해서 공부한 거지."

돌이켜보면 아버지는 내가 어렸을 때부터 동네일이라면 앞장서서 하셨다. 지금도 마찬가지다. 농촌 지도자, 마을 통장, 영농회장 등을 수십 년간 하시며 동네 민원 해결사 역할을 했다. 그러고 보면 나는 아버지를 꼭 닮았다. 사람 좋아하고, 도움을 요청하는 사람을 모른 척하지 못하는 모습이 영락없는 아버지다.

새벽에 일찍 일어나 공부하는 아버지의 모습은 그대로 나에게 좋은 본보기가 되었다. 아버지를 따라 새벽에 공부하는 습관은 지금까지도 이어져 요즘도 나는 새벽을 오롯이 나를 위해 공부하는 시간으로 쓰고 있다. 내가 그랬듯이 나의 어린 딸도 새벽에 일어나는 나를 보고 자라서인지 아침 6시가 되면 어김없이 눈을 뜬다.

나는 머리가 그리 좋은 편이 아니다. 그럼에도 꾸준히, 열심히 공부한 덕분에 중학교 때 성적은 늘 상위권이었다. 공부를 잘해 장학금도 받았다. 장학금이라고 해야 분기별로 수업료를 면제해주는 정도였지만 시골에서는 큰돈이었다. 장학금을 받자 동네에서 부모의 부담을 덜어주는 효자로 불리기도 했다.

공부에 자신감이 붙고, 나도 할 수 있다는 자존감이 커지면서 세상에 대한 호기심도 더 커졌다. 그러던 어느 날 학교 게시판에 붙은 포스터 한 장이 우연히 눈에 들어왔다. 한 청소년 단체에서 주최하는 미국 견학 프로그램이었다. 그걸 보는 순간 '바로 이거다'라는 확신이 섰다. 서울에도 한 번 못 가본 촌놈이었지만 책에서만 보던 미국이란 나라는 어떻게 생긴 세상인지 몹시 궁금했다.

그런데 해외에 가려면 돈이 필요했다. 그것도 우리 집 형편으로는 엄두도 내지 못할 큰돈이 있어야 했다. 그래도 어떻게든 가고 싶은 마음에 돈 벌 궁리를 하기 시작했다. 그런 나에게 누군가가 귀가 솔깃한 정보를 주었다.

"시체 닦는 일을 하면 돈을 많이 벌 수 있대."

덩치는 컸지만 중학생은 중학생이다. 이웃 동네에 화장터도 있었고, 초등학교 가는 길 곳곳에 묘지도 있고, 상여를 보관해두는 행상집도 있어 나름 담력이 큰 편이었던 나도 이런 것들을 지날 때마다 무서운 건 어쩔 수 없었다. 그래도 별 도리가 없었다. 중학생이 딱히 돈을 벌 수 있는 방법도 없었고, 한두 푼씩 모아서 해외에 나갈 경비를 마련하기란 불가능했다. 결국 비장한 각오로 시체 닦는 일을 하기로 마음먹었다.

간절하면 용감해지는 것일까? 수업이 일찍 끝나는 토요일 오후, 트레이닝 바지를 입고 빨간 고무장갑을 챙겨 들고 다짜고짜 당시 청주에서 가장 큰 병원을 찾아갔다. 경비실 아저씨는 이상한 차림새로 시체 닦는 일을 하고 싶어 왔다는 까까머리 중학생을 보고 어이없어했다. 쓸데없는 생각하지 말고 공부나 열심히 하라고 크게 혼쭐을 내더니 나를 가차 없이 쫓아냈다.

그렇게 나의 시체 닦기 아르바이트는 시작도 해보지 못하고 허무하게 끝났다. 지금 생각해보면 과연 시체 닦기 아르바이트라는 게 정말 있는지조차 의심스럽다. 시체를 닦는 일은 장례에서 염습의 과정으로 상당한 전문성을 요한다. 그런 중요한 일을 경험도 없는 초보자에게 맡긴다는 게 상식적으로 이해가 되지 않는다.

돈키호테 같은 무모한 도전이 실패로 돌아간 후 나는 적지 않은 상처를 입었다. 하지만 그 사건 이후에 해외에 나가서 넓은 세상을 보는 게 나의 꿈이 되었다. 이룰 수 없는 사랑이 더 간절하고 뜨거운 법이다. 내가 사는 곳과 다른 세상, 보다 넓은 세상을 보는 것이 결코 쉬운 일이 아님을 느낄 때마다 나의 꿈은 더욱 간절해졌다.

한국 청춘을 멍들게 하는
명문대학병

누구에게나 다시 기억하고 싶지 않을 정도로 힘든 시간이 있다. 나에게는 재수, 삼수할 때의 시간이 그렇다. 유학을 가서도 말로 다 할 수 없는 어려움을 겪었고, 사업을 하면서도 감당하기 힘든 시간들이 많았지만 재수, 삼수할 때에 비하면 차라리 견딜 만한 수준이었다.

지금도 가끔 대학시험에서 떨어지는 꿈을 꾼다. 대학에서 학생들을 가르치는 교수인데도 불구하고. 수십 년이 지난 지금까지 악몽을 꾸는 걸 보면 재수, 삼수할 때 겪었던 고통이 트라우마로 마음 깊숙한 곳에 각인되어 있는 모양이다.

고등학교 3년 내내 반장을 하고, 선생님들로부터 '뭐가 돼도 될 놈' '나중에 크게 될 놈'이란 말을 자주 들었기 때문에 대학입시 실패의 충격은 더 컸던 것 같다. 마치 천 길 낭떠러지에 뚝 떨어져 세상과 단절된 느낌이었다.

죽고 싶을 만큼 혹독한 시간이었지만 결과적으로 그때의 아픔 덕분에 나는 더 크고 단단하게 성장할 수 있었다. 그래도 다시는 그 시간을 되풀이하고 싶지 않다. 그래서 아직도 아주 가끔 힘들고 지칠 때 노량진 학원가에 간다. 그곳에서 인생에서 다시는 재수, 삼수를 하지 않겠노라고, 똑같은 과정을 반복하는 실수는 하지 않겠노라고 다짐하곤 한다.

나는 아직도 대학에 떨어지는 악몽을 꾼다

예나 지금이나 결과보다 과정이 중요하다고들 한다. 하지만 현실은 다르다. 언제나 결과가 과정을 지배한다. 대학입시에 실패한 후 뼈저리게 실감했다. 고등학교 3년 동안 내가 얼마나 최선을 다했는지는 아무런 의미가 없었다. 나는 그저 대학을 가지 못한 낙오자에 불과했다.

물론 누구도 나를 질책하거나 손가락질하지 않았다. 하지만 나는 무슨 큰 잘못이라도 저지른 양 주눅이 들었다. 스스로 죄인 아닌 죄인이 되어 얼굴을 똑바로 들기도 어려웠다. 자괴감과 함께 분노도 치밀었다. 성실하게 최선을 다한 3년이라는 세월이 흔적도 없이 사라져 허무했다.

무엇보다 부모님을 보면 가장 가슴이 아팠다. 그동안 나는 부모님의 큰 자랑거리였다. 동네 사람들은 잔소리 한 번 하지 않아도 스스로 자기 할 일을 찾아서 하는 아들, 학교에서는 공부도 열심히 하고 반장을 도맡아 하는 아들이라며 나를 칭찬했고, 그만큼 부모님의 자부심도 커졌다.

하지만 산이 깊으면 골도 깊다 했던가. 기대가 컸던 만큼 부모님이 받은 충격도 컸다. 부모님은 동네에서 칭찬만 받던 아들이 대학입시에 실패하자 창피해 얼굴을 못 들고 다니셨다. 나 역시 부모님을 뵐 면목이 없었다.

어리석게도 그때는 대한민국에서 훌륭한 사람이 되려면 반드시 명문대를 나와야 한다고 생각했기에 재수 외에는 선택의 여지가 없었다. 나는 대전에서 신혼살림을 차린 셋째 누나 집에 얹혀살며 재수를 시작했다. 고등학교를 다녔던 청주에서 재수를 할 수도 있었지만 일부러 대전으로 갔다. 나를 아는 사람들의 시선을 감당할 자신이 없었기 때문이다.

한편으로는 그때 너무 자격지심이 컸다는 생각이 들기도 한다. 이웃사람이나 친구, 지인들이 대학에 떨어진 나를 안타깝게 생각하면 했지, 비웃거나 무시했을 리 만무하다. 그럼에도 스스로 죄인이 되어 괴로워한 것은 그만큼 내가 단단하지 못했기 때문일 것이다. 하지만 과정보다 결과를 중시하는 사회적 분위기는 나를 벼랑 끝까지 몰고 갔고, 그런 상황에서 혼자만의 힘으로 나를 추스르고 마음을 다잡기는 쉽지 않았다.

재수, 삼수 실패 후 길을 잃다

재수 생활은 시작부터 끔찍했다. 학원은 감옥 같았다. 5층짜리 건물 전체가 학원이었는데, 재수생들이 밖으로 나가지 못하도록 수업이 시작되면 1층 출입구를 철창으로 봉쇄했다. 숨이 막혔다. 쉬는 시간에 잠시 밖에서 쉬고 싶어 1층으로 내려오면 철창이 발길을 막았다. 그런 곳에서 아침부터 밤늦게까지 공부를 하려니 미칠 지경이었다. 창문 밖을 내려다보고 있노라면 뛰어내리고 싶은 충동이 일었다.

끝내 대전 학원에 적응하지 못하고 재수생들의 집합소였던 노량진으로 옮겨 공부를 계속했다. 책상 밑에 쪼그려야 겨우 잠을 잘 수 있는 독서실에 처음 자리를 잡았다. 대전 종합반 학원에서 워낙 학을 뗀 상태라 노량진에서는 종합반이 아닌 단과반을 등록했다. 경제적인 부담도 있었지만 그보다는 스스로 공부하는 것을 선호했기 때문이다. 이미 고등학교에서 다 배운 내용들이라 부족한 과목만 등록해 듣고, 나머지는 스스로 공부해도 충분하다고 생각했다. 종합반에서 아는 내용을 또 듣는 것보다는 그 시간에 부족한 공부를 보충하는 게 낫다고 판단한 것이다.

지금도 수동적으로 수업을 들으며 공부하는 방식보다는 주도적으로 스스로 부족한 점을 찾아 공부하는 방법이 바람직하다고 생각한다. 다만 자기주도학습은 철저한 자기관리 능력을 필요로 한다. 나는 비교적 스스로를 잘 관리하는 편이었지만, 결과적으로 재수 생활은 우울하게 끝났다. 또 낙방을 한 것이다.

선택의 여지는 없었다. 두 번의 대학입시 실패로 몸과 마음이 지칠 대로 지친 상태였지만 다시 용기를 냈다. 하지만 삼수 생활은 더 막막하고 힘들고 외로웠다. 사실 처음부터 서울 생활이 녹록지 않았다. 서울에 올라온 지 얼마 안 되었을 때 소매치기를 당한 적이 있다. 고향집에서 한 달 생활비를 받아 서울로 올라와 고속버스터미널에서 노량진으로 버스를 타고 오는 길에 당한 것이다. 사정을 알게 된 친구가 자기 생활비 절반을 주어서 간신히 버텨냈지만 그 일은 꽤 오랫동안 서울을 '눈 감으면 코 베어가는 매정한 도시'로 생각하게 만들었다.

같은 학원 친구들끼리의 경쟁도 낯설었다. 한 번 이상 입시에 실패한 친구들이다 보니 간절함이 더 커서 그랬을까? 기껏 열심히 정리한 노트를 도난당하는 일도 겪었다. 무조건 사람을 믿고, 서로 돕는 것을 좋아하는 나로서는 도저히 적응하기 어려운 분위기였다.

서울이 낯설고 힘들수록 더 열심히 공부하려고 노력했다. 삼수할 때는 정말 마지막이라는 생각으로 공부했다. 재수까지 실패한 마당에 시골에서 어렵게 농사지어 보내주시는 돈으로 공부하면서 삼수마저 실패할 수는 없는 노릇이었다. 그 어느 때보다도 비장한 각오로 삼수에 임했지만 나는 또 한 번 패배의 쓴잔을 마셔야만 했다.

삼수마저 실패한 후 나는 완전히 길을 잃었다. 국적은 바꿔도 학적은 못 바꾼다는 말이 있을 정도로 예나 지금이나 명문대학병은 많은 청춘들을 멍들게 한다. 나 역시 그런 사람 중 하나였다. 대학을 못 가면 앞으로 나의 꿈을 향해 한 발자국도 나아갈 수 없다는 생각에 막막하기만 했다.

누구보다도 간절하게 대학에 들어가기를 꿈꾸었고, 죽을 힘을 다해 열심히 공부했다. 그럼에도 뜻을 이루지 못하자 벼랑 끝에서 떨어져 모든 기회와 가능성을 잃어버린 채 인생이 끝난 기분이었다. 어디로 가야 할지, 어떻게 살아야 할지 전혀 갈피를 잡지 못하고 헤매다 패잔병처럼 군대에 끌려갔다. 멋진 미래를 꿈꾸며 가장 아름답게 빛나야 할 나의 청춘은 그렇게 더 깊은 나락으로 빠져들었다.

"왜 하필 중국이야?"

40이 훌쩍 넘고 보니 20대 젊은 시절에 몇 년쯤 방황한다고 해서 큰 문제가 되지 않는다는 것을 깨달았다. 하지만 재수, 삼수에 실패하고 군 복무를 했던 그 몇 년 동안 나는 피폐해질 대로 피폐해졌다. 한 치 앞도 보이지 않았다. 앞으로 어떻게 살아야 할지 막막하고 두렵기만 했다.

군 복무를 마칠 즈음 내 나이는 어느새 23살이 되어 있었다. 고등학교를 졸업하자마자 대학에 입학한 친구들 중에는 벌써 4학년이 된 친구들도 있었고, 군 복무를 마치고 복학해 본격적으로 미래를 준비하는 친구들도 많았다. 그런데 나는? 고등학교를 졸업한 이후 한 걸음도 앞으로 나아가지 못하고 몇 년씩이나 제자리걸음을 하는 중이었다. 매일 아무리 늦지 않았다고, 지금부터라도 열심히 하면 된다며 마음을 다잡아도 인생의 패배자라는 자괴감을 떨쳐버릴 수가 없었다.

이미 한참 앞을 달리고 있는 친구들의 뒷모습을 보면서 심각하게 고민했다. 부끄럽게도 나는 한국에서는 명문대를 나와야 하고 싶은 일을 하면서 잘살 수 있다고 생각했다. 그렇지만 이미 세 번이나 입시에 실패해 자신감도 많이 떨어진 데다 친구들은 졸업할 즈음에 뒤늦게 신입생이 되는 것도 썩 내키지 않았다.

고민을 할수록 유학 쪽으로 마음이 움직였다. 어렸을 때부터 다른 나라를 경험해보고 싶은 마음이 컸기에 더욱 그랬다. 결국 오랜 고민 끝에, 중국 유학을 선택했다.

세상에 본래 길은 없다

"아니, 왜 하필 중국이야? 공부를 하려면 선진국으로 가야 하는 거 아냐?"

처음 중국으로 유학을 가겠다고 했을 때 사람들은 대부분 이렇게 반문했다. 그도 그럴 것이 1990년대 초반의 중국은 지금의 중국과는 천지 차이다. 지금 중국은 G2 국가로 전 세계에 막강한 영향력을 미치는 경제대국이지만 당시 중국은 우리나라 60~70년대의 경제수준과 비슷했다. 어디 그뿐인가. 정치적으로도 사회주의 색채가 강해 이질감이 크니 한 번 가면 돌아오지 못할 수도 있는 위험한 나라로 여기는 사람들이 많았다. 그래서 사람들이 하고많은 나라들 중 낙후되고 위험해 보이는 중국으로 유학을 가겠다는 나를 미친놈 취급하는 것도 무리는 아니었다.

사실 나 역시 무섭고 불안했다. 당시 중국은 중공(중화인민공화국)으로 불렸다. 1992년 8월 24일 정식으로 한중수교가 체결되기 전까지는 중공에 가려면 안기부(국정원)에서 조사와 허락을 받아야 했다. 나는 한중수교 이후 중국에 갔기 때문에 안기부 조사를 받지는 않았지만 여전히 중국은 쉽게 갈 수 없는 멀고도 험한 나라였다. 한중수교가 이루어졌어도 '중공' 사람들이라고 하면 초등학교 교과서 삽화로 나왔던 인민군 복장의 늑대 이미지를 떠올릴 만큼 당시의 중국은 한국과 교류도 없고 정보도 없는 미지의 세계였다.

그럼에도 중국 유학을 강행했던 이유는 '모두가 하는 공부'보다는 '나만의 공부'를 하고 싶어서였다. 남들이 앞서 간 길을 편안하게 뒤따라가기만 하면 'One of Them(그들 중 하나)' 이상은 될 수 없다고 생각했다. 나는 'Only One(단 하나)'이 되고 싶었다. 이미 남들보다 많이 뒤처졌는데, 너나 할 것 없이 많이 하는 공부를 뒤늦게 따라 해서는 나만의 경쟁력을 갖기가 어렵다고 생각했다. 힘들더라도 아직 사람들의 발길이 닿지 않은 험한 길을 갈 때 더 많은 기회와 가능성을 얻을 수 있다고 믿었다.

중국의 문학가이며 사상가인 루쉰(魯迅)은 말했다.

"세상에 본래 길은 없다, 사람들이 가면 그곳이 바로 길이 된다."

생전 처음 가는 낯선 길을 가면서 불안할 때마다 루쉰의 이 말을 되뇌며 중국 유학을 감행했다. 아무도 가지 않은 길을 선택하면서 두렵지 않은 것은 아니었지만 덕분에 나는 인생의 큰 전환점을 맞을 수 있었다. 그러고 보면 감당할 수 없을 것 같은 시련이 꼭 나쁜 것만도 아닌 것 같다. 재수, 삼수에 실패하고 막다른 골목에 몰리지 않았다면 선뜻 중국으로 떠날 용기가 나지 않았을지도 모른다. 절박한 심정으로 중국행을 선택한 덕분에 나는 남들보다 중국을 앞서 공부한 중국 전문가로 자리를 잡을 수 있었다.

철없던 중학생을 사로잡은 영웅호걸들

1990년대 초, 분명 중국은 낯설고 불안한 나라였다. 하지만 나에게 중국은 한 번쯤 꼭 가보고 싶은 나라였다. 중국에 대한 동경이 없었다면 아무리 온리원이 되고 싶은 마음이 강했어도 중국 유학을 선택하지 못했을 수도 있다.

중학교 3학년 겨울방학 때였다. 고입연합고사가 끝나고 나니 시간이 많이 생겼다. 여름이면 농사일을 거들어야 했겠지만 때는 시골에서도 비교적 한가로운 농한기라 오롯이 나만의 시간을 누릴 수 있었다. 모처럼 느긋하게 휴식을 취하던 중 우연히 책장에 꽂혀 있던 중국 고전이 눈에 들어왔다. 『삼국지』였다. 당시 학생들은 중국 고전을 많이 읽었다. 특히 『삼국지』는 학생들이 꼭 읽어야 할 필독서였다. 나도 진작에 읽고 싶었지만 이래저래 시간을 내지 못하다 중학교 졸업을 앞두고 읽기 시작한 것이다.

『삼국지』는 무척 재미있었다. 중국 대륙의 방대한 스케일도 매혹적이었지만 사나이들의 의리가 정말 멋지게 느껴졌다. 유비, 관우, 장비 등 전혀 관계없는 남자들이 만나 도원결의를 하고 끝까지 의리를 지키는 모습이 감동적이었다. 아마도 당시 내가 소년에서 남자로 성장해가는 시기여서 더욱 남자들의 의리가 각별하게 느껴졌던 것 같기도 하다.

『삼국지』에 등장하는 여러 매력적인 인물들 중 특히 내 마음을 사로잡았던 인물은 '유비'다. 남들보다 무술이 아주 뛰어난 것도, 지략이 출중한 것도 아니었지만 유비에게는 사람을 얻을 수 있는 힘이 있었다. 어렸을 때부터 사람에 대한 관심이 많았던 나로서는 사람을 설득하고, 삼고초려를 해서라도 뛰어난 사람을 얻는 유비가 정말 멋있어 보였다.

어찌나 재미있었는지 밥도 안 먹고 탐독했다. 당시 내가 읽었던 『삼국지』가 총 10권쯤 되었던 것으로 기억하는데, 이를 다 읽는 데 며칠이 안 걸렸던 것 같다. 『삼국지』를 읽고 나

 왜 나는 중국을 공부하는가

서는 자연스럽게『수호지』,『초한지』에 손이 갔고, 역시 단숨에 읽어 내려갔다.『수호지』와『초한지』는『삼국지』와는 또 다른 재미가 있었지만 남자들의 의리와 방대한 스케일은 비슷했다.

중국 고전들을 읽으면서 나는 중국을 동경하기 시작했다. 책을 읽으면 읽을수록 중국이라는 나라가 대단하게 느껴졌다. 끝도 없이 광활한 대지를 말을 타고 질주하는 중국 영웅들을 상상할 때마다 대륙의 장엄한 기운이 느껴졌고, 나도 그 속에서 영웅들과 함께 사나이의 기백을 펼쳐보고 싶었다. 그렇게 중국은 내 마음 깊숙한 곳에 설렘과 함께 자리 잡았다.

실제로 중국은 철없던 중학생이 막연하게 동경했던 그 이상으로 대단한 나라였다. 5000년의 역사를 자랑하는 중국은 아주 오랫동안 아시아의 맹주로 군림했다. 5000년 역사 중 족히 약 2000년은 아시아 전역에 강력한 영향력을 행사했다. 그랬던 중국이 사회주의 체제가 되면서 경제적으로 낙후돼 예전의 화려했던 위용이 잠시 퇴색한 것은 사실이다. 하지만 전체 중국의 역사를 보면 그 기간은 극히 짧다. 중화인민공화국 성립(1949)부터 문화대혁명(1966~1976)이 끝날 때까지 30년이 채 안 된다.

1978년 덩샤오핑이 개혁개방을 선언한 후 중국은 30년 동안 연평균 10%씩 초고속 성장을 거듭해 지금은 미국을 바짝 추격하는 G2 국가로 세계를 호령하고 있다.

중국이 부상하면서 내가 자주 듣는 말 중 하나가 어린 나이에 어떻게 그런 선견지명이 있어서 중국에 일찍 유학을 갔느냐다. 물론 중국 유학을 고민하던 1990년대 초에는 중국이 지금처럼 전 세계를 좌지우지하는 나라가 될 줄은 미처 예상하지 못했다. 게다가 세상 물정 모르는 20대 초반 청년에게 대단한 선견지명이라는 게 있을 리 만무했다. 다만 어렸을 때부터 동경했던 중국에서 어떤 가능성을 찾을 수 있으리란 기대와 믿음이 있었을 뿐이었다.

절박함은 두려움보다 강하다

절박함은 두려움보다 강한 것 같다. 중국 유학을 결심하기까지는 시간이 좀 걸렸지만 일단 마음을 정하자 하루라도 빨리 중국에 가고 싶었다. 지금 생각해보면 참으로 무모하기 짝이 없다. 중국어 한 마디도 못하면서 어떻게 무작정 홀로 중국에 갈 생각을 했을까? 오히려 너무도 절박했기 때문에 가능했던 것 같다. 재수, 삼수 실패 후 그대로 더 있다가는 영영 폐인이 될 것 같은 위기감이 터지기 일보 직전이었다.

1992년 12월 마지막 날, 나는 인천항에서 중국으로 가는 배를 탔다.

"만기야, 가장 먹고 싶은 게 뭐여?"

떠나기 전 어머니가 물으셨다. 나는 어머니와 청주에서 뼈

다귀해장국 한 그릇을 사먹고 헤어졌다. 어머니는 비상시에 쓰라며 내 손가락에 무언가를 끼워주셨다. 호랑이 문양이 그려져 있는 닷 돈짜리 금반지였다. 평소 아끼시던 반지였다. 어머니는 하염없이 눈물을 흘리셨다. 마치 다시는 못 볼 자식을 보내는 것처럼 슬퍼하는 어머니를 보며 더 있다가는 같이 눈물을 쏟을 것 같아 서둘러 인천행 버스에 올라탔다. 당시만 해도 중국으로 가는 항공노선이 없어 인천에서 톈진(天津)으로 가는 배가 중국을 갈 수 있는 유일한 교통수단이었다.

먼 길 떠나는 것치고는 차림이 단출했다. 팬티 속에 달러주머니를 차고 배낭 하나 둘러맨 것이 전부였다. 마치 배낭여행을 떠나는 듯 간단한 차림으로 나는 무엇을 만날지 모를 미지의 세계, 중국으로 떠났다.

작은 우연이 때로는
인생을 바꾼다

1993년 9월, 나는 한국인으로서는 베이징대학에 첫 번째로 입학한 유학생 1호가 되었다. 불과 중국에 간 지 1년도 채 안 돼 베이징대 유학생이 된 것이다.

베이징대 유학생 1호라는 표현에는 오해가 있을 수 있다. 1992년 한중수교가 이루어지기 전에도 중국으로 건너가 공부하는 학생들이 있었기 때문이다. 다만 그들은 정식으로 대학에 입학해서 공부한 것이 아니라 일종의 랭귀지 코스를 밟거나 공부하려는 과목을 청강할 수 있는 진수과정을 밟았다. 중국은 한중수교 이후인 1993년 9월부터 정식 유학생을 받기 시작했으므로 내가 베이징대에 입학한 첫 번째 한국인 유학생이 될 수 있었던 것이다.

중국 최고의 대학인 베이징대에 입학한 것은 큰 행운이었다. 하지만 처음부터 베이징대를 목표로 했던 것은 아니었다. 인천에서 배를 탈 때만 해도 나의 목적지는 선양(瀋陽)이었다. 한국에 있을 때 선양에 있는 랴오닝(遼寧)대 랭귀지 코스 입학 허가를 받아놓은 상태라 당연히 선양을 갈 생각이었다.

그러고 보면 인생이 꼭 엄청난 준비만으로 큰 전환점을 맞는 것은 아닌 듯하다. 때로는 미처 예상치 못했던 작은 일을 계기로 인생이 바뀌기도 한다. 중국에서의 내 첫 출발이 그랬다.

베이징대 입학을 결심하다

톈진으로 가는 배에서 조선족 동포인 오상순 교수님을 만났다. 교수님은 어눌해 보이는 한국인 청년이 마음이 쓰였는지 "어디를 가느냐?" "중국에는 왜 가느냐?" 등 이런저런 질문을 했다. 솔직하게 대답했더니 이왕 중국에서 공부할 것이라면 선양보다는 베이징에서 하는 것이 낫지 않겠느냐고 했다. 아무래도 베이징이 중국의 중심이니 더 도움이 될 거라는 조언이었다.

조언대로 선양에서 베이징으로 방향을 트는 데는 그리 시간이 오래 걸리지 않았다. 어차피 선양이나 베이징이나 아는 사람이 없었다. 어디서든 혼자 랭귀지부터 공부해야 하니 이왕이면 베이징에서 하면 더 좋겠다고 생각했다. 다만 베이징에는 선양처럼 허가받은 랭귀지 코스가 없어 걱정이 되었지만 일단 부딪쳐보기로 했다.

베이징에 도착해 오상순 교수님의 도움을 많이 받았다. 함께 배를 타고 오는 동안 오 교수님은 베이징에서 머물 곳이 없으면 함께 가자고 손을 내밀어 주셨다. 배에서 처음 뵌 분에게 신세를 진다는 게 도리는 아니었지만 달리 방법이 없었다. 못 이기는 척 교수님을 따라 베이징에 가 며칠 동안 그 댁에 머물면서 랭귀지 공부를 할 수 있는 방법을 찾았다. 이번에도 오 교수님이 적극적으로 도와주셔서 그리 어렵지 않게 기거할 숙소와 학교를 구했다. 오 교수님 남편이 대외경제무역대학에 근무하고 계셨는데, 그분의 주선으로 대외경제무역대학 기숙사에 머물면서 그 대학 랭귀지 코스에 등록할 수 있었던 것이다.

베이징에서 중국어를 공부하면서 베이징대를 구경하러 간 적이 있다. 중국 최고의 대학이 어떤 모습일지 궁금했다. 처음 본 베이징대는 단숨에 내 마음을 사로잡았다. 특히 베이징대의 미명호(未名湖)는 압권이었다. 너무 아름다워 이름을 붙일 수 없는 호수라고 해서 '미명호'로 불린다고 하는데, 허언이 아니었다. 주변의 전통적인 건물들과 어우러진 고풍스런 느낌이 아름다웠다. 옛 건물들은 강의실과 학과 사무실 등으로 사용하고 있어 아주 멋스러웠다.

베이징대를 보면서 '여기를 오기 위해 내가 그동안 그렇게 힘들었나 보다'라는 생각이 들었다. 반드시 베이징대에서 공부하겠다고 결심하고, 지나가는 한국인에게 다짜고짜 베이징대에 입학하려면 어떻게 해야 하느냐고 물었다.

"여기는 아무나 오는 곳이 아니에요."

대답은 싸늘했다. 물론 그 사람은 내가 중국에 온 지도 얼마 안 되고 중국어도 못하는데 어떻게 하면 입학할 수 있느냐고 물었기 때문에 그렇게 대답했겠지만 자존심이 무척 상했다. 누구였는지는 모르겠다. 당시에는 대만이나 홍콩에서 유학하던 사람들이 중국 학위를 취득하기 위해 베이징대에서 언어연수나 진수과정을 밟으면서 입학시험을 준비하곤 했는데, 아마도 그들 중 한 명이었던 것 같다.

사랑도 누군가 반대하면 더 활활 타오르는 법이다. 아무나 오는 곳이 아니라는 말에 나는 오히려 오기가 생겼다. 미명호를 보며 "두고 보자. 어떻게든 내가 반드시 베이징대에 입학하겠다" 결의를 다졌다.

미엔빠오 택시 기사와 중국어 수업

제일 급한 게 언어였다. 중국어도 못하면서 베이징대를 꿈꾸는 것은 불가능했다. 대외경제무역대학 랭귀지 스쿨에서 중국어를 배우고는 있었지만 그것만으로는 부족했다. 이미 남들보다 몇 년이 뒤처진 만큼 중국어라도 최대한 빠른 시간에 익혀 서둘러 베이징대에 입학하고 싶었다.

어떻게 하면 중국어를 빨리 내 것으로 만들 수 있을까? 고민 끝에 거리로 나가기로 했다. 책상에 앉아 혼자서 테이프를 들으며 중국어를 익히는 것보다 거리에 나가 사람들과 직접 부딪치는 편이 더 효과적일 것이라 판단했다.

언어를 익히는 데 반복만큼 좋은 것은 없다. 랭귀지 스쿨에서 중국어를 배우면 바로 거리로 나와 그날 배운 중국어를 반복했다. 예를 들어 "식사하셨습니까?"를 배운 날에는 무조건 하루 종일 만나는 사람마다 "식사하셨습니까?"를 물었다. 다행히 당시 중국인들은 외국인에 대해 무척 호의적이었다. 밑도 끝도 없이 미친놈처럼 "식사하셨습니까?" 물어도 흔쾌히 대답해주었다.

베이징에는 우리나라의 봉고차보다 약간 작은 미엔빠오라는 택시가 있었다. 지금은 사라지고 없지만 이 택시를 나는 중국어를 연습하는 데 활용했다. 당시 미엔빠오 택시비는 10킬로미터에 한국 돈으로 약 1000원가량 했던 것으로 기억한다. 가난한 유학생이지만 중국어 과외를 받으려면 더 많은 돈이 들었기 때문에 미엔빠오 택시는 최적의 과외나 마찬가지였다. 미엔빠오 택시를 타고 목적지까지 가는 동안 기사 아저씨를 과외 선생님 삼아 중국어를 연습했다. "저것은 무엇입니까?" "여기는 어디입니까?" "결혼했습니까?" "아이는 몇 살 입니까?" 등 미리 준비한 질문들을 해댔다. 귀찮기도 했을 텐데, 서툰 중국어에 기꺼이 장단을 맞추며 대답해준 기사 아저씨들이 고마웠다.

학교 앞 마트, 식당, 사진현상소, 미용실 등 상가를 돌며 점원들에게도 똑같은 질문을 했다. 그리고 밤에는 삼삼오오 야시장에 나와 야식을 먹는 사람들에게 같은 내용으로 말을 걸었다. 이렇게 하루 종일 거리를 쏘다니며 같은 질문을 반복하면서 좀 더 빨리 중국어를 익힐 수 있었다.

말하기만 익숙해진 것이 아니다. 질문을 하고 상대방의 대답을 이해하려면 잘 들어야 하니 듣기 연습도 저절로 되었다. 똑같은 질문을 해도 사람마다 대답이 다르다 보니 어떤 대답을 하는지 귀 기울이다 보면 자연스럽게 어휘력도 늘고, 다양한 표현법도 익힐 수 있었다. 어디 그뿐인가. 사람들의 대답을 잘 듣고 익혀두었다가 나중에 누군가 똑같은 질문을 하면 그대로 응용해 대답할 수도 있으니 일석삼조가 따로 없었다.

이런 노력 덕분에 나의 중국어 실력은 하루가 다르게 일취월장했다. 당시 베이징대에 입학하려면 베이징대에서 실시하는 자체 시험을 통과해야 했는데, 그 결과 나는 정말 운 좋게 합격할 수 있었다.

베이징대 첫 수업의 날카로운 충격

꿈에 그리던 베이징대에 합격하고 난 한동안 세상을 다 얻은 것 같은 기분에 사로잡혀 한껏 부풀어 있었다. 내가 선택한 전공은 국제정치학이었다. 어렸을 때부터 나는 사람과 사회에 관심이 많았다. 그래서 중고등학교 때도 특히 사회와 국사 과목을 좋아했고, 드라마를 즐겨보지 않는데도 사극만큼은 꼭 챙겨보았다. 사극이 역사를 배경으로 다양한 사람들과의 관계에서 일어나는 희로애락을 보여주었기 때문이다. 그랬던 내가 국제정치학을 선택한 것은 당연한 수순이었다.

드디어 끝나지 않을 것 같았던 긴 슬럼프에서 벗어나 베이징대에서 하고 싶었던 공부를 할 수 있게 되었다는 기쁨도 잠시. 첫 수업의 충격은 날카로웠다. 베이징에 온 이후 하루도 빠짐없이 열심히 중국어를 익혔고, 베이징대에서 실시하는 어학시험도 통과해 어느 정도는 수업을 따라갈 수 있을 줄 알았다. 완벽하게 수업을 이해하지는 못해도 최소한 60% 이상은 알아들을 수 있을 것이라 기대했다.

하지만 어찌된 일인지 첫 수업의 교수님이 중국어가 아닌 다른 나라 언어로 이야기하는 듯한 착각이 들 정도였다. 강의 내용이 거의 들리지 않았다. 많으면 한 30% 정도나 알아들었을까? 드문드문 단어가 들리는 정도일 뿐이어서 강의 내용을 이해하기란 처음부터 불가능했다.

충격은 컸다. 베이징대는 입학보다 졸업이 더 어려운 학교로 유명하다. 베이징대뿐만 아니라 세계의 내로라하는 명문대들은 대부분 다 그렇다. 이렇게 강의를 알아듣지 못하는데 과연 내가 4년 동안 무사히 공부를 마치고 졸업할 수 있을지 자신이 없었다. 한숨뿐이었다.

다행히 중국 친구들과 이야기하던 중 교수님이 남쪽 지방 사람이라는 것을 알게 되었다. 중국은 기본적으로 워낙 땅덩어리가 커서 같은 중국인이라도 지역에 따라 방언이 심하다. 서로 소통이 안 되기도 한다. 보통 대학에서는 표준어로 강의를 하는데, 남방 사람인 교수님의 경우 표준어를 제대로 구사하지 못해 중국 학생들도 알아듣기 어려웠다고 했다. 나만 알아듣지 못한 게 아님을 알고 가슴을 쓸어내리며 안도했다.

오해는 풀렸지만 베이징대에서의 공부가 만만해진 것은 아니었다. 첫 수업만큼은 아니었지만 여전히 나는 수업을 완벽하게 이해하기에는 중국어가 많이 서툴렀다. 게다가 국제정치학과에서 공부해야 하는 과목이 만만치 않았다. 정치, 외교, 제3세계 발전학, 중미관계, 국제정치학 개론 등 대부분의 과목이 미묘한 국제정세를 잘 이해하지 못하고서는 소화하기 어려운 과목들이었다. 정치의 배경이 되는 철학은 더 힘들었다. 마르크스, 레닌을 비롯한 사상가들의 철학을 중국어로 들으려니 머리에 쥐가 날 지경이었다.

어떻게든 부족한 공부를 보충해야 했다. 수업이 끝나면 친구들을 붙잡고 늘어졌다. 수업 시간에 이해하지 못한 내용을 친구들에게 물어 보충 설명을 듣고, 친구들의 노트를 빌려 내가 필기한 것과 비교하면서 다시 노트 정리를 하며 공부했다. 필기를 꼼꼼하게 잘하는 여학생들의 노트를 빌리기도 했다. 수업 시간에 이해하지 못한 부분은 강광문이라는 친구의 도움을 많이 받았다. 강광문은 지린성(吉林省) 수석으로 베이징대에 입학한, 조선족 동포들의 자부심이었다. 도쿄대에서 박사를 마치고, 지금은 서울대 로스쿨 교수로 일하고 있다. 이 친구의 도움이 아니었다면 나는 졸업까지의 길이 더 험난했을 것이다.

수업도 수업이지만 시험은 더 무서웠다. 시험 유형이 모두 서술형이어서 아는 문제라도 완벽하지 않은 중국어로 답을 쓰기란 여간 어려운 일이 아니었다.

돌이켜 보면 베이징대에서의 4년을 어떻게 버텼는지 아찔하다. 마치 전쟁을 치르듯 공부했다. 아무리 힘들어도 뒤로 물러서는 순간 낭떠러지라는 각오로 주어진 공부를 다 하려고 애썼다. 한국에서 재수, 삼수에 실패하면서 암흑과도 같은 시간들을 겪었기에 더 이를 악물고 버텨낼 수 있었던 것 같기도 하다.

열심히 공부하는 중국 학생들의 모습도 적지 않은 자극이 되었다. 베이징대학 중국 학생들은 공부를 무서워하지 않았다. 모두 열심 그 자체였다. 시험 기간이 아니어도 새벽이면 학교 잔디밭을 비롯해 여기저기 앉아 큰소리로 말하며 영어를 공부했고, 수업이 끝나면 빈 강의실은 각자 공부하는 학생들로 가득 차 자연스레 도서관이 될 정도였다.

베이징대는 중국 각 지역 수재들의 집결소다. 그런 수재들도 밤낮을 가리지 않고 공부하는데 중국어도 서툰 한국 유학생이 살아남으려면 열심히 노력하는 수밖에 없었다. 그 결과, 훌륭한 성적은 아니지만 나는 당당하게 베이징대를 졸업할 수 있었다.

희망과 절망은
함께 온다

처음 베이징대에 입학했을 때만 해도 무사히 졸업하기만 하면 고국으로 금의환향 할 수 있을 것이라 기대했다. 하지만 내 바람과 현실 사이에 꽤 거리가 있다는 것을 깨닫는 데는 그리 오랜 시간이 걸리지 않았다. 중국어로 강의를 듣고 공부를 하는 것보다 그런 현실이 더 두려웠다.

많은 사람들의 만류에도 불구하고 중국 유학을 선택한 것은 남들이 가지 않은 길에 더 많은 가능성이 있다고 생각했기 때문이다. 너도나도 다 하는 공부보다는 나만의 공부를 했을 때 더 의미도 있고, 경쟁력도 갖출 수 있다고 믿었다. 그런데 베이징대에서 공부하는 동안 간간히 한국에서 들려오는 소식은 하나같이 암울했다. 그런 이야기를 들을 때마다 마음이 흔들렸다.

활용하지 못하는 공부는 의미가 없다

"어떻게 여기까지 왔냐?" 중국에서 공부할 때 중국을 여행하는 한국 사람들로부터 가장 많이 들었던 말이다. 단순히 정말 어떻게 중국을 오게 되었는지 궁금해서 묻는 말이 아니었다. 혹시 한국에서는 방법이 없으니 중국에 온 것이 아니냐는 뉘앙스가 담겨 있었다.

"어떻게 여기까지 왔냐?"에 이어 "여기서 공부하면 한국에서 학위를 인정받지 못할 텐데……"라는 말까지 들으면 억장이 무너졌다. 나 또한 아무리 한중수교가 이루어진 후라도 중국은 한국과는 체제가 다른 사회주의 국가라 불안한 구석이 있던 터였다.

하지만 마음을 다잡았다. 시간이 지날수록 한국에서 많은 사람들이 중국으로 유학을 오고 있었다. 단순히 학위를 취득하러 오는 유학생들부터 정부기관이나 기업의 지원으로 중국어를 배우거나 학위를 취득하기 위해 온 사람들까지 다양했다. 교수나 정치인이 방문학자로 오기도 했다. 아마도 이렇게 다양한 사람들이 모이는 이유는 지리적으로 가깝고 당시는 오고가는 비용이 많이 들지 않아서였기도 했지만 무엇보다 한국에 중국을 아는 사람이 필요했기 때문이라 생각했다. 그런데도 중국 최고 대학인 베이징대에서 한 공부를 인정받을 수 없다는 말이 믿기지가 않았다.

공부는 수단이 아니라 목적이라고들 한다. 좋은 직업을 얻기 위해, 돈을 많이 벌기 위한 공부를 해서는 안 된다는 의미다. 그 말에 충분히 공감하지만 공부는 현실이기도 하다. 애써 공부를 했는데, 삶을 살아가는 데 큰 도움이 되지 않는다면 그 또한 바람직한 공부는 아니지 않을까? 특히 나는 단순히 재미로 중국을 공부하는 것이 아니었다. 중국에서 새로운 가능성을 기대했기에, 향후 어떻게 공부한 내용을 활용할 것인가가 매우 중요한 문제였다.

하루는 교수를 목표로 박사과정을 공부하고 있던 친한 선배에게 물었다.

"저도 한국에 가서 교수하면 어떨까요?"

선배는 조금의 망설임도 없이 단칼에 "외국에서 학부를 하고 한국에서 교수가 된다는 건 죽었다 깨어나도 안 되는 일"이라고 말했다. 선배로선 나를 위해 당시 한국의 현실을 솔직하게 이야기해준 것이지만 나는 마음의 상처를 입었다. 중국에서 공부하면 기회가 많을 거라 생각했는데 유학하고 한국에 돌아가도 전과 마찬가지로 기회가 많지 않을지도 모른다는 불안한 생각이 들었다.

실망감이 컸지만 그런 녹록치 않은 현실이 더욱 중국을 열심히 공부하게 만든 계기가 된 것도 사실이다. 만약 주변에서 장밋빛 미래만을 이야기해주었다면 베이징대를 졸업한 것만으로 중국을 웬만큼 알았으니 됐다며 더 이상 공부를 하지 않았을 수도 있다. 부족함을 인정하고 더 오랜 시간을 투자해 공부한 결과 나는 지금 숙명여대에서 학생들을 가르치고 있다. 몇몇 대학으로부터 교수 제안을 받기도 했지만, 학교 생활만 하는 것이 활동적인 나와는 맞지 않아 겸임교수로 남기로 했다. 역시 기회는 스스로 노력해서 만드는 것이란 생각이 든다.

'함께'여서 더 효과적인 공부

베이징대에서 공부하는 동안 미래가 불투명해 힘들었을 때도 많았지만 좋은 일도 많았다. 그런 좋은 일들 덕분에 아무리 힘들어도 참고 견디며, 더 노력했던 것 같다. 베이징대에서 있었던 가장 좋은 일은 바로 아내를 만난 일이다.

우리가 처음 만났을 때 아내는 대학원 시험을 준비 중이었다. 선배와 점심식사 약속을 하러 나갔는데, 그 자리에 아내가 있었다. 식사를 하면서 이야기를 나눌수록 나는 그녀에게 빠져들었다. 첫인상도 남 같지 않았지만 무엇보다 다른 사람의 말을 경청하고 배려하는 모습이 좋았다. 처음 본 사람인데도 그녀를 놓치면 안 되겠다는 생각이 들었다. 점심식사를 마치고 그녀를 기숙사에 데려다주고 기숙사 문 앞에서 기습적으로 청혼을 했다.

"나와 결혼해주세요."

그때 아내의 놀란 것도 같고, 어이없는 것도 같고, 이 사람이 왜 이러나 싶은 것도 같은 그 표정이 지금도 생생하다. 다행히 아내 역시 이상하게 구는 내가 그렇게 싫지는 않았던 모양이다. 나중에 들어보니 아내는 사람들을 진심으로 대하고, 상대방의 입장에서 생각하는 내가 좋았다고 했다. 처음 만났는데 신기하게도 신뢰가 갔단다. 그러고 보면 우리는 서로 비슷한 부분에 끌렸던 것 같다.

지금도 나에게 아내는 가족이기 이전에 중국을 함께 공부하는 동반자다. 원래 아내는 베이징대 대학원에서 중국 문학을 공부할 계획이었는데, 나의 꼬임에 넘어가 함께 영국으로 유학을 갔다. 전공도 나와 같은 중국학으로 바꿨다. 아내도 주관이 뚜렷한 사람이라 내 말만 듣고 전공을 바꾼 것은 아니다. 내가 보았던 중국의 가능성을 아내 역시 확인했기 때문이었다.

아내와 나는 결혼하고 영국 생활을 함께 하면서 본격적으로 중국을 공부하는 동반자가 되었다. 영국에서 공부할 때 우리는 수업, 시험, 논문까지 함께 토론하고 준비했다. 아내와 함께가 아니었다면 영국 유학은 훨씬 더 고달프고 힘들었을 것이다.

한국에 돌아와서는 중국 관련 사업도 함께했다. 지금도 중국에 대한 새로운 이슈나 관련 서적에 대해 끊임없이 의견을 나눈다. 그래서 우리 부부는 늘 화제가 중국이다. 아마도 죽을 때까지 함께 중국을 이야기하지 않을까 싶다.

중국 공부는 끝이 없다. 그래서 함께 공부할 동반자가 있다는 게 얼마나 든든한 일인지 모른다. 서로의 생각을 가감없이 지적하고 토론하며, 정보를 찾는 시간도 절약할 수 있다. 공부는 혼자 할 때보다 둘이 할 때 시너지효과가 더 크다. 20여 년을 함께 공부했고, 앞으로도 계속 함께 공부할 아내가 있는 나는 정말 행운아다.

영국에서
중국 공부하기

공부는 하면 할수록 궁금한 것이 더 많아지는 법이다. 졸업이 다 가올수록 중국에 대해 더 자세히 알고 싶은 마음은 커져만 갔다. 중국에 남아 더 공부를 할 수도 있었지만 나는 조금 더 넓은 시야를 가지고 중국을 보고 싶었다. 서양의 시각이 반드시 객관적이라고 할 수는 없지만, 서양에서 바라보는 중국이 어떠한지도 궁금했다. 중국은 사회주의 국가라 학문적인 측면에서 비판적인 시각으로 중국을 보는 것이 쉽지 않았다. 그래서 영국 유학을 결심했다.

영국 유학을 선택한 이유는 또 있었다. 베이징대에서 공부할 때 나는 친구들과 함께 '아고라'라는 국제학생회를 조직했다. 아고라는 30여 개의 나라에서 베이징대에 유학 온 외국인 학생들이 서로 간의 문화와 정보를 교류하고 친목을 도모하기 위해 만든 조직이다. '아고라'라는 이름은 '서로 자유롭게 토론한다'는 의미로, 노르웨이 친구인 유잉거가 '아고라'라는 이름을 지었다.

아고라에서 활동하면서 영어의 중요성을 새삼 느꼈다. 당시 나는 영어를 잘 못해 아고라에서 토론할 때는 중국어로 이야기하고, 친구인 케빈이 다시 영어로 통역해주었다. 나를 제외한 다른 나라 친구들은 영어가 모국어가 아닌데도 모두 유창하게 영어를 했다. 또한 자기 의견을 거침없이 이야기하는 것도 좋아 보였다. 이런 경험도 영국유학을 결정하는 데 어느 정도 이유로 작용했다.

무모한 것과 용감한 것의 차이

많은 나라 중에서도 굳이 영국을 택한 이유는 런던대학의 SOAS(School of Oriental and African Studies, 동양아프리카 연구학교)가 세계에서 중국학에 가장 조예가 깊은 대학 중 하나라고 들었기 때문이다. SOAS의 전신은 과거 대영제국시절 아시아, 아프리카 식민지를 잘 다스리기 위해 설립한 동양 연구학교(School of Oriental Studies)다. 1938년 아프리카 학과를 신설하면서 SOAS로 이름을 바꾼 후에 아시아와 아프리카 각 지역의 언어, 역사, 정치, 종교, 문화, 경제 등을 연구하는 수준 높은 대학으로 발전했다. 중국 연구와 관련하여 세계에서 가장 권위 있는 학술지로 꼽히는 《차이나 쿼털리(The China Quarterly)》 역시 런던대학 SOAS에서 발간하고 있다.

처음 런던대학 SOAS를 찾아갈 때 우연히 베이징대학에서 알고 지냈던 미국 화교 친구를 만났다. 별로 친하지는 않았지만 새로운 곳에서 만나니 엄청 반가웠다. 그 친구는 이미 런던대학 SOAS에 다녀오는 길이라며 친절하게 길까지 안내해주었다. 이 친구 외에도 런던대학 SOAS에서 베이징대학 때 알고 지내던 외국인 친구들을 여럿 만났다. 듣던 대로 런던대학 SOAS는 중국학을 공부하는 사람들이 찾아드는 유럽 제일의 중국학의 메카였다.

지금 생각하면 중국에 갈 때처럼 영국 유학도 무모하게 시작했다. 생각은 오래전부터 했지만 구체적인 준비는 거의 하지 않았다. 무식하면 용감하다고 했던가. 더 어리고 아무것도 몰랐을 때도 혈혈단신 중국에 왔는데, 영국에서 뭘 못하겠느냐는 생각이었다. 집을 미리 알아본 것도 아니고, 아는 사람이 있는 것도 아니었다. 그러나 두렵거나 걱정되지 않았다. '부딪치면 되지'라는 배짱뿐이었다.

나는 대학원에 입학하기 전에 대학원 예비과정인 1년 코스의 디플로마 과정을 들으면서 IELTS(International English Language Testing System) 시험을 병행해 준비했다. 외국인이 미국대학교에 입학하려면 토플이 필요한 것처럼 영국에서는

IELTS 성적을 필수로 제출해야 한다.

지금 생각하면 한심하다. 무모한 것과 용감한 것은 다른데, 영국 유학을 결정하면서도 IELTS가 뭔지도 몰랐다. IELTS는 듣기, 독해, 작문, 회화 네 가지로 분류되는데 작문이 좀 생소했다.

IELTS 작문은 두 가지로 구분된다. 하나는 제시된 막대 도표나 원형 그래프 등을 보고 데이터를 분석해 그 내용을 서술하고 나의 입장을 밝히는 것이다. 이런 유형의 작문은 연습을 반복하면서 그런대로 쉽게 익숙해졌다. 또 다른 유형은 주제에 대해 글을 쓰는 작문인데, 이 유형이 내게는 쉽지 않았다. 예를 들어 '정크푸드를 먹는 것이 옳은가 그른가', '화장품을 만들기 전에 동물 테스트를 하는 게 동물 학대인가 아닌가' 등의 주제가 주어지면, 서론에서 찬성하는지 반대하는지 자신의 입장을 분명히 밝혀야 한다. 만약 주어진 주제에 찬성하는 입장이라면, 본론에서는 자신이 찬성하는 이유뿐 아니라 나와 다른 의견을 반대하는 근거도 써야 한다. 즉 나의 생각을 논리적으로 펴고 나와 다른 의견을 논리적으로 반박하면서 풀어내는 것이 작문의 성공 관건이다. 그리고 나의 논지를 부연설명하면서 결론을 마무리 지으면 된다. 문제가 쉽고 쓰는 형식을 잘 알고 있더라도 만만한 시험은 아니었다. 논리적으로 주장하고 다시 논리적으로 반박하기 위해 작문 전에 많은 생각을 해야 하기 때문이다.

1년 동안 디플로마 과정을 들으면서 수도 없이 작문 연습을 했다. 솔직히 작문을 하느라 골머리를 앓을 때는 꼭 이런 연습을 해야 하나 불만을 품은 적도 있다.

하지만 이후에 IELTS 시험에 통과하고 대학원에 진학해 에세이를 쓰면서 왜 주제에 대해 자기 의견을 쓰는 작문 능력을 요구하는지 비로소 알게 되었다.

"그래서 네 생각은 뭐니?"

대학원에서는 수시로 에세이를 제출해야 했다. 작문이 생소하긴 했지만 1년 동안 디플로마 과정에서 '아카데믹 잉글리시(Academic English)'라는 과목을 들으면서 꾸준히 연습하고, 전공과목에서도 에세이를 쓰고 체크 받으면서 연습했다. 그렇게 죽어라 하고 작문 연습을 했는데도 에세이 과제를 할 때면 항상 머리가 아팠다. 리포트를 쓰던 습관을 버리지 못하고 자꾸만 정리하려고 했기 때문이다.

에세이는 한국이나 중국에서 대학생이나 대학원생들이 숙제로 제출하는 리포트와 비슷하면서도 다르다. 일반적으로 한국이나 중국에서의 리포트는 대부분 사실이나 기존 이론을 정리하는 수준이다. 물론 요즘에는 단순한 정리가 아닌 자기 의견을 설득력 있게 풀어내야 하는 추세지만 내가 중국에서 공부할 때까지만 해도 리포트는 자기 견해보다는 객관적 사실을 더 중시하는 분위기였다.

에세이는 리포트와는 완전히 다른 새로운 형식의 쓰기였다. 에세이는 자기의 생각을 풀어내는 글쓰기인데, 그렇다고 내 생각만 일방적으로 펼치면 안 된다. 내 생각만 주장하는 것이 아니라 나와 반대되는 생각까지 찾아내 그런 생각을 하는 배경, 원인까지 고민해야 논리적으로 반박할 수 있다. 그러다 보면 내 생각의 폭이 자연스럽게 넓어진다. 논리력이 향상될 뿐만 아니라 나와 다른 생각을 가진 사람들이 많다는 것을 깨닫고, 꼭 내 생각이 옳지 않을 수도 있다는 겸손함이 생긴다. 사람들의 다툼은 대부분 생각이 달라서 발생하는데, 이런 충돌을 나와 남의 생각이 달라 생기는 거라고 보면 오히려 마음이 편안해진다. 그리고 나와 다른 의견을 들음으로써 다양한 시각으로 문제를 보면 생각의 폭도 넓어진다.

머리로는 에세이를 어떻게 써야지 이해했지만 사실을 주로 쓰던 리포트 방식이 습관처럼 굳어져 에세이 쓰기를 방해했다. 영국에서는 에세이를 제출하면 교수가 직접 하나하나 체크해서 돌려준다. 그때의 체크가 채점의 근거일지도 모르겠다.

기껏 내 생각을 에세이 형식에 맞게 써서 제출해도 돌려받은 에세이에는 "그래서 네 생각은 뭐니?"라는 물음이 종종 달려 있었다. 도대체 뭐가 문제인지 모르겠어서 교수님께 물었더니 뜻밖의 대답이 돌아왔다.

"누구나 알고 있는 배경 설명을 장황하게 쓸 필요 없다. 네 생각이 중요하다."

중국에서 공부할 때는 뭔가 주제를 제시받으면 역사적 배경 등 관련 배경부터 서술했다. 본격적으로 내 의견을 이야기하기 전에 객관적인 사실을 소개해야 설득력이 있을 거라 생각해서였다. 하지만 교수님은 논리를 펴는 데 꼭 필요한 것이 아니라면 굳이 쓸 필요가 없다고 지적해주셨다. 나로서는 필요한 배경 설명이라 생각하고 쓴 내용이 교수님 입장에서는 군더더기처럼 느껴졌던 모양이다.

수시로 "네 생각은 뭐니?"라는 지적을 받은 나와는 달리 영국 학생들은 자기 생각을 표현하는 데 익숙해 보였다. 영국인들은 어릴 때부터 자기 생각을 이야기하고, 다른 사람의 생각을 이해하는 학습을 반복한다. 아마도 오랜 시간 지속해온 그런 사고력 학습이 영국인들이 에세이를 잘 쓸 수 있게 하는 밑거름이 되는 것 같다.

에세이를 쓸 때만이 아니라 수업을 할 때도 자기 생각은 중요하다. 에세이가 자기 생각을 글로 표현하는 것이라면 튜토리얼(Tutorial) 수업은 자기 생각을 논리적으로 '말하는' 시간이다. 우리에게 익숙한 강의식 수업이 2~3시간이라면 튜토리얼 수업은 1시간 30분 정도다.

튜토리얼은 강의를 듣고 관련된 책과 자료들을 각자 읽고 와서 토론하는 수업이다. 교수님이 몇 가지 문제를 제기하면 자기 의견을 논리적으로 주장해야 하는 시간인 것이다. 이 수업 역시 나에게는 어렵기만 했다. 영어로 단순히 사실을 말하는 것도 어려운데, 책에 나오는 남의 의견이 아닌 내 머릿속에서 오롯이 나만의 생각을 끄집어내어 논리적으로 말하기란 쉬운 일이 아니었다.

서툰 영어로 내 생각을 논리적으로 이야기할 수 있으려면 남들보다 많이 준비하는 방법밖에 없었다. 보통 수업 전에 읽어야 할 책이 산더미 같았는데, 악착같이 다 읽고 이해하려고 노력했다. 한 번 읽어서 이해가 안 가면 이해할 수 있을 때까지 몇 번이고 반복해서 읽었다. 다만 너무 어려운 책은 과감하게 포기했다. 지도교수님의 조언 때문이다.

언젠가 아무리 읽어도 이해가 안 돼 책을 들고 지도교수님을 찾아갔던 적이 있다. 교수님은 "어려운 책은 안 봐도 된다. 책을 어렵게 쓰는 것은 저자도 잘 모르기 때문이다"라고 말하며 단호하게 읽지 말라고 하셨다. 잘 알고 있는 사람만이 독자들이 이해하기 쉽게 책을 쓴다는 것이다. 논리 있게 쓰고 말하는 것도 평생 해야 할 공부지만, 쉽게 전달하는 능력도 중요한 공부라는 걸 그때 깨달았다.

습관처럼 굳어진 리포트식 쓰기와 말하기를 버리고, 내

생각을 쓰고 말할 수 있게 되기까지는 꽤 많은 시간이 걸렸다. 결코 쉽지 않은 과정이었지만 영국 유학은 내 생각을 설득력 있게 풀어내고, 다른 사람의 생각을 더욱 존중할 줄 아는 방법을 배운 소중한 시간이었다. 어쩌면 이는 영국에서 석사학위를 받은 것보다 살아가는 데 더 도움이 되는 큰 공부였다는 생각도 든다.

진짜 공부란 무엇일까?

중국에서 공부할 때도 그랬고, 영국에서 공부할 때도 언어는 늘 내 발목을 잡았다. 중국 베이징대와 영국 런던대학 SOAS에서 모두 무사히 학위를 취득했지만 '과연 내가 진짜 공부를 했는가?'를 자문하면 쉽게 고개를 끄덕일 수 없다. 특히 영국에서의 공부는 영어가 서툴러 아쉬움이 많이 남는다.

런던대학 SOAS에는 소문대로 자료가 무척 방대했다. 중국에서도 볼 수 없었던 귀한 자료가 엄청 많아 어디서부터 손을 대야 할지 모를 정도였다. 예를 들어 '문화대혁명'을 키워드로 검색하면 관련 자료 리스트가 너무 많아 나에게 필요한 자료를 선별하는 것부터가 큰 일거리였다.

SOAS에만 중국 관련 자료가 있는 것이 아니다. 런던대학은 여러 개의 칼리지로 구성되어 있고, 각 칼리지는 런던 곳곳에 분산되어 있다. SOAS는 대영박물관 근처에 있었는데, SOAS 학생이면 런던대학 각 칼리지의 모든 도서관을 이용할 수 있었다. 나는 근거리에 있던 LSE(London School of Economics and Political Science, 런던정경대) 도서관을 종종 이용했는데 그곳에는 또 다른 종류의 자료들이 많았다.

세계 어느 곳에서도 쉽게 볼 수 없는 자료들이 지천이었지만 안타깝게도 그중 내가 본 자료는 극히 일부에 불과했다. 게을러서가 아니다. 영어가 한계가 있다 보니 자료를 읽고 이해하는 데 너무 많은 시간이 걸렸기 때문이다.

언어가 부족하면 책이나 자료를 보고 이해하는 것도 힘들지만 자기 생각을 전달하기는 더 어렵다. 자기 생각을 중요하게 생각하는 영국에서 더 절실하게 한계를 경험했다. 아내도 이러한 내 생각에 전적으로 공감한다. 그래서 우리 부부는 혹시 어린 딸 탄영이가 외국에서 공부를 하고 싶다면 좀 더 일찍 시작하게 돕고 싶은 마음도 있다. 언어를 유연하게 배울 수 있는 나이에 외국어를 접하면 언어도 빨리 배우고, 그만큼 언어에 대한 스트레스 없이 공부에 집중할 수 있을 것이란 생각에서다. 언어에 구애받지 않을 때 진짜 공부가 가능하다.

언어의 한계로 영국에서 완벽하게 중국학을 공부했다고 자신하기는 어렵다. 하지만 비록 더듬거리는 영어로나마 영국에서 중국의 역사, 문화, 정치, 경제, 사회 등을 종합적으로 공부한 덕분에 나는 동서양 모두의 시선에서 중국을 객관적으로 볼 수 있는 안목을 키울 수 있었다.

영국 유학의 위기

영국 유학은 중국 유학보다 훨씬 힘들었다. 한 가지를 깊이 있게 파고들고, 공부하는 방식이 달라서이기도 했지만 그보다는 생활 고 문제가 더 컸다. 영국의 물가는 그때나 지금이나 가히 살인적 이다. 그런데다 IMF 경제위기로 인해 원화 가치가 대폭 떨어져 더 어려웠다. 당시 1파운드에 1300원 하던 환율이 2000원까지 올랐다. 도저히 학비와 생활비를 감당하기 어려워 유학을 포기 해야 하나 고민도 많이 했다.

돈이 없어 계란 한 판을 삶아놓고 몇날며칠을 계란만 먹으 며 버틴 적이 한두 번이 아니었다. 그나마 계란이라도 먹을 수 있으면 다행이다. 뱃속에서는 늘 꼬르륵 소리가 났다. 주린 배 를 물로라도 빵빵하게 채울 수 있으면 좋으련만, 영국은 수돗 물에 석회가 많아 정수하지 않고는 마시지 못한다. 가난한 유 학생이 정수기를 사는 건 불가능한 일이다. 궁여지책으로 몰 래 학교 식당에서 생수를 받아와 마시고, 그마저도 여의치 않 을 때는 유효기간이 지난 콜라를 대신 마시던 처지였으니 물 조차 양껏 마실 수 없는 상황이었다.

기껏 중국을 공부하기 위해 영국에 왔는데, 중도 포기하고 한국으로 돌아가는 것은 죽기보다 싫었다. 하지만 현실은 내

의지와는 상관없이 자꾸 나를 벼랑으로 몰고 갔다. 그러던 중 다행히도 공부를 계속할 수 있는 길이 열렸다. 평소 알고 지내던 SOAS 중국어센터장 중국인 교수님이 공부를 포기할지 말지에 대해 고민하는 나를 안타깝게 생각했던지 번역 아르바이트 거리를 주신 것이다. SOAS 학교 특성상 번역을 의뢰하는 일이 많았던 모양이다. 교수님의 소개로 화이자에서 만든 비아그라 제품을 한국어로 번역 및 더빙하는 작업을 하면서 겨우겨우 공부를 이어나갈 수 있었다.

함께 런던대학에서 석사과정을 밟았던 아내는 지금도 영국 이야기가 나올 때마다 진저리를 친다. 그러면서도 한편으로는 그때의 가난을 웃으면서 이야기한다.

"그때 얼마나 속상했는지 알아? 어떻게 돈이 얼마나 있는지도 확인 안 하고 무조건 나를 끌고 갔었어?"

아내가 말하는 그때는 아내의 생일날이다. 물조차 마음대로 사먹을 수 없는 형편이었지만 아내의 생일날만큼은 맛있는 걸 사주고 싶었다. 비싸고 맛있는 음식은 사주지 못해도 무한 리필 가능한 4.99파운드짜리 피자라도 실컷 먹게 해주고 싶었다. 아내를 식당으로 데려가 ATM기에서 돈을 인출하려는데, 은행 잔고가 제로였다. 피자는커녕 기숙사까지 돌아갈 버스비조차 없었다. 결국 배고픔과 서러움을 달래며 열 정거장 정도를 걸어야 했다.

우여곡절 끝에, 어려운 환경에서도 포기하지 않고 공부를 마쳤기에 그때의 참혹했던 기억은 젊은 날의 소중한 추억이 되었다. 결과보다 과정이 중요한 것은 맞지만 만약 생활고를 못 이겨 영국 유학을 중도 포기했다면 어떻게 되었을까? 적어도 지금처럼 가난했던 영국 생활을 추억으로 회상하기는 어려울 것이다.

발 빠르게 중국과 상생한 영국

영국 런던대학 SOAS의 중국에 대한 깊이는 실로 놀라운 수준이었다. 개인적으로 지독한 가난에 시달리며 높기만 한 언어의 장벽을 감내하면서도 공부할 만한 충분한 가치가 있을 정도로 SOAS에서 폭 넓으면서도 깊이 있는 중국 공부를 할 수 있었다. 하지만 학문적 깊이 못지않게 나를 놀라게 했던 것은 중국을 바라보는 영국의 시선이었다.

내가 영국에 유학을 갈 무렵인 1990년대 말만 해도 한국이 중국을 보는 시선은 차가웠다. 중국이 경제적으로 낙후돼 있었기 때문인지 우리보다 한참 못사는 후진국으로 보고 무시하는 경향이 역력했다. 베이징대학을 졸업한 후 내가 본 중국 엘리트들의 미래에 대한 열정과 무서운 성장세에 대해 아무리 강조하여 이야기해도 우리나라 사람들은 비웃으며 관심조차 없었다.

그런데 영국은 달랐다. 한국보다 많이 앞서 있는 영국이지만 중국을 결코 가볍게 보지 않았다. 2000년 대만 총통 선거가 있던 다음 날이었다. 여느 날처럼 학교에 갔는데 '당선자 천수이볜(陳水扁) 집권과 중국'에 대한 세미나가 개최되었다. 불과 하룻밤 사이에 선거의 결과를 발 빠르게 분석하고 조금은 상기된 표정으로 열변을 토하던 교수님들이 참으로 인상적이었다. 그만큼 영국은 중국의 움직임 하나하나를 예의주시하고 있었다.

당시 영국에서 중국과 관련해 중요하게 다루던 이슈 중 하나가 '중국 위협론'과 '중국 위기론'이다. 중국 위협론은 당시 경제적으로 급성장하는 중국이 향후 세계 경제 대국이 되어 미국을 위협하는 존재가 될 것이라는 주장이었는데, 20년이 지난 지금은 누구나 인정하는 현실이 되었다.

중국 위기론은 '중국 거품론' '중국 붕괴론'과 함께 지금까지도 끊임없이 제기되고 있는 주장이다. 위기론의 근거는 은행의 부실채권 문제, 국유기업 문제 등 경제적 요인들이다. 이 외에도 빈부격차와 인권 문제가 항상 거론되었다. 빈곤계층과 선도적 지식인들의 자유와 인권에 대한 갈망이 폭발하여 결국 중국 공산당 정권 자체가 붕괴될 것이라는 주장이었다. 그리고 미국 대통령을 비롯한 서방 국가들은 중국 국가 지도자를 만날 때마다 인권 문제나 티베트 문제를 거론했다.

하지만 2008년 글로벌 경제위기 이후 판도가 달라졌다. 중국이 힘 있고 돈 있는 나라로 부상하자 중국의 자금이 필요한 미국 등 서방국가 리더들은 티베트, 인권 등 중국이 불편해하는 이슈들은 거론조차 하지 않는다. 1990년대 중반 미국은 처음으로 중국 위협론을 제기하며 중국을 대비해야 한다고 주장했다. 그걸 알면서도 제대로 대비하지 못한 탓인지 아니면 막을 수 없는 중국의 거센 성장세 탓인지 중국은 이제 눈치를 봐야 하는 거대 국가로 성장했다.

일찌감치 중국의 가능성을 알아보았던 영국은 이제 더욱더 적극적으로 거대해진 중국과 미래를 함께하려는 움직임을 보이고 있다. 전 세계적으로 중국인 관광객이 증가하자 자존심 강한 영국이 버킹검궁, 빅벤 등 영국의 명소 이름을 중국식으로 바꾸어 영어와 함께 표기하는가 하면, 비자 발급 기간도 1주일에서 24시간으로 간소화시켰다. 중국이 주도하는 아시아인프라투자은행(AIIB, Asian Infrastructure Investment Bank)에 주요 서방국가 중에서 가장 빨리 가입을 선언한 것도 어쩌면 영국이 이미 오래전부터 중국을 주목하고 공부했기 때문이란 생각도 든다.

영국이 홍콩을 150여 년간 통치한 것은 누구나 아는 사실이다. 아마 영국은 홍콩을 잘 통치하기 위해서라도 중국의 모든 것을 연구하고 살펴볼 수밖에 없었고, 그러면서 자연스럽게 중국을 잘 알게 된 면도 있다. 비록 처음에는 식민지 홍콩을 잘 다스리기 위해 중국을 연구했지만, 그러면서 쌓은 경험과 노하우를 바탕으로 그 어떤 나라보다도 중국을 잘 이해하고 발 빠르게 상생의 길을 모색하는 영국이 놀랍기만 하다.

02

두 얼굴의 중국

진짜 공부는
현장에 있다

중국인들을 이해하니
중국이 보인다

책상머리에 앉아 중국을 공부하는 데는 분명한 한계가 있다. 어떤 나라든지 그 나라를 제대로 알려면 그 나라 사람들과 함께여야 한다. 그래서 나는 가능한 한 많은 중국인들을 만나고 싶었다. 수업을 따라가기도 벅찼지만 시간 날 때마다 베이징대 중국 친구들과 많은 시간을 보내고, 기숙사 말고 학교 밖으로 나가 다양한 중국인들과 부딪치려 노력했다. 꼭 말을 섞지 않아도 중국인들 속에 파묻혀 그들의 생활을 간접적으로나마 보고 느끼는 것만으로도 한결 친근해지는 것 같았다.

대학 때뿐만 아니라 사업을 할 때 만난 중국인들도 중국을 이해하는 데 큰 도움이 되었다. 워낙 인구가 많다 보니 중국인들이 천차만별인 것 같지만 서로 통하는 부분도 많다. 그래서 중국인들을 많이 만날수록 중국이 더 새롭게 느껴지고, 더 많은 관심을 갖게 되었던 것 같다.

그들의 두 얼굴

베이징대에서 공부할 때 나는 수업이 끝나면 저녁에 맥주를 사 들고 무작정 중국 친구들의 기숙사를 찾았다. 중국 학생 기숙사는 외국인 기숙사와 달리 정말 비좁았다. 외국인 기숙사로 치면 2명이 겨우 생활할 수 있는 공간에 6명이 함께 생활했다. 공간이 좁아 3단 침대를 양옆으로 놓고, 책상 하나를 2명이 공동으로 썼다.

편안하게 앉아 있을 공간조차 없는데도 거의 매일 기숙사 문을 두드렸다. 의자가 3개뿐이어서 앉을 자리가 부족하면 침대에 고개를 숙이고 쭈그리고 앉아 이야기를 나눴는데 그래도 즐거웠다. 워낙 사람을 좋아하는 나인지라 중국 친구들과 친하게 지내고 어부지리로 중국어 연습도 하고 싶어서였다.

중국 친구들은 정이 많고 순수했다. 매일 저녁 들이닥치는 불청객을 언제나 싫은 내색 없이 반갑게 맞아주었다. 기꺼이 중국어 연습 상대가 되어주고, 부족한 공부를 도와주기도 하고, 열심히 정리한 노트를 아낌없이 빌려주기도 했다.

당시 순수하게 만났던 친구들이 성장해 지금은 중국 곳곳에 자리 잡았다. 그중에는 유명 포털 사이트 CEO, 언론사 사장, 대법원 판사 등 굵직한 역할을 맡고 있는 친구들도 있다.

열악한 생활환경 속에서 추리닝 차림으로 다니며 학교식당에서 이삼백원으로 한 끼 식사를 해결하던 친구들이 지금은 고급 승용차를 가지고 공항에 마중 나오는가 하면 고급 식당에서 밥을 사주기도 한다. 이야기를 나누다 보면 중국에서 굵직한 역할을 할 만큼 성공했음에도 비좁은 기숙사에서 만났던 20대의 순수한 모습이 여전히 보인다.

학생들만 순수했던 게 아니다. 일반 시민들도 학생 못지않게 순수했다. 중국에 간 지 얼마 안 되었을 때의 일이다. 한번은 버스를 탔는데 내 뒤에 앉은 50대로 보이는 중년 여성이 외국인이냐고 먼저 물었다. 그때만 해도 외국인이 드물었고, 옷차림만 봐도 내국인과 외국인을 구분할 수 있었다. 어느 나라에서 왔느냐, 학생이냐, 어디에서 공부하느냐, 무슨 공부를 하느냐 등등의 질문에 몇 차례 막힘없이 대답하자 계속 질문을 했다. 결국 나의 중국어 실력이 금방 바닥이 났다. 나중엔 서툰 중국어로 대답하자 그녀는 자신이 베이징대 교수라며 '도움이 필요하면 언제든 연락하라'고 집 전화번호를 종이에 써서 건네주었다.

당시 사람들은 정말 정도 많고 순수했다. 마치 내가 태어나고 자란 고향 마을 사람들 같은 느낌이었다. 내 고향도 도시에서 한참 떨어진 작은 시골마을이라 사람들이 순수했고, 옆집에 숟가락이 몇 개인지까지 알고 지낼 정도로 정을 나누며 살았다. 그래서 낯선 타국이었지만 빨리 적응할 수 있었다.

지금은 베이징에서 이런 사람들을 찾아보기 힘들다. 경제가 비약적으로 발전하면서 중국 사람들도 예전의 순수하고 따뜻한 모습을 많이 잃어버린 듯하다. 중국은 예로부터 상인을 무시했던 우리나라와는 달리 돈을 숭상했다. 사마천의 『사기』 「화식열전(貨殖列傳)」 편만 봐도 중국인들이 돈을 얼마나 중요하게 생각했는지를 잘 알 수 있다. 화(貨)는 재산을, 그리고 식(殖)은 증식을 뜻한다. 즉 재산을 늘리는 방법에 관한 기록인 「화식열전」은 춘추시대 말부터 한나라 초까지 상업으로 거부가 된 사람들의 이야기를 담은 책이다. 세상의 이치를 알고, 인간의 이치를 알면 자연히 돈의 이치를 알게 된다는 것이 이 책의 핵심 내용이다. "무릇 백성은 다른 사람의 재산이 자기보다 열 배 많으면 그를 헐뜯고, 백 배 많으면 그를 두려워하고, 천배 많으면 그의 심부름을 하고, 만 배 많으면 그의 하인이 된다. 이것이 만물의 이치다(凡編戶之民 富相什則卑下之 伯則畏憚之 千則役 萬則僕 物之理也)"라는 문구를 보면 기원전에 쓰인 책인데도 재물에 대한 생각은 예나 지금이나 다를 게 없어 보인다.

중국인들의 돈에 대한 사랑은 개혁개방 이후 본격적으로 불이 붙었다. 수단과 방법을 가리지 않고 돈만 벌면 된다는 인식이 팽배해지면서 분위기도 많이 달라졌다. 이익 앞에서 무서울 정도로 냉혹한 것도 중국인들의 또 다른 모습이다. 중국 회사와 외상거래를 하다 돈을 받지 못해 한순간에 무너진 사람들도 많이 보았다. 중국은 워낙 시장이 크다 보니 한 번에 주문하는 양이 엄청나다. 10만 개, 100만 개 등 한국에서는 상상도 할 수 없는 주문량에 눈이 멀어 일확천금을 벌 꿈에 부풀어 외상거래로 수출을 한 결과다. 법적으로 소송을 걸어도 승소하기도 어렵고, 설령 승소한다 해도 법 집행력이 부족해 돈을 받게 될 가능성이 희박하다. 이런 불상사를 막으려면 현금거래를 하는 것이 좋다. 우리나라 기업들 중 중국과의 비즈니스에 성공한 기업들은 대부분 현금거래를 원칙으로 한다.

이처럼 중국인은 두 얼굴을 갖고 있다. 하지만 개혁개방 이후 급속한 경제 발전으로 황금만능주의가 만연하고 사람들은 돈에 집착하면서 예전의 순수성을 많이 잃어버리긴 했어도 여전히 순수하고 따뜻한 모습도 남아 있다. 중국인들이 돈을 숭상하는 모습이 있다 해도 너무 색안경을 끼고 무조건 경계할 필요는 없다.

얼마 전, 친한 중국 친구가 국제 세미나에 참가하기 위해 한국에 왔다. 오랜만에 만나 카페에서 이런저런 이야기를 했는데, 중국 친구가 한국 카페는 깨끗하고 편안하다며 중국에 진출하면 좋겠다는 말을 했다. 이미 중국에 한국 디저트 카페 등 짝퉁업체들이 난립하고 있지 않느냐고 반문하자 중국 친구가 약간 의외의 대답을 했다.

“우리도 그런 중국인을 아주 싫어해. 그런 사람들은 수준이 낮아 돈만 밝히는 사람이고, 중국 사업가들도 그런 사람들 때문에 힘들어 해.”

돈을 중시해도 수단과 방법을 가리지 않고 돈만 밝히는 사람들을 같은 중국인들도 싫어한다는 대답이었다. 그 대답을 듣고 보니 중국인을 무조건 ‘돈만 밝히는 신뢰할 수 없는 사람’이라는 선입견을 가질 이유가 없다는 생각이 들었다. 하긴 역으로 중국인들 중에도 한국 회사의 주문을 받고 OEM으로 물건을 생산해 넘겼는데 돈을 떼였다고 하소연하는 사람들이 있다. 중국인을 일반화시켜 탓하고 의심하기보다 중국인들의 다양한 모습을 이해하고 나쁜 중국인들의 덫에 걸리지 않도록 항상 조심하는 것이 바람직하지 않을까 싶다.

중국 사람은 둥근 원이다

세월이 변해도 변하지 않는 중국인들의 품성 중 하나가 ‘겸손’이다. 우리나라 사람들도 예전에는 중국처럼 ‘겸손’을 미덕으로 여겼다. 하지만 치열한 경쟁사회가 되면서 겸손보다는 적절하게 자기를 드러낼 줄 아는 사람들이 주목을 받기 시작했다. 남들보다 튀는 구석이 있어야 살아남을 수 있는 그런 사회가 된 것이다.

하지만 중국인들 중 스스로 자기 자랑을 하는 사람은 별로 보지 못했다. 20대 때 중국에서 공부할 때 보았던 중국인들도 그렇고, 이후 중국 관련 사업을 하면서 만났던 중국인들 대부분 성격이 둥글둥글 원만하다. 다른 사람을 칭찬하고 치켜세우는 것은 잘하면서도 정작 자신은 내세우지 않는다.

중국은 원만한 것을 아주 중요하게 생각하는 사회다. 그래서 중국을 이끌어가는 지도자들을 보면 뾰족한 사람들이 없다. 모두가 둥글둥글하다. 원만하지 않은 사람들은 절대 높은 자리에 올라갈 수가 없다.

실제로 내가 만났던 사람들은 하나 같이 튀지 않는 호인들이다. 그 자리까지 올라가려면 당연히 능력이 출중할 텐데도 스스로를 낮춘다. 내가 10년간 베이징대 한국동문회장을 하면서 만났던 베이징대 총장님들도 그렇고, 중국 관련 일을 하면서 인연을 맺었던 《인민일보》 사장님이나 정부 고위 관료들 대부분이 마치 친근한 옆집 아저씨나 할아버지처럼 푸근하다.

높은 자리에 올라갔다고 목에 힘을 주고 티를 내지도 않는다. 성품만 원만한 것이 아니라 옷차림도 지극히 소박하다. 어찌나 소박한지 겉모습만 봐서는 어떤 일을 하는 사람인지 가늠조차 하기 어렵다.

대학 교수인 한 선배가 교류 협력 때문에 베이징대를 찾아왔을 때의 일이다. 총장실을 찾던 선배는 바지를 걷어 올린 채 자전거를 끌고 가는 아저씨에게 총장실이 어디냐고 물었다.

아저씨는 친절하게 가르쳐주었고, 선배는 아저씨가 가르쳐준 대로 총장실을 찾아갔다. 총장실 문을 열고 들어서자 조금 전 길을 가르쳐준 아저씨가 있어 깜짝 놀랐다고 한다. 아주 소박한 차림이라 총장인 줄 몰랐던 것이다.

사람을 외모로 평가해서는 안 되지만, 특히 중국에서는 사람을 겉모습만 보고 평가하면 실수할 수도 있겠다는 것을 처음 깨닫게 된 사건이었다. 중국인들은 외모만 봐서는 무엇을 하는 사람인지, 어느 정도 직위에 있는 사람인지 알 수 없다.

세월이 많이 흘렀어도 원만함과 겸손을 중시하는 중국인들의 태도는 변함없다. 굴지의 회사를 운영하는 회장이나 수천억 원대의 자산가도 겉으로는 별로 티를 내지 않는다. 겉모습만 그런 것이 아니라 사고방식도 아주 유연하다. 중국인들은 어느 한 가지 길만을 고집하지 않는다. 중국인들은 길이 수도 없이 많다고 생각하기 때문에 그토록 여유 있고, 날을 세우지 않는 듯하다.

그들에게 체면은 목숨과 같다

공부하면서 만난 중국인들과 사업을 하면서 만난 중국인들에게서 받은 느낌은 조금 다르다. 사업을 하면서 만난 중국인들은 미엔쯔(面子), 즉 체면을 아주 중요하게 생각한다. 사실 사업하는 사람들뿐만 아니라 중국인들은 대부분 체면을 중시한다. 다만 공부할 때는 친구들끼리 이해관계에 얽힐 일도 없고, 서로 체면을 차릴 일도 거의 없어 내가 크게 느끼지 못했던 것 같다.

중국인들에게 있어 체면은 목숨과 같다. 중국에 진출한 한 외국 기업의 외국인 관리자가 동료들이 보는 앞에서 한 중국인 직원의 잘못을 질책했다. 다음날 중국인 직원은 자살한 채 발견되었다. 설마 질책 좀 받았다고 자살을 하느냐고? 믿기 어려운 이야기지만 중국에서 실제로 일어났던 일이다. 망신당한 모멸감을 이기지 못해 자살하는 사건들이 중국에서는 종종 발생한다.

중국에서는 어떤 경우에도 상대방의 체면을 손상시키면 안 된다. 나도 중국인 직원들을 대할 때는 항상 조심한다. 설령 명백한 잘못을 해서 문책을 해야 할 경우라도 절대 다른 직원들이 보는 앞에서 혼내지 않는다. 직원들이 볼 수 없는 곳으로 따로 불러 조용히 잘못을 일깨워준다.

중국 사람들과 만날 때마다 느끼는 것 중 하나가 상대방을 비난하거나 비판하지 않는다는 것이다. 높은 자리에 있는 사람일수록 더욱 그렇다. 과분할 정도로 칭찬은 해도 절대 상대방을 기분 나쁘게 할 만한 말은 하지 않는다. 그렇게 해야 상대방의 체면을 세워주고, 자기 체면도 선다고 생각하기 때문이다.

식사 자리에서 체면 때문에 곤욕을 치른 적도 있다. 초대받은 자리라 맛있게 먹어주는 게 예의라 생각한 나는 배가 많이 부른데도 음식을 깨끗이 먹어치웠다. 그런데 나중에 알고 보니 한국과 반대로 중국에서는 음식을 남기는 게 초대해준 사람에 대한 예의였다. 음식을 다 먹어치우면 초대한 사람이 음식을 부족하게 준비했다는 의미로 주인의 체면에 손상이 간다는 것이다.

경우에 따라서는 너무 체면을 과하게 세운다는 생각이 들기도 한다. 내가 중국에서 운영하는 회사 직원들 중 우수사원을 선발해 한국을 여행시켜준 적이 있다. 중국 직원이 한국에 여행을 오면서 선물을 사왔는데 정도가 너무 지나쳤다. 회사 대표에게 선물하는 것이라 그랬는지 모르겠으나 선물의 내용을 보니 월급의 절반은 족히 들었을 정도로 고가의 물건들이었다. 그 정도는 되어야 체면을 살릴 수 있다고 생각했던 것 같다. 마음은 고맙지만 왠지 선물을 받기가 부담스러웠다.

우리나라 사람들도 예전에는 중국 사람 못지않게 체면을 중시했다. 현대사회로 발전하는 과정에서 체면보다는 실속을 중시하는 쪽으로 문화가 바뀌어 지금은 중국의 체면 문화가 생소하게 느껴질 수도 있다. 하지만 중국인을 제대로 이해하려면 체면 문화를 있는 그대로 받아들여야 한다. 옳고 그름을 따져서는 안 된다. 그들의 문화로 인정하고, 중국인들의 체면을 존중해줄 때 비로소 친구가 될 수 있다.

사람은 모두 평등하다

평소 알고 지내던 대기업의 계열사 대표가 사업상 중국의 한 지방정부 시장의 초대로 중국에 다녀오더니 한껏 흥분한 목소리로 말했다.

"아니 김 대표, 이럴 수가 있는 거예요? 나를 무시한 것이 아니고서야 어떻게 그럴 수가 있습니까?"

일단 진정시키고 왜 그러시냐고 물었다. 사연은 간단했다. 중국 공항에 도착했더니 지방정부에서 보낸 운전기사가 대기하고 있었다고 한다. 그때까지만 해도 기분이 좋았다. 귀빈 대접을 제대로 받는 것 같아서였다. 하지만 약속 장소인 식당에서 기분이 확 상했다. 자신을 태우고 온 운전기사가 식사 테이블에 함께 앉아 식사를 했기 때문이다.

"그래서 혹시 화를 내신 것 아니겠죠?"

"화를 낼까 하다가 처음 만난 자리여서 꾹 참았어요."

한국에서는 확실히 익숙지 않은 풍경이다. 하지만 중국에서는 기업이나 기관의 최고 수장이 기사와 함께 식사하는 것은 자연스런 일이다. 나 역시 그런 경험을 많이 했다. 정부 관리를 만나 식사를 할 때 자연스럽게 운전기사가 동석하지만 이미 중국인의 정서를 알고 있던 터라 전혀 거부감이 없었다. 그런데 한국에서 지위가 있는 기업인이 그렇게까지 흥분하는 것을 보니 한국과 중국의 문화적 차이가 생각보다 크다는 것을 실감할 수 있었다.

중국은 사회주의 국가다. 경제는 자본주의와 크게 다르지 않지만 정치는 여전히 사회주의를 기반으로 한다. 그래서 중국인들은 평등 의식이 강하다. 직급 체계에 따른 위계질서가 분명하면서도 조직문화는 비교적 수평적이다. 서로 하는 일이 다를 뿐, 모두 동등한 조직의 구성원이라고 생각한다. 이를 '분공(分工)'이라 한다. 분공 개념이 강한 나라니 운전기사가 고위간부나 기업 대표와 식사를 함께 하지 못할 이유가 없다.

중국에서는 윗사람이라고 무조건 아랫사람을 누르고, 이렇게 해라 저렇게 해라 강요하지 못한다. 이 또한 분공과 관련이 있다. 이를 알지 못하는 한국인들은 중국 거래처 담당자들이 일 처리를 빨리 못한다고 윗사람을 통해 해결하려는 경우가 있는데, 역효과가 나기 쉽다.

중국 기업의 사장들은 확실히 다른 면이 있다. 1000여 명의 직원을 거느린 중국 기업을 방문했을 때, 말단 직원에게 아침 일찍 공항에 다녀오느라 피곤할 텐데 좀 쉬라며 조수석에 앉히고 직접 운전하며 공장을 안내하는 회사 대표도 보았다. 한국인이라면 사장 체면에는 맞지 않는 일이라 생각하기 쉽지만 중국인이 중시하는 체면은 그런 것이 아니다. 사람과 사람은 평등하고, 다른 사람보다 위에 있어야 체면이 선다고 생각하지 않는다.

　1조 원 매출을 올리는 중국 회사 회장이 한국에 출장 왔을 때의 모습도 다르지 않았다. 함께 출장 온 부하직원들을 위해 스스로 사진사가 되기도 하고, 자연스럽게 가방을 들어주기도 했다. 중국인들이 식사할 때 격의 없이 대화하는 모습을 보면 누가 사장이고 누가 말단 직원인지 구분하기 어렵다. 자기보다 직위가 낮다고 사람까지 낮다고 생각하지 않는 분공 개념이 강한 사람들이 바로 중국인들이다.

백문이 불여일견!
여행이 공부다

가장 즐거우면서도 확실하게 공부할 수 있는 방법 중 하나가 여행이 아닐까 싶다. 나는 어렸을 때부터 여기저기 돌아다니며 구경하는 것을 좋아했다. 익숙한 곳이 아닌 낯선 곳에서 새로운 것을 보고 경험하는 것을 즐겼다. 음식을 먹더라도 늘 먹던 메뉴보다는 새로운 메뉴에 눈이 먼저 간다. 선천적으로 타고난 성향이기도 하지만 지금은 새로운 것을 접함으로써 트렌드를 놓치지 않으려고 노력하는 부분이 크다.

워낙 호기심이 많은 나에게 중국은 거대한 신세계나 마찬가지였다. 중국은 공부하는 동안 보고 또 봐도 궁금증이 생기는 그런 나라였다. 그래서 중국에 있는 동안 한 번쯤 시간을 길게 내서 중국 전역을 여행하고 싶었다. 베이징 시내를 걸어 다니면서 구경도 하고, 베이징에서 가까운 곳은 시간 날 때

가보기도 했지만 그것만으로는 부족했다. 광활한 중국을 수박 겉핥기식으로라도 둘러보고 싶었다. 하지만 좀처럼 짬을 내기 어려웠다.

그러다 대학 3학년을 마친 여름방학 때 드디어 한 달 일정으로 여행을 갈 수 있게 되었다. 중국은 가을학기에 새 학년이 시작되는데 4학년이 되면 더 이상 여행을 갈 수 있는 시간을 내기가 어려워 미룰 수가 없었다.

남쪽은 달고 북쪽은 짜며 동쪽은 맵고 서쪽은 시다

북쪽 네이멍구(內蒙古)부터 남쪽 구이린(桂林)까지 한 달 동안 혼자 배낭여행을 했다. 중국이 한국의 96배나 될 만큼 넓다는 것을 머리로는 알고 있었지만 실제로는 그렇게 넓은 줄은 몰랐다. 여행을 하면서 그 광활함을 피부로 느낄 수 있었다. 기차를 타면 몇 시간씩 지평선만 보이기도 했다. 기차역에 정차할 때마다 판매하는 먹거리도 달랐다. "남쪽은 달고 북쪽은 짜며 동쪽은 맵고 서쪽은 시다(南甜北鹹, 東辣西酸)"라는 이야기는 익히 들어 알고 있었지만 기차 안에서 먹는 간식거리까지 다를 줄은 몰랐다. 어떤 노선의 기차를 타든 호두과자, 오징어, 땅콩, 과자, 음료 등 간식 종류가 비슷한 한국과는 대조적이다.

기후도 많이 달랐다. 네이멍구는 한여름 대낮에도 시원하고 밤에는 두꺼운 양털이불을 덮고 자야 할 정도로 추운데, 우한(武漢)에서는 살인적인 폭염으로 길 위에 퍼져 있는 차들이 자주 눈에 띄었다. 충칭(重慶), 난징(南京), 우한을 중국 3대 화로(火爐) 도시라고 하는데, 모두 양쯔강 유역 부근인 탓에 습도가 높아 숨이 막힐 지경이었다.

한번은 기차 안에서 친구 둘이서 여행 중이라는 광둥성(廣東省) 사람을 만났다. 나와는 표준어로 이야기했는데, 대화 도중 간간히 자기들끼리 광둥어로 소통했다. 나는 전혀 알아듣지 못했다. 56개 민족이 사는 중국은 지역마다 방언이 심해 TV에 자막이 나오는 것도 알고 있었지만 실제로 경험한 방언은 전혀 알아들을 수 없는 완전 다른 언어였다.

여행 도중 이해하기 어려운 장면을 목격하기도 했다. 기차 승무원이 열심히 복도에 있는 쓰레기를 쓰레받기에 담더니 창문 밖으로 휙 던져버리는 것이 아닌가. 승무원만 그런 것이 아니었다. 퍽퍽 소리가 나서 돌아보니 기차에 탄 승객들도 마시고 난 빈 병을 창밖으로 아무렇지 않게 던지고 있었다. 당시만 해도 공중도덕과 환경문제에 대한 인식이 부족했던 탓이다. 2008년 베이징 올림픽과 2010년 상하이 엑스포를 준비하면서 공중도덕 수준이 많이 나아지긴 했지만 여전히 교통신호를 지키지 않는 자동차나 무단횡단을 일삼는 사람들이 많다.

맥주도 지역마다 달랐다. 늦은 오후에 기차를 타면 다음날 아침에 도착하기 때문에 무료한 시간을 달래기 위해 맥주를 샀다. 그런데 지역마다 대표 맥주가 달랐다. 각 지역마다 해당 지역에서 생산하는 맥주가 있었고, 그 지역 사람들은 대부분 자기 지역에서 생산한 술을 마셨다. 여행할 땐 특이하다고만 생각했는데, 나중에 보니 지역보호주의 영향이 크다는 걸 알게 되었다. 지역보호주의는 지방정부가 해당 지역 산업을 보호해 경제를 활성화시키기 위한 노력 중 하나다.

아는 만큼 보인다고 한다. 경험과 배움이 부족한 학생이 혼자 한 달 동안 여행을 하면서 중국을 속속들이 보고 이해하기는 분명 한계가 있다. 하지만 그때의 여행으로 인해 이전까지는 몰랐던 중국을 어렴풋하게나마 알게 되었다. 중국이 지역마다 언어도 다르고 문화도 다르다는 것은 머릿속으로 알고 있었지만 직접 경험해보니 또 달랐다. 막연히 들은 것과 직접 내 눈으로 보고 겪은 것이 얼마나 차이가 있는지를 체험한 후 나는 훗날 사업을 할 때도 발로 뛰며 하나하나 직접 확인하는 습관이 생겼다.

여행을 통해 중국을 조금이라도 깊이 있게 이해할 수 있어 좋았지만 혼자 생각할 수 있는 시간이 많았던 것도 무척 좋았다. 졸업을 1년 정도 앞둔 시점이어서 무엇보다 진로에 대해 고민이 많았다. 여행 내내 끊임없이 스스로에게 질문을 던지고 답하면서 진지하게 앞날을 고민할 수 있었던 그때가 나에겐 너무도 소중한 시간이었다.

공부를 마치고 한국에서 비즈니스를 하면서도 중국을 방문할 기회가 많았다. 여행이 아니라 출장이 대부분이었지만 여행 못지않게 중국을 이해하는 데 큰 도움이 되었다. 가장 많이 출장을 다닌 지역 중 하나가 산둥성(山東省) 도시들이다. 한국 기업들이 가장 많이 진출한 칭다오(靑島)를 비롯해 옌타이(煙臺), 웨이하이(威海), 지난(濟南) 등 주요 도시들을 모두 돌아봤다고 생각했는데 생전 처음 들어보는 낯선 도시가 있었다. 바로 산둥성 린이(臨沂)라는 지역이다. 그렇게 자주 산둥성을 다녔으면서도 인구 1000만 명, 서울 인구와 맞먹을 만큼 큰 도시를 몰랐다는 게 믿어지지가 않았다. 중국을 좀 안다고 하는 내가 이렇게 큰 도시를 몰랐다니 스스로를 반성하고 새삼 중국이 얼마나 큰 나라인지 실감하게 되었다.

중국 사람들이 평생 다 못해보고 죽는 것이 세 가지 있다고 한다. 한자를 다 못 익히고 죽고, 중국 음식을 다 못 먹어보고 죽고, 중국 여행을 다 못해보고 죽는다고들 한다. 평생 바다를 한 번도 못보고 죽는 사람들이 있다고 할 정도로 중국은 광활한 영토를 가진 나라다. 그런 중국은 여행 몇 번 가보고, 출장을 자주 다닌다고 해서 다 알 수 있는 곳이 아니다. 어쩌면 평생을 여행해도 다 볼 수 없는 곳이 중국이란 나라인지도 모른다. 그래서 중국 공부를 아무리 해도 항상 부족함을 느낄 수밖에 없는 것 같다.

중국어로 유럽 여행을 하다

중국에서의 생활이 어느 정도 익숙해질 즈음, 나는 유럽 여행을 꿈꾸기 시작했다. 그때까지 가본 외국은 중국이 전부였다. 중국 이외의 다른 나라들도 궁금했다. 그래서 대학교 2학년 여름방학 때 혼자서 유럽 배낭여행을 떠났다. 중국 전역을 여행하고 싶은 마음도 컸지만 중국은 언제든 시간을 내면 갈 수 있으리란 생각에 유럽 여행을 먼저 했다.

아무런 준비 없이 무작정 유럽 여행을 떠났다. 유럽에 친인척이나 지인이 있었던 것도 아니고, 영어는 고등학교를 졸업한 이후에 해본 적도 없었다. 돌아보니 무슨 배짱으로 홀로 유럽 여행을 시작했는지 모르겠다. 아는 사람 한 명 없는 낯선 중국에서 혼자 좌충우돌했던 경험이 나를 겁 없는 사람으로 만든 것 같기도 하다. 그나마 유럽 여행 안내서를 한 권 구입하긴 했는데, 그것도 비행기에 올라탄 후에야 대충 읽어보고 덮어버렸다.

여행지는 독일, 영국, 이탈리아, 스위스, 프랑스 등 서유럽 7개국이었다. 여행은 생각보다 순조로웠다. '급하면 보디랭귀지로 소통하면 되지'라며 호기를 부렸지만 영어를 못한다는 게 내내 마음에 걸렸다. 하지만 유럽에 도착해 얼마 지나지 않아 영어에 대한 걱정은 사라졌다.

그때 처음 알았다. 유럽에 그렇게 중국식당이 많다는 것을. 유럽 어디에든 중국식당이 있었다. 심지어 식당은커녕 아무도 살지 않을 것 같은 한적한 곳에도 중국식당이 있었다. 이탈리아 베네치아에서는 배를 타고 한 시간 가까이 가는데, 외딴곳에 중국식당이 딱 보여 놀라기도 했다.

유럽 여행을 떠날 때 중국에서 바로 유럽행 비행기를 탔다. 급하게 여행을 떠나느라 입을 옷이 변변치 않아 학교 상점에서 판매하는 학교 티셔츠를 사서 입고 갔다. 그게 그렇게 큰 도움이 될 줄은 몰랐다. 어느 중국식당을 가든 옷에 중국어로 '北京大学' 또는 'Peking University'라고 쓰여 있는 걸 보고 너무나 반갑게 맞아주었다. 덕분에 나는 중국어로 여러 가지 여행정보를 얻을 수 있었다. 그리고 국수나 볶음밥 한 그릇을 주문하여 주린 배를 채운 뒤 가방을 식당에 맡겨놓고 홀가분한 차림으로 맘껏 돌아다니기도 했다. 심지어는 직접 자기 차로 목적지까지 데려다주는 사람들도 있었다. 거리에서도 심심치 않게 중국인들을 만날 수 있었고, 그들에게 중국어로 물어보면 항상 친절한 답변을 들을 수 있었다. 아마 그들도 타국에서 중국어로 이야기하는 사람을 만나니 고향사람을 만난 것처럼 반가웠던 모양이다. 게다가 한국인이라고 밝히면 중국어를 잘하는 한국인이라며 더 좋아했다. 여행 내내 입었던 베이징대 티셔츠의 힘도 조금은 작용했을 것이다. 한국의 젊은이가 중국인들이 선망하는 베이징대에서 공부한다는 것이 대견하고 예뻐 보여 그렇게 잘해준 것이 아니었나 싶다.

물론 준비를 제대로 하지 않은 대가도 톡톡히 치렀다. 유럽 여행이 거의 끝나갈 즈음이었다. 이탈리아 로마에서 콜로세움을 구경하다 소매치기를 당했다. 콜로세움에는 집시들이 많다. 콜로세움 입구 앞에 앉아서 콜라를 마시고 있는데 3명의 어린아이들이 몰려와 돈을 달라고 구걸했다. 한 아이는 신문지를 양손으로 받쳐 들고 내 옆구리를 계속 부채질했다. 그리고 반대쪽에서는 아이들이 내 가방과 옷을 손으로 잡아끌며 정신없게 만들었다. 아마도 신문지로 부채질하던 사이에 신문지 아래로 손을 넣어 내 바지 주머니에 있던 지갑을 훔쳐 간 모양이다.

아이들은 내 혼을 쏙 빼놓더니 별안간 다른 곳으로 우르르 몰려갔다. 아마도 내가 콜라를 살 때 이미 지갑을 어디에 넣는지 눈여겨보고 있었던 것 같다. 지갑이 없는 걸 확인하자 아찔했다. 일단 경찰서를 찾아갔다. 경찰서에서 작은 종이에 뭔가를 써주었다. 대중교통을 공짜로 사용할 수 있도록 한 일종의 증명서였다. 버스를 타고 이동하는 길에도 소매치기를 만났다. 외투를 어깨에 걸친 두 남자가 내 바지 주머니에 손을 넣었다. 화가 난 내가 기습적으로 정강이를 차자 가슴에 찬 가방 지퍼를 열더니 칼을 보여주었다. 나중에 여행 안내서를 보니 로마에 워낙 소매치기가 많다는 주의는 물론이고 소매치기 수법의 유형까지 다 나와 있었다. 미리 책을 꼼꼼히 읽어보기만 했어도 그런 황망한 일을 겪지 않았을 거란 생각에 후회가 밀려왔다.

그뿐만이 아니다. 아주 기본적인 상식조차 알지 못해 더 큰 낭패를 겪기도 했다. 나는 로마에서 소매치기를 당하기 전에 파리로 가는 비행기 표를 끊어둔 상태였다. 불행 중 다행으로 비행기 표와 여권은 가방에 넣어두어 여행의 종착점인 파리까지는 갈 수 있었다. 일단 예정대로 파리로 간 후 해결책을 모색해볼 요량으로 비행기를 탔다. 그런데 생각보다 비행기가 빨리 도착했다. 내려 보니 공항이 어쩐지 이상했다. 파리 샤를 드 골 공항이면 꽤 클 줄 알았는데, 소도시의 공항처럼 작고 한적했다.

순간 당황해서 비행기 표를 다시 들여다보았다. 목적지가 'Bari'로 되어 있었다. 분명 표를 살 때 나는 "I want to go to Paris"라고 말했다. 표를 파는 직원이 '파리'냐고 물어 'OK' 했었는데 그때 'Paris'가 아닌 'Bari'냐고 물었던 모양이다. 이탈리아에 '바리(Bari)'라는 도시가 있는 줄도 몰랐던 나로서는 비슷한 발음에 무조건 'OK'를 했던 것이다.

영어가 짧아 벌어진 일만도 아니다. 표를 살 때도 'Paris'가 아닌 'Bari'인 것을 보았다. 하지만 그때는 비행기 표는 나라 불문하고 영어로 표기한다는 사실을 몰랐다. 그래서 이탈리아에

서는 '파리'를 이탈리어인 'Bari'로 쓰는 줄로만 알았다. '프랑
스 파리'라고만 말했어도 그런 어이없는 일은 겪지 않았을 것
이라 생각하니 그만 맥이 탁 풀려버렸다.

엉뚱하게 바리에 내린 후 다시 로마로 돌아가 한국 집으
로 돌아오기까지 한 고생은 말로 다 할 수가 없다. 이후 나는
매사에 확인하고 또 확인하는 습관이 생겼다. 아내는 병적이
라고도 말한다. 아마 유럽 여행 때 하도 고생을 해서 그런 습
관이 생긴 것 같다.

하지만 고생한 만큼 얻은 것도 많다. 난생 처음 유럽을 여
행하는 동안 참 많은 것을 배웠다. 문화와 역사를 체험하고, 유
럽 특유의 그림 같은 자연 풍광을 보면서 감탄하기도 했지만
유럽 속에서 중국을 볼 수 있었던 것이 가장 독특한 경험이었
다. 특히 중국어로 중국인들의 도움을 받으며 유럽 여행을 하
게 될 줄은 상상도 못했다.

서로 도우면서 발전하는 민족, 중국

유럽 여행을 하면서도 중국인들의 저력을 느꼈지만 좀 더 가까
이서 중국인들의 저력을 확인하고 감탄한 것은 영국에서 공부
할 때였다. 나는 영국 유학 생활이 힘들 때마다 레스터스퀘어에
가곤 했다. 주말에는 길거리 공연이 많아 공짜로 문화생활을 즐
길 수 있었기 때문이다. 가난한 유학생에게는 모든 공연이 다 재

미있고 좋았지만 그중에서도 중국 악기인 얼후 연주가 좋았다. 국적은 달랐어도 중국에서 건너온 우수에 젖은 신사가 연주하는 애잔한 멜로디는 향수를 달래기에 충분했다. 한국을 처음 떠나 중국에서 대학생활을 했으니 중국이 제2의 고향처럼 느껴졌던 것일지도 모르겠다.

레스터스퀘어 옆에는 차이나타운인 소호 거리가 있었다. 나는 레스터스퀘어에 갈 때마다 쌀을 사기 위해 차이나타운에 들렀다. 물론 한인촌도 있었다. 그런데도 차이나타운에서 쌀을 샀던 이유는 한인촌이 시내에서 1시간 이상 더 들어가야 하는 외곽에 있었기 때문이다. 반면 차이나타운은 런던 중심에 있어 접근성이 좋았다. 늘 사람들로 북적였고 라면과 고추장 등의 다양한 한국제품도 판매하고 있었다. 나는 10킬로그램이나 되는 쌀을 배낭에 메고 기숙사까지 걸어갔다. 교통비를 아껴야 하는 처지여서 교통이 불편하고 먼 한인 마트는 더더욱 가기가 어려웠다.

런던의 가장 번화가에 당당하게 자리 잡은 차이나타운을 볼 때마다 기분이 복잡했다. 대단하기도 하고, 부럽기도 했다. 중국인들이 차이나타운을 형성한 과정을 들여다보면 많은 생각이 든다. 영국뿐만 아니라 외국의 차이나타운은 대체로 번화가에 있다. 처음부터 번화가는 아니었다. 외국인들이 처음부터 비싼 땅에 자리를 잡기는 쉽지 않다. 그래서 중국인들은 초기에는 값이 비싸지 않은 낙후된 지역에 들어가 자리를 잡는다. 어느 정도 궤도에 오르면 아는 사람을 데려온다. 그냥 데려오는 것이 아니라 필요하면 돈도 빌려주고, 먹고살 수 있는 방법까지 알려준다. 예를 들어 중국인 한 사람이 식당을 열고 자리를 잡으면 동향 사람을 데려와 또 다른 식당을 열도록 도와주는 식이다. 그리고 소개로 온 사람은 또 다른 사람을 데려와 가게를 열 수 있게 도와준다. 이렇게 사람이 사람을 끌고 들어와 차이나타운이 형성된다. 훗날 상권이 형성되면 자연스럽게 땅값이 올라가고 번화가가 된다.

중국 사람들은 서로 도우면서 함께 발전하는 민족이다. 우리나라 사람들은 협업보다는 경쟁에 익숙하다. 내가 운영하는 식당이 잘되면 주변에 비슷한 식당이 들어오는 것을 꺼린다. 심한 경우 경쟁 업체가 들어오지 못하도록 방해한다. 방해는 하지 않는다 해도 중국인들처럼 도와주는 경우는 극히 드물다.

차이나타운을 보면 협업이 결과적으로 경쟁보다 더 큰 시너지효과를 내고 상생하는 길을 열어준다는 생각이 든다. 오늘날 세계 경제에 적지 않은 영향을 미치는 화교들의 힘이 그냥 생겨난 게 아니라는 것을 다시 한 번 느끼게 한다.

늦게 출발했으니
남들보다 곱절은 더 열심히 살자

대학시절, 나는 남들보다 곱절은 더 열심히 살아야 한다는 강박 관념에 사로잡혀 있었다. 삼수를 하고 군대를 갔다 오는 동안 아무것도 이룬 것이 없었고, 출발도 또래보다 족히 몇 년은 늦은 상태였다. 지금 생각해보면 웃음이 나올 일이지만 당시 내 마음은 절박했다. 그래서 방학마다 뭔가 일을 저질렀다. 더 넓은 세상을 보기 위해 여행을 가는가 하면, 이런저런 사업에 도전하기도 했다. 마치 방학 때 남들이 쉬는 동안 더 열심히 뛰고 있는 나의 모습을 증명하려는 듯이 말이다.

여행도 중국을 이해하는 데 큰 도움이 되었지만 사업에 도전한 것은 좀 더 현실적으로 중국인을 체감하는 데 큰 역할을 했다. 당시 중국은 돈을 크게 들이지 않아도 아이디어와 추진력만 있으면 어렵지 않게 사업을 시작할 수 있었다. 그래서 시작했던 것이 빵집과 랭귀지 센터다.

사업이라고는 생전 해본 적도 없는 내가 한국도 아닌 중국에서 사업을 시작했으니 당연히 시행착오가 많을 수밖에 없었다. 하지만 사업을 하면서 나는 있는 그대로의 중국을 만날 수 있었다. 상아탑에서는 볼 수 없는 중국의 현실을 마주하고 온몸으로 겪으면서 진짜 중국을 공부할 수 있었기에 후회는 없다. 오히려 그때 설령 무모해 보일지라도 더 많은 도전을 했더라면 중국을 더 많이 알 수 있었을 것이란 아쉬움이 남는다.

중국에서의 첫 사업 도전기

중국에 처음 유학 갔을 때만 해도 중국에는 빵집이 없었다. 빵 자체가 없었다고 하는 것이 더 정확하다. 당시 중국에는 '만터우'라고 불리는 빵과 꽃빵이 거의 전부였다. 만터우는 겉은 딱딱하지만 속은 부드러운 하얀 빵이다. 속에 아무것도 들어 있지 않아 맛이 담백하다. 꽃빵은 폭신한 하얀 빵을 돌돌 말아놓은 것으로 우리나라에서는 고추잡채를 먹을 때 쉽게 볼 수 있다.

꽃빵 이외에도 빵이 있기는 했다. 하지만 제과점에서 파는 빵과는 질적으로 차이가 많이 나는 허접한 빵뿐이었다. 대만에서 유명한 베이커리 전문점이 몇 개 들어와 사람들이 관심을 갖기 시작했지만 대중화되지는 못한 단계였다.

그런 상황에서 우연히 한국의 고려당이 중국에 진출한 것을 알게 되었다. 고려당은 중국과 파트너십을 맺고 중국에 공장을 운영하면서 빵을 만들어 공급하고 있었다. 나는 다짜고짜 베이징 고려당 대표를 찾아갔다.

"고려당 프랜차이즈를 하고 싶습니다."

나는 중국인들이 정말 맛있는 빵 맛을 몰라서 그렇지, 한번 맛을 알고 나면 계속 먹고 싶어 할 것이라 확신했고 승산이 있다고 판단했다. 왜 프랜차이즈를 하고 싶은지, 어떻게 운영할 것인지를 열심히 설명하며 설득한 끝에 허락을 받아냈다.

20여 년 전에는 위안화 가치가 상당히 낮아 적은 비용으로도 점포 하나를 훌륭하게 차릴 수 있었다. 다만 그때는 외국인이 자기 이름으로 소규모 개인 사업을 할 수 없어 중국인 동업자가 필요했다. 다행히 믿고 함께 일할 중국인이 있었다. 소개를 통해 만난 사람인데 사업적 감각도 있고 나와 소통도 잘되어 동업을 시작했다.

나는 그와 손을 잡고 베이징 우다오커우(伍道口)에 고려당 프랜차이즈 1호점을 열었다. 우다오커우 주변은 베이징대와 칭화대를 비롯해 여러 대학들이 있는 대학촌이라 학생들이 많았다. 외국에서 유학 온 학생들도 많아 빵값이 조금 비싸도 어느 정도 팔릴 것으로 기대했다. 정확한 가격은 기억이 안 나지만 고려당 빵은 중국 빵보다 서너 배는 비쌌다. 중국 빵이 몇십 원, 비싸도 100원 수준이었다면 한국 빵은 300원가량 했던 것으로 기억한다. 한마디로 중국인들이 쉽게 사먹기 어려운 고가의 빵이었다.

반응은 기대했던 만큼은 아니지만 나쁘지 않았다. 외국인들이 많아 평소에는 그럭저럭 현상유지를 할 수 있었다. 그러다 크리스마스 때는 한꺼번에 케이크가 300~400개씩 팔려 적지 않은 돈을 벌었다. 그날만큼은 케이크를 사려는 사람이 길게 줄을 서서 나도 매장에서 아침부터 밤늦게까지 빵을 팔았다.

그렇게 한 1년쯤 중국인 동업자와 베이커리 매장을 운영했다. 직접 매장에서 빵을 팔지는 않았지만 간접적으로 중국인들의 소비형태도 살펴보고, 외국인이 중국에서 어떻게 사업해야 하는지를 어렴풋하게나마 알 수 있었다. 유학생으로서는 참 좋은 경험임이 분명했지만 아무래도 대학 공부와 병행하기도 어렵고 다른 복잡한 문제도 있어 중국인 동업자에게 베이커리 매장을 넘기고 손을 뗐다. 이후 동업자가 몇 년 사업을 더 하다 중국 고려당이 철수하면서 나의 첫 사업도 완전히 막을 내렸다.

비록 어설프게 시작하고 끝낸 사업이었지만 그때의 경험은 이후 본격적으로 중국 관련 사업을 할 때 알게 모르게 도움이 되었다. 가장 큰 소득은 좋은 아이디어와 추진력만 있으면 중국에서 뭐든 할 수 있겠다는 자신감을 얻은 것이다. 지금도

한국에는 있지만 중국에는 없는 사업 아이템들이 많다. 중국
에 접목시킬 수 있는 현지화된 기획력과 일을 벌일 수 있는 용
기가 있다면 중국은 여전히 기회의 땅이다.

하고 싶은 일이 너무나 많다!

고려당 프랜차이즈가 어느 정도 자리를 잡고 잘 운영되던 때였
다. 처음 중국에 올 때만 해도 한국인 유학생이 많지 않았지만
시간이 지나면서 그 수가 점점 늘기 시작했다. 한국 학생들은
바로 대학에 입학하는 경우보다 중국어 사설 학원을 다니면서
중국어를 먼저 익히는 경우가 많았다.

중국어 학원을 찾는 한국 유학생들을 보며 문득 '랭귀지
센터를 만들면 어떨까?' 하는 생각이 들었다. 당시 한국 사람
이 운영하는 학원이 하나 있었지만, 그 학원 하나로는 한국인
유학생들을 다 수용하기 어려웠다. 또한 중국어 한마디도 못
하는 상태로 중국에 와서 갖은 고생을 했던 기억 때문에 비슷
한 처지의 한국 유학생들에게 조금이라도 중국어를 쉽게 익힐
수 있도록 도와주고 싶은 마음도 컸다.

하지만 랭귀지 센터를 만드는 일은 고려당 프랜차이즈를
내는 일보다 훨씬 어려웠다. 베이커리는 매장을 내고 고려딩에
서 빵을 받아다 팔면 됐지만 랭귀지 센터는 준비해야 할 것이
많았다. 베이커리 매장과 마찬가지로 학원도 당연히 외국인은

사업 허가를 받을 수 없었다. 그렇다고 무조건 중국인을 내세우면 되는 것도 아니었다. 학원을 운영할 수 있는 시설과 능력을 갖추어야 비로소 허가를 받을 수 있었기 때문이다.

어떻게 하면 랭귀지 센터를 만들 수 있을까? 다각도로 고민하던 중 좋은 생각이 떠올랐다. 바로 대학을 이용하는 것이었다. 대학에서 랭귀지 센터를 운영한다고 하면 허가를 받기도 쉽고, 이미 강의실이나 기숙사 시설이 갖추어져 있으니 그보다 좋은 파트너는 없었다. 다만 이미 베이징대를 비롯한 유명대학에는 랭귀지 센터가 있었기 때문에 다른 적합한 대학을 찾아야 했다. 여기 저기 물색해본 끝에 베이징 시내에서 멀지 않은 곳에 위치한 한 대학을 찾았다.

고려당 프랜차이즈 사업을 시작할 때처럼 또 용감무쌍하게 총장님과의 면담을 요청했다. 총장님은 어린 한국 유학생의 함께 사업을 하자는 당돌한 제안에 흥미를 느꼈는지 흔쾌히 면담을 수락했다.

"총장님, 외국 학생들은 제가 책임지고 모아올 테니 대학에서는 랭귀지 센터 설립 허가를 받고 기숙사와 강의실만 제공해주시면 됩니다. 커리큘럼도 제가 짜고, 선생님도 제가 다 알아서 초빙하겠습니다."

베이징 중심을 벗어난, 규모가 작은 대학에게는 나름 매력적인 제안이었을 것이다. 대학 입장에서는 손해볼 것이 없었다. 기존의 시설을 이용하면 되니 새로 투자할 일도 없고, 그저 수익을 일정 비율로 나누기만 하면 되니 마다할 이유가 없었다.

총장님은 흔쾌히 내 손을 잡아주었고 함께 잘 해보자며 식사초대를 했다. 가보니 총장님 외에도 학교 관계자 10여 명이 있었다. 친구들과 가끔 술을 마신 적은 있어도 중국 사람들과 제대로 술자리를 가진 적은 없었다. 술이라면 나도 웬만큼 잘 마시는 편이었는데도 10여 명이 돌아가며 술을 권하니, 인해전술을 감당하기 쉽지 않았다.

그때 마신 술은 고량주였다. 도수가 보통 40~50도가 넘는 아주 독한 술이다. 그 독한 술을 거절할 수가 없어 주는 대로 받아 마시려니 죽을 맛이었다. 그래도 끝까지 정신력으로 버티며 큰 실수하지 않고 술자리를 끝낼 수 있었는데, 결국 집에 다 와 철문에 걸려 중심을 잃고 넘어져 손목이 꽤 길게 찢어지고 말았다. 그때 난 상처가 20여 년이 지난 지금까지도 남아 있을 정도다.

랭귀지 센터 운영은 괜찮은 편이었다. 학생들이 대단히 많았던 것은 아니지만 대학과 내가 만족할 만한 수준의 수익을 나눌 수 있었다. 하지만 나는 대학 졸업과 대학원 유학을 앞두고 랭귀지 센터를 그만두었다. 지금 생각해보면 조금 아쉽기도 하다. 당시 나와 각축을 벌이던 중국어 학원은 지금 중국에서 한국인이 운영하는 가장 큰 어학원으로 성장했다.

그때 랭귀지 센터를 계속 운영했다면 지금쯤 중국에서 꽤 크게 성장했을지도 모르겠다. 그때만 해도 사업을 해서 돈을 많이 벌고 싶다는 마음보다는 새로운 일에 도전해서 경험을 쌓고 싶다는 마음이 컸기에 쉽게 랭귀지 사업을 접을 수 있었던 것 같다. 그래도 후회는 없다. 돈을 주고 살 수 없는 값진 경험을 할 수 있었으니까.

중국투자컨설팅은
또 다른 공부!

영국에서 석사과정을 마치고 한국으로 돌아온 나는 신문사에서 일했다. 나는 나날이 중요해지는 중국을 대중에게 알리는 일이 무엇보다 시급하다고 생각해서 국내 신문사 중 처음으로 중국 전문 섹션인 '중국보'를 만드는 데 열과 성을 다했다. '중국보'를 만들려면 콘텐츠 교류를 위해 중국의 유력 언론사들과 제휴를 맺는 것이 절실했다. 당시 중국 전역에 사스가 강타해 중국 학교들은 휴교령을 내리고 주재원 가족과 유학생들은 사스를 피해 귀국하는 상황이었음에도 불구하고, 나는 홀로 베이징부터 사스의 발원지인 광저우까지 출장을 감행해《인민일보》《베이징청년보》《21세기경제보도》《차이나 데일리》 등 유력 언론사들과 협력을 끌어내는 데 성공했다. 결과적으로 '중국보'의 반응이 좋았던 만큼 보람도 느꼈다.

당시 한국에는 중국 진출 붐이 일었는데 여기저기에서 실패했다는 이야기가 들려왔다. 실패를 막아야겠다는 치기어린 사명감에 신문사를 그만두고 중국투자컨설팅 회사를 차렸다. 중국을 경험한 1세대로서 마땅히 해야 할 일이라고 생각했다. 헤럴드경제/코리아헤럴드의 자회사인 헤럴드차이나를 설립해 서울, 베이징, 상하이에 사무소를 운영했는데 체계를 갖춘 전문적인 중국투자컨설팅은 아마도 국내에서 처음이 아니었나 싶다. 중국에 진출하려는 사람들은 의외로 용감했다. 중국에 대한 이해도 없고 제대로 된 준비도 없이 자신의 기술과 노하우를 과신하며 서둘러 '진출만' 하려는 사람들이 많았다. 그러나 독특한 비즈니스 문화를 가진 중국을 이해하지 않고 섣불리 다가서면 안 된다. 나 또한 컨설팅을 의뢰했던 사람들에게 중국 진출을 진심으로 말리거나 좀 더 준비한 후 다시 오라고 돌려보낸 적이 부지기수로 많았다. 개인적으로는 중국투자컨설팅을 했던 5년여는 중국을 다시 살펴보고 확인할 수 있었던 중요한 시간이었다. 간접적으로나마 중국 진출의 성공과 실패 사례를 가까이에서 보면서 그 이유를 확인하고, 향후 중국 사업을 어떻게 진행해야겠다는 교훈을 얻을 수 있었다.

중국에 가져가면 없어서 못 판다고요?

컨설팅을 하면서 가장 어려웠던 점 중의 하나가 한국 사람들의 자만이다. 지금은 고속성장 중인 중국이지만 2000년대 초가지만 해도 경제발전이 한국에 못 미치는 수준이었다. 그래서인지 한국에서는 중국을 후진국으로 보고 만만하게 여기는 경향이 컸다. 중국 소비자들의 취향은 고려하지도 않고 무조건 한국에서 만든 제품을 가져가 팔면 잘 팔릴 것이라고 자만했다. 심지어는 한국에서 잘 안 팔리는 수준 낮은 제품도 가져가면 없어서 못 팔지 않겠느냐는 말도 했다. 그렇지 않다고, 현지 사정을 고려해 현지에서 필요로 하는 제품을 팔아야 한다고 조언해도 고집을 꺾지 않는 사람들이 있었다. 두말할 것도 없이 모두 백전백패했다.

중국의 라이프스타일이나 문화를 고려하지 않고 무조건 자국 내의 제품을 고집해 실패한 사례는 부지기수로 많다. 미국의 유명한 가정용 건축자재 판매업체인 홈데포도 그중 하나다. 인건비가 저렴한 중국에서 직접 조립하고 만들어야 하는 DIY(do it yourself)가 불편하게 느껴질 수 있다는 걸 간파하지 못해 실패의 쓴잔을 들이켜야 했다.

한국 의류 업체들도 많이 실패했다. 의류 업체들은 한류 열풍에 힘입어 중국인의 취향은 전혀 고려하지 않은, 한국에서 팔다가 남은 재고품이나 유행에 뒤처진 제품들을 중국에 팔았다. 이들은 내가 헤럴드차이나에서 컨설팅할 때 만난 사람들과 생각이 똑같았다. 중국 패션이 한국보다 많이 뒤처져 있으니 재고품이나 유행이 지난 옷을 팔아도 괜찮다고 속단했다.

아직까지도 중국이 무엇이든 한국보다 늦다고 생각하는 사람들이 있다. 하지만 이미 중국에는 세계적인 브랜드들이 진출해 있고 중국인의 해외관광이 급속도로 증가하면서 안목 또한 크게 높아졌다. 무엇보다 구매 당사자인 중국인의 취향을 전혀 고려하지도 않고 무조건 팔릴 수 있으리라 자만하는 점이 안타깝기만 하다.

반대로 중국인들의 라이프스타일과 문화에 맞춰 사업 전략을 세워 성공한 기업들도 있다. KFC가 대표적인 예다. 전 세계적으로 맥도날드보다 경쟁업체인 KFC가 성공한 나라는 중국이 유일하다. KFC는 기존의 메뉴를 고집하지 않고 중국인들의 라이프스타일과 입맛을 고려한 중국식 메뉴를 개발했다. 중국인들은 아침식사를 주로 사먹는데, 이를 고려해 죽과 두유(콩국), 중국식 꽈배기도넛인 요우티아오 등의 아침 메뉴를 만든 것이다. 또한 중국인의 입맛을 고려한 팥 아이스크림, 건강차, 오리구이 햄버거도 개발했다. 이런 메뉴들이 인기를 끌어 매출에 큰 도움이 된 것은 말할 것도 없다. 중국 최대 명절인 춘제 때는 KFC의 마스코트에게 기존의 흰 양복 대신 중국 전통복장을 입혀 중국 문화를 존중하는 기업이라는 평가를 받기도 했다.

어떤 나라든 마찬가지지만 중국에서는 특히 더 현지화가 사업의 성패를 좌우한다. 현지화를 제대로 하려면 중국을 속속들이 이해해야 한다. 스스로의 힘으로 중국을 이해하기 어렵다면 중국인 책임자를 기용하는 것도 좋은 방법이다.

KFC가 중국인들이 좋아할 만한 메뉴를 개발할 수 있었던 것도 중국인을 기용했기 때문이다. 대부분의 외국 기업들이 CEO를 비롯한 관리자로 자국민을 파견했던 것과 달리 KFC는 중국 진출 초기부터 총경리(사장)와 임원진 대부분을 중화권 인사들로 구성했고, 현재는 전 직원의 95% 이상이 중국인이다. 그렇다 보니 현지화 전략을 성공적으로 수행할 수 있었다.

유니클로도 중국인을 기용해 성공한 기업이다. 유니클로는 2001년에 처음으로 중국에 진출했다가 5년 만에 철수했다. 그 후 2007년 홍콩 책임자였던 중국인을 중국사업 책임자로 기용하면서 브랜드 포지셔닝 등 중국인의 시각에 맞게 모든 걸 새롭게 바꾸었다. 저렴한 제품이라는 인식을 탈피하고 최신 유행 아이템을 판매하는 중산층 브랜드로서 성공적으로 정착했다. 제품도 대부분 중국에서 생산한다. 2014년 기준으로 유니클로 제품 중 약 75%를 중국 현지에서 생산하며 연간 생산량이 6억 개, 종업원 수가 1만여 명에 달한다.

"나, 공산당 간부 알아요"

중국은 꽌시(關係)의 나라라고 해도 과언이 아닐 정도로 대부분의 일이 꽌시를 통해 이루어진다. 꽌시란 우리나라 말로 관계,

연줄이라 이해하면 된다. 우리나라도 인맥을 중요시하지만 중국은 그 이상이다. "중국은 되는 일도 없고 안 되는 일도 없는 나라"라는 말이 있다. 꽌시가 없으면 될 일도 안 되고, 꽌시가 있으면 안 될 일도 될 수 있다는 뜻이다. 그만큼 꽌시가 중요하다는 말이다. 중국은 인치사회에서 법치사회로 가는 과도기여서 꽌시가 모든 걸 해결해주지는 않는다. 그렇다고 꽌시를 무시하면 사업을 원활하게 진행할 수가 없다.

나 역시 아마추어 수준이지만 베이징에서 베이커리 매장과 랭귀지 스쿨을 운영하면서 뼈저리게 느낀 것이 있다. 바로 중국에서 사업하려면 절대적으로 정부의 도움이 필요하다는 것이다. 인허가를 받는 것은 물론 사소한 일도 정부의 협조 없이는 잘 진행되지 않았다.

고려당 프랜차이즈를 준비할 때의 일이다. 내일이 오픈인데 갑자기 수돗물이 나오지 않았다. 수도 관련 부서에 왜 물이 안 나오는지, 언제 물이 나오는지 문의해도 모른다는 답변뿐이었다. 결국 지인을 총동원해 관련 담당자를 찾아 식사 자리를 마련했다. 식사 도중 담당자의 전화 한 통화로 바로 물이 나왔다.

이런 일은 비일비재하다. 그래서 중국에 진출하려는 사람들에게 정부기관의 도움이 절대적이라고 말하면 "걱정하지 마세요. 잘 아는 공산당 간부 있어요"라고 말하는 사람들이 제법 있다. 공산당이 지배하는 국가이니 공산당 간부면 상당한 영향력을 발휘할 수 있는 꽌시라고 생각해서다.

하지만 공산당 간부를 대단한 인맥으로 생각하는 것에는 약간의 오해가 있다. 중국에는 공산당원만 8000만 명이 넘는다. 한국 인구의 두 배에 가까운 숫자다. 물론 중국에서 힘 있는 사람들은 대부분 공산당원이다. 그러나 공산당원이라고 해서 모두가 만능해결사는 아니다. 오랫동안 교류해 진정한 친구가 되거나 나에게 뭔가 빚을 진 게 없다면, 단지 안다는 이유만으로 사업상 도움을 주는 사람은 거의 없다.

중국투자컨설팅을 하면서 방법을 알아도 꽌시가 없으면 컨택조차 어렵다는 것을 여러 차례 확인했다. 어느 기관, 어느 부서에 가서 도움을 요청하라고 조언을 해도 컨택 자체가 안 돼 애를 먹는 경우를 많이 보았다. 설령 컨택이 되더라도 키맨을 잘못짚는 경우가 허다했다. 꽌시 없이는 한 발자국도 떼지 못한다는 말이 괜히 나온 말이 아닌 것이다.

꽌시에 대해 할 이야기는 너무나도 많다. 컨설팅 회사를 접고 중국에서 다양한 사업을 전개하면서 꽌시의 중요성을 더욱 체감할 수 있었다. 그러한 경험들이 쌓이면서 내 나름대로의 꽌시를 어떻게 이해하고 활용해야 하는지에 대한 생각을 정리할 수 있었는데, 그 이야기는 파트3에서 더 자세히 다루겠다.

'문제없다'와 '가능하다'의 진실

불과 몇 년 전까지만 해도 중국은 외자유치에 총력을 기울였다. 1978년 덩샤오핑이 개혁개방정책을 실시할 당시 중국은 경제를 일으킬 자본도 기술도 없었다. 해외자본을 끌어와 경제를 살리는 것이 최선의 방법이었다.

중국정부는 외국 기업들이 중국 현지에 공장을 설립하고 기술을 들여올 수 있도록 적극적으로 외자를 유치했다. 각 성(省)·시(市)별로 경쟁을 벌였고, 나아가 초상국, 재경국, 대외무역부 등 각 부서별로 외자유치 경쟁을 벌였다. 외자유치 실적에 따라 공무원에게는 확실한 인센티브와 승진의 기회가 주어졌다. 결과적으로 외자유치 경쟁은 중국을 세계의 공장으로 만들었고, 오늘날 경제대국으로 성장하는 견인차 역할을 톡톡히 해냈다.

그러나 경쟁이 치열하면 부작용도 따르는 법이다. 외자유치에 사활을 건 담당 공무원들은 외국인 투자자들이 중국 진출 시 우려되는 사항들을 질문하면 무조건 '메이원티(没問□, 문제없다)' 혹은 '커이(可以, 가능하다)'로 일관한다. 불가능한 일도 가능하다 또는 방법이 있다고 설득하고, 조금이라도 외자유치에 불리한 말은 하지 않는 경향이 있다.

그런데 막상 투자를 하고 나면 문제점이 하나둘씩 드러난다. 투자유치를 주관했던 담당자를 찾아가 왜 처음과 말이 다

르냐고 따져봤자 소용없다. 자신의 업무영역이 아니라는 답변
만 돌아올 뿐이다.

중국에 진출하려는 기업들을 컨설팅하면서 이런 경우를
수도 없이 목격했다. 외자유치 담당자는 기업으로 치면 영업
사원이나 마찬가지다. 어떻게든 중국에 투자하도록 만드는 것
이 그들의 책무다. 그러다 보니 수단과 방법을 가리지 않고 외
자를 유치하려고 한다. 더 정확하게 말하면 외자유치 담당자는
가능한 것과 불가능한 것의 경계를 명확하게 모르는 경향이 있
다. 자신의 업무영역이 아니기 때문이다.

거액의 외자유치가 목적이기 때문에 대접도 융숭하다. 한
국 기업 유치 건으로 광둥성의 한 국영 기업 회장에게 저녁 식
사 초대를 받은 적이 있다. 밥을 먹으러 가자는데 차를 타고
불빛 하나 없는 산으로 올라갔다. 내심 불안했다. 한참을 올라
가니 산꼭대기에 몇 개의 별채로 이루어진 커다란 식당이 나
타났다. 식당 간판도 없었다. 메뉴판에는 기본적인 요리만 적
혀 있고 메인 요리가 없었다. 물어보니 산에서 그날 잡은 날짐
승 들짐승을 요리한 특식이 메인 요리라고 했다. 부르는 게 값
이었다. 음식 이름을 말해주는데 전혀 알아들을 수 없었다. 광
둥 사람들은 못 먹는 음식이 없다는 소리를 들은지라 정체 모
를 음식을 먹는 내내 불안했다. 나중에 알고 보니 이는 굉장히
극진한 접대였다. 중요한 접대인 경우 특별한 곳으로 안내하

기도 한다는 걸 훗날 알게 되었다.

원래 중국은 접대를 화끈하게 한다. 그런데 투자를 유치해야 하니 더 융숭한 접대를 하고 상대방의 비위를 맞추며 친근하게 대한다. 그런 접대를 받은 한국 사람들은 착각에 빠진다. 나와 호형호제하기로 했으니 믿고 투자해도 되겠다고 판단한다. 설령 중국에 들어가서 문제가 발생하더라도 이들이 적극적으로 도와줄 것으로 크게 착각한다. '문제없다', '가능하다'고 말하는 외자유치국도 문제지만 그들 말만 믿고 덜컥 계약서에 도장을 찍는 것은 더 큰 문제다.

외자유치 담당자를 만나고 온 사람들은 하나같이 들떠 있다.

"다 잘됐어요. 이제 중국에 가서 사업만 하면 돼요."

하지만 투자 후에는 불만에 가득 찬 얼굴로 나를 찾아와 푸념을 늘어놓는다.

"어떻게 이럴 수가 있어요. 외자유치를 할 때는 다 되는 것처럼 이야기하더니 지금에 와서 다 안 된다는 거예요. 사업을 하라는 건지 말라는 건지, 원."

이는 애초부터 예견되었던 일이나 다름없다. 그리 놀라운 일이 아니다. 외자유치 담당자는 투자금만 들어오면 바로 손을 뗀다. 그 이후부터는 사업의 각 프로세스상 필요한 부서와 협업을 해야 하는데 이때부터 문제가 발생한다. 외자유치 담당자가 문제없다고 한 일들이 '요우원티(有問題, 문제있다)', '뿌

커이(不可以, 불가능하다)'라는 말로 바뀐다.

계약서에 없던 내용을 요구할 때도 있다. 예를 들어 중국에 공장을 설립하는데 공장까지 가는 도로를 닦는 비용을 부담하라고 한다든가, 전봇대 설치비용을 따로 내라는 식이다. 부당함을 항의하기도 어렵다. 투자 전에는 해당 지역에서 가장 높은 당서기를 비롯해 시장, 구청장 등 여러 수장들을 만나기도 하지만, 문제가 발생한 후에 그들을 다시 만나려면 하늘의 별따기인 경우가 많다. 중간에 비서가 차단하기도 하는데 주로 외부 장기출장 중이라는 답변만 한다.

내가 직접 사업을 할 때도 이런 일을 수도 없이 겪었다. 이미 다 아는 사실인데도 막상 이런 일이 생기면 대처할 길이 막막하다. 비상식적인 행태에 실망해 사업을 포기하고 싶어도 이미 자본금을 다 투자한 상태라 현실적으로 발을 빼기도 불가능한 경우가 많다.

진출은 쉽지만 성공하기가 결코 쉽지 않은 곳이 중국이다. 따라서 아무도 믿으면 안 된다. 다방면으로 크로스 체크를 하고, 반드시 돌다리도 두들겨봐야만 한다. 시간이 걸려도 직접 꼼꼼하게 체크하고 확인해야 실패할 가능성을 최소화시킬 수 있다.

중국 외자유치 담당자가 했던 말이 기억난다. 일본 사람들과 계약하려면 시간이 많이 걸린다는 것이다. 몇 년씩 걸릴 때도 있지만 계약하고 나면 잡음이 없다고 한다. 반면 한국 사람들과는 일사천리로 계약이 진행되는데, 계약 이후 계속 문제가 생긴다고 한다. 이것저것 꼼꼼하게 확인하느라 결정이 늦는 일본인은 기회를 놓칠 수는 있지만 실수가 없다. 반면 결정이 빠른 한국인은 사업의 기회를 잡더라도 만회하기 어려운 치명적 실수를 저지르곤 한다.

혹시라도 중국 외자유치 담당자에 대한 오해가 없기를 바란다. 그들을 색안경 끼고 보라는 말이 아니라 스스로 확인하고 신중하게 판단하라는 말이다. 외자유치 담당자들 중에는 가능한 것과 불가능한 것, 아는 것과 모르는 것을 원리원칙대로 명확하게 말해주는 사람도 있고, 진심으로 걱정해주는 사람들도 많다는 점을 꼭 기억해주기 바란다. 외자유치 담당자 중에는 나와 친하게 지내는 친구들도 있다. 그들은 내가 다른 지역에서 사업을 하려고 할 때 성공 가능성과 진출 시 문제점들에 대해 진심으로 조언해주곤 한다. 또 문제점을 직접 언급하기 곤란할 때는 다시 한 번 생각해보라는 정도로 언지를 주기도 한다. 말의 행간을 잘 읽어야 한다. 외자유치 담당자들도 좋은 친구가 되면 나를 위해 크로스 체크를 해주는 든든한 지원군이 될 수 있다.

해도 해도 모자란
공부

헤럴드차이나에서 중국투자컨설팅을 하고, 다양한 사업을 준비하고 시도하면서 내 부족함을 많이 느꼈다. 나름 중국을 잘 안다고 생각했는데, 막상 실전에서 부딪쳐보면 모르는 것이 튀어나와 당황스러울 때가 많았다. 트렌드를 놓치지 않기 위해 신문이나 방송 등의 매체에서 중국 관련 뉴스를 모조리 챙겨보는 것만으로는 부족했다.

뭔가 좀 더 지속적으로 중국을 공부할 수 있는 장치가 필요했다. 외국에 나가 기껏 외국어를 익혔어도 한국으로 돌아와 자주 쓰지 않으면 시간이 지날수록 희미해진다. 중국에 대한 느낌이 그와 비슷했다. 중국에서 공부하고, 영국에서 매일 중국 관련 자료나 논문을 보면서 연구할 때는 몰랐는데, 한국에 있으니 어쩐지 자꾸 중국과 멀어지는 느낌이었다. 가만히 있다가는 하루가 다르게 변하는 중국을 따라가지 못하겠다는 생각이 들어 박사과정에 도전하기로 결심했다.

무려 7년, 일과 공부를 함께한 시간

본격적으로 사업을 시작하면서 부족함을 많이 느꼈다. 다양한 사업 분야를 경험하면서 나의 지식과 정보를 더 넓혀야 할 필요성을 절감했다. 디벨로퍼 과정, 사모펀드 과정, 프랜차이즈 과정 등 각 기관과 대학에서 주관하는 전문가 과정에서 끊임없이 공부하며 나의 부족함을 채우려고 노력했다.

이런 과정들은 중국에서 사업을 하는 데 큰 도움이 되었다. 특히 부동산개발과 관련된 내용을 가르쳐주는 디벨로퍼 과정과 자금을 모집하고 운용하는 사모펀드 과정을 듣지 않았다면 중국 선양의 부동산개발 사업을 성공리에 마무리하기 어려웠을 것이다.

하지만 다양한 전문가 과정을 듣는 것만으로는 성에 차지 않아 박사과정을 밟기로 결심했다. 그러면서도 걱정이 많았다. 박사과정이 결코 만만치 않음은 간접적으로나마 영국에서 이미 경험했기 때문이다.

영국에서 한 한국인 학생이 독도 문제를 주제로 박사논문을 쓰겠다고 하자, 지도교수가 일본어, 일본 고대어, 그리고 독도 문제와 유사한 조어도 문제(중국과 일본 사이의 영유권 분쟁

중인 섬)를 연구하기 위해 중국어도 배우라고 했다. 뿐만 아니라 역사, 국제법, 지리학, 국경분쟁까지 공부해야 한다고 했다.

이처럼 영국의 학풍은 하나를 깊이 아는 데 중점을 둔다. 내가 교수나 학자가 되기 위해 박사공부를 하려고 했다면 영국과 같은 학풍 속에서 박사과정을 밟는 것이 바람직했겠지만, 나에게는 보다 중국을 폭넓게 공부하고 종합적으로 이해하는 실용적인 공부가 필요했다.

박사과정은 충분히 만족스러웠다. 지도교수님이 이론뿐만 아니라 현실적 감각이 뛰어난 분이어서 실용적으로 학문을 접근할 수 있었다. 교수님뿐만 아니라 함께 공부했던 학생들도 나에게는 또 다른 스승이나 마찬가지였다. 정부기관, 기업연구소, 기업 CEO 등 중국을 경험적으로 많이 알고 있지만 이론적 토대와 학위가 필요한 사람들도 시간을 쪼개어 열심히 공부했다. 그런 분들과 이야기를 나누다 보면 자연스럽게 내가 미처 경험하지 못한 중국을 알 수 있어 좋았다.

일과 공부를 병행하는 것은 쉽지 않았다. 박사학위를 받는 데까지는 무려 7년이라는 시간이 걸렸다. 하지만 일과 공부를 함께하면서 시너지효과도 컸다. 박사 공부가 실제 사업을 할 때 도움이 되기도 했고, 생생한 실무경험이 논문을 쓰는 데 큰 역할을 했다. 7년이라는 시간이 전혀 아깝지 않을 정도로 의미 있는 시간이었다.

공부했다면, 이제 활용하라!

박사과정을 끝내고 학위를 받았지만 '박사'라는 타이틀은 나에게 큰 의미가 없었다. 애초부터 '박사'라는 타이틀이 필요해 박사과정을 밟은 것이 아니었기 때문이다.

하지만 뜻밖에도 중국 관련 사업을 하면서 종종 박사학위가 유용하게 쓰였다. 사업하면서 만났던 중국 사람들 중 내가 박사학위를 받았다는 것을 알면 '김 사장' 대신 '김 박사'라고 부르는 사람들이 많았다. 사업가보다 지식인을 신뢰하는 사회적인 분위기 탓에 사업 파트너를 만날 때 좀 더 유리하게 작용했던 것 같다.

최근에는 중국 지도자들의 학력도 높아지고 있는 추세다. 중국 최고 지도자인 시진핑 국가 주석, 그리고 2인자인 국무원 총리 리커창(李克强) 역시 박사학위를 취득했다. 이들의 박사 논문은 현재 정책에 반영될 정도로 실용적이다. 시진핑은 '중국 농촌의 시장화 연구'라는 박사학위 논문에서 중국 호구제도 개혁의 필요성을 제기했는데, 이는 현재 국가의 주요 정책 중 하나로 실현되고 있다. 리커창은 '중국경제의 3원 구조에 대한 연구'라는 박사학위 논문에서 대도시, 중소도시, 농촌의 상호 협력과 발전할 수 있는 도시화 모델을 강조했는데, 이는 리커창이 제창한 신형도시화 정책과 일맥상통한다.

시진핑은 49세에, 리커창은 40세에 박사학위를 취득했지만, 중국 최고 지도자 자리에 오른 뒤에도 이들은 공부를 손에서 놓지 않았다. 후진타오(胡錦濤) 전 국가 주석이 2002년부터 고위 당 지도자들을 대상으로 실시한 집체학습이 하나의 제도로 정착되었기 때문이다. 시진핑과 리커창을 포함한 최고 리더 25명의 중앙정치국위원, 그리고 기타 각 부처 수장들은 한두 달에 한 번씩 모여 전문가로부터 국가정책에 필요한 사안에 대해 지식과 이론을 배우고 토론한다. 법치제도, 부패척결, 생태환경보호, 주택시장, 군사혁신, 문화소프트파워 등 주제도 다양하다. 이러한 지도자들의 집체학습은 배운 지식을 토대로 국가의 미래 청사진을 함께 그리고, 나아가야 할 정책방향을 도출해낸다는 데 큰 의미가 있다.

더욱 놀라운 것은 시진핑과 리커창은 오늘날 1인자, 2인자가 되기 전부터 중앙정치국위원 및 상무위원 자격으로 최소 10년 이상 집체학습에 참여해왔다는 것이다. 이처럼 중국 최고 정치 지도자들이 오랫동안 공부하고 고민하여 함께 정책을 결정하기 때문에 정책적으로 오류가 적을 뿐 아니라 백년대계까지 가능하다. 공부에 대한 열정이 낳은 국가의 밝은 미래가 감탄스러울 뿐이다.

시진핑과 리커창뿐만 아니라 내가 아는 중국 관료들 중 상당수가 박사학위를 가지고 있다. 젊을수록 더욱 그렇다. 지식인을 우대하는 인식이 알게 모르게 사회 저변에 자리 잡았기 때문일 것이다. 지식인을 박해하던 마오쩌둥 시대와는 판이하게 달라진 모습이다.

바쁜 와중에도 시간을 쪼개 공부하는 중국의 지도자들을 보면 역시 공부는 평생공부라는 것을 실감하게 된다. 무엇보다 중국인들의 공부는 이론에만 머물지 않는다. 중국인들은 열심히 공부한 것을 상당 부분 현실에 적용한다. 그래서 공부의 가치가 더 빛난다.

비록 박사학위는 받았지만 나는 그것으로 공부가 끝난 것이 아님을 잘 안다. 끊임없이 공부하지 않으면 사고가 확장될 수 없고, 새로운 변화에 대응하기 어렵다. 특히 하루가 다르게 변화하는 중국을 이해하기는 더더욱 불가능하다. 그래서 나는 오늘도 중국을 공부한다. 중국에 관심 있는 사람들에게 살아 있는 중국 이야기를 들려주고, 실용적인 정보를 공유할 수 있도록 매일 중국을 공부하고 있다.

중국인을
이해하는 방법

중국인들을 가장 잘 이해할 수 있는 방법은 무엇일까? 머리로만 중국인을 이해하려 하면 한계가 있다. 중국인들의 삶 속으로 들어가야 한다. 내가 중국과 중국인들을 다른 사람보다 더 가깝게 느끼고 이해할 수 있는 것도 오랜 기간 중국에서 중국인들과 호흡하고 함께 생활했기 때문이다.

소리꾼들이 이론적으로 소리 내는 방법을 아는 것과 득음을 하는 것은 다르다. 최상의 방법은 중국인을 이해하려 노력하는 것보다 스스로 중국인이 되어 중국인처럼 사고하는 것이다. 애쓰지 않아도 자연스럽게 중국인처럼 생각하고 생활할 수 있다면 그것보다 좋은 일은 없다.

물론 쉽지 않다. 특히 이미 나이가 들어 생각이 굳고, 문화에 대한 편견이 생기면 더욱 그렇다. 하지만 가능한 한 그들의 삶 속으로 들어가 직접 부딪쳐야 한다. 그들의 삶 속에 깊이 들어가면 갈수록 그들처럼 사고하고 행동하기가 쉬워진다.

환경에 대한 이해가 먼저다

흔히 중국인에 대해 머리도 잘 안 감고 잘 안 씻어 지저분하다는 선입견을 가지고 있다. 대학 때 씻지 못해 떡진 머리를 한 친구들이 많았던 건 사실이다. 그러나 지금은 다들 말끔한 차림으로 다닌다.

당시 외국인 기숙사는 샤워실을 방마다 갖추고 있었다. 공용 샤워실을 사용하는 가장 저렴한 기숙사도 매일 오전과 오후 정해진 시간만큼은 뜨거운 물이 콸콸 잘 나왔다. 반면 중국인 학생 샤워실은 기숙사와 떨어진 다른 건물에 있었는데 물이 부족해 정해진 요일의 저녁시간에만 샤워가 가능했다. 늘 길게 줄을 서서 들어가야 할 만큼 공간이 여유롭지 않아 서둘러 샤워를 마쳐야 했다. 샤워를 자주 하고 싶어도 하기 어려운 환경이었던 것이다.

나도 어린 시절에는 매일 샤워할 수 있는 환경이 아니었다. 겨울에는 일주일이나 이주일에 한 번씩 어머니가 뜨거운 물을 끓여 커다란 빨간 고무통에 붓고 형제들을 한 명씩 불러 때를 밀어주셨다. 집에 샤워시설을 갖추기 전까지 매일 샤워하는 것은 불가능했다. 한국인도 이렇게 살았던 적이 있다.

　게다가 중국은 심각한 물 부족 국가다. 특히 수자원의 80% 이상이 남쪽 지방에 분포해서 북서 내륙지방은 물이 심각하게 부족하다. 마실 물은 더 말할 것도 없다. 중국 황하문명의 발상지이자 젖줄인 황하 강물은 흙탕물로 유명하다. 황하뿐만 아니라 중국의 강은 대부분 흙탕물이고, 토질구조상 맑은 물이 나오는 곳이 드물어 예로부터 물을 그대로 마시지 못했다. 중국에서 차 문화가 발달한 것도 이 때문이다. 불순물이 많은 물을 그대로 마실 수 없으니 끓여서 먹어야 했고, 다양한 차의 향기로 물의 맛을 더해야 했다. 마실 물조차 귀한 환경에서 자주 씻거나 빨래를 하는 일은 생각하기도 어려웠을 것이 분명하다. 그렇게 중국인들의 환경을 이해하면서 중국 친구들의 모습을 이해할 수 있게 되었다.

　중국인들의 시간 개념도 마찬가지다. 중국 사람들이 자주 하는 말 중 하나가 '마샹(馬上)'이다. 말 위에 있다는 뜻으로 바로 출발한다는 의미다. 우리말로 풀이하면 '곧', '즉시' 정도로 이해하면 된다. 그런데 중국에서 살다 보면 이 마샹이 정말 마샹이 아님을 수도 없이 실감한다. 장거리를 차를 타고 가다 운전기사에게 "언제 도착하나요?"라고 물으면 대부분 "마샹따오(馬上到)"라고 대답한다. '마샹따오'는 '금방 도착합니다'라는 뜻이다. 그 말만 듣고 10～20분이면 도착할 거라 생각하다가 2시간도 더 가서 황당했던 적이 한두 번이 아니다.

중국인들은 10~20분 정도 늦는 걸 대수롭지 않게 여긴다. 나는 시간 약속을 꼭 지키려고 노력한다. 차가 막힌다든가 다른 여러 가지 변수로 시간을 지키지 못할 수도 있지만 가능한 한 그 변수까지 다 고려해 절대 약속 시간에 늦지 않는다는 것이 내 원칙이다. 그런데 중국 친구들은 느긋하다. 약속시간에 늦고도 그렇게 미안해하지 않고, 상대방이 늦었다고 불쾌해하지도 않는다. 서로가 당연하다는 듯 이해한다. 친한 친구들과의 사적인 만남에서만 그렇지, 비즈니스에서는 그렇지 않을 것이라 생각했다. 후에 비즈니스를 하면서 보니 정도의 차이만 있을 뿐, 시간개념이 정확하지 않기는 마찬가지였다.

나도 처음에는 시간을 안 지키는 것을 정말 이해하기 어려웠다. 하지만 역시 중국인들이 생활했던 환경을 이해하면서 이 또한 납득이 되었다. 중국의 땅 덩어리는 엄청 크다. 한반도의 44배, 한국의 96배가 될 정도로 넓다. 중국 대륙이란 말이 그냥 나온 말이 아니다. 그렇게 넓은데, 교통수단이 좋지 않으니 시간을 맞추는 게 쉬운 일은 아니었을 것이다.

중국 직원들도 시간관념이 모호하기는 마찬가지다. 일부 직원들은 출근 시간이 9시면 그때부터 업무를 시작하는 것이 아니라 9시까지 회사에 도착해서 출근길에 사온 아침을 먹기 시작한다. 업무도 언제까지 보고하라는 데드라인을 정해주지 않으면 상사가 물어보기 전까지 보고하지 않는 경우도 많다.

일이 바쁘면 야근을 할 수 있다는 것도 중국 직원들은 이해하지 못한다. 한국인 입장에서 보면 전혀 이해할 수 없는 일들이지만, 매사 느긋하게 살아온 중국인으로서는 오히려 매사 바쁘게 움직이는 한국인이 이상하게 보일 수도 있다. 또 사회주의체제 속에서 오랫동안 몸에 밴 공동생산 공동분배의 습성이 남아 있어, 굳이 나서서 열심히 일할 필요성을 느끼지 못하는 것일 수도 있다.

이처럼 나는 중국인들이 낯설게 느껴질 때마다 그들이 오랫동안 살아온 환경을 이해하려고 노력했다. 환경을 이해하는 것만으로 중국인들을 온전히 이해할 수 있는 것은 아니지만 어느 정도 도움은 된다.

관찰이 아닌 동거가 답이다

한 선배가 미모도 빼어나고 상냥하며 상당히 여성스러운 중국 여성과 결혼했다. 신혼 초 둘이 중국의 남쪽지방으로 여행을 갔는데 길을 걷다가 부인이 새 한 마리를 샀다고 한다. 여러 가게를 돌아다니다가 한참 만에 고른 예쁜 새였다. 선배는 당연히 새를 키우려고 그렇게 신중히 골랐나보다 생각했단다. 그런데 그 새를 들고 한 식당으로 들어가더니 요리를 해달라고 해서 깜짝 놀랐다고 한다.

중국에서 산다는 것만으로는 중국인들의 삶 속에 들어갔

다고 하기는 어렵다. 그들과 똑같이 생활해야 한다. 중국인들이 먹는 것을 먹고, 중국인들이 사는 집에서 살고, 중국인들이 좋아하는 것을 해봐야 비로소 중국인들을 제대로 알 수 있다. 그렇지 않고서는 중국인들이 어떻게 사고하고, 무엇을 좋아하는지 알 수 없다.

한국 기업 중 중국에서 성공한 대표적인 기업은 이랜드다. 수없이 많은 한국 기업들이 중국에 도전장을 내밀었다 속속 패배의 쓴 잔을 들이켰는데 이랜드는 어떻게 성공적으로 중국에 진출할 수 있었을까? 비결은 한국에서 파견된 직원 전원이 뼛속까지 중국인이 되어 중국인처럼 사고하려고 노력한 데 있다.

이랜드는 1994년 중국에 진출했다. 처음 7년 동안 이렇다 할 수익이 없었지만 조급해하지 않고 중국을 알기 위해 피나는 노력을 했다. 2001년에는 시장조사를 위해 중국 이랜드 대표를 비롯한 10명의 임원들이 중국 일반인들이 타는 기차와 버스를 타고 여관에서 자면서 6개월 동안 약 200개 도시를 직접 돌아보기도 했다. 임원들이 솔선수범하여 구석진 작은 도시까지 직접 발품을 팔아가며 시장을 샅샅이 조사하고 연구했다.

직원들에게도 중국인의 삶을 직접 체득하도록 독려했다. 중국 주재원으로 발령받은 직원은 중국 관련 서적을 100권씩 읽어야 한다. 그리고 중국인들과 똑같이 생활해야 한다. 일반적으로 중국으로 파견된 한국 주재원들은 한국인이 많이 모여 사는 비교적 쾌적한 환경에서 산다. 보일러가 구비되고, 시설도 좋고 비싼 집에서 시작한다. 하지만 이랜드는 중국 생활 처음 6개월 동안은 회사에서 마련한 숙소에서 중국인 동료들과 함께 숙식하도록 하는가 하면, 주재원 자녀는 국제학교가 아닌 중국인들이 다니는 로컬학교를 다니게 한다. 신규 브랜드를 만들기 전에 담당자들이 최소 30개 이상의 중국인 옷장을 열어보도록 하는 것은 기본이다. 누가 더 중국인을 잘 이해할 수 있을까? 답은 분명하다. 평범한 중국인들이 사는 환경과는 아주 다른 환경에서 살면서 과연 얼마나 중국인을 알 수 있을까? 그것은 마치 한 걸음 떨어져서 중국인을 관찰하는 것처럼 피상적인 중국인의 모습만 볼 수 있을 뿐이다. 하지만 이랜드 직원들처럼 같은 공간에서 똑같이 먹고 자면서 생활하면 중국인들의 삶을 속속들이 체험하고 이해할 수 있다.

이랜드는 중국에서 관찰자나 제3자가 아닌 철저한 중국인이 되고자 노력했다. 그러려면 중국어는 필수다. 당연하다. 중국어를 모르면서 중국인이 되는 것은 불가능하니까. 이랜드에서는 책임자 회의도 중국어로 하고 회의록과 같은 문서도 중국어로만 보관한다. 중국을 이해하려는 수준을 넘어 아예 중국인이 되고자 했던 노력이 결국 이랜드를 성공으로 이끌었다.

이랜드는 100% 중국인이 되려고 노력한 기업답게 중국인의 마음도 잘 읽었다. 이랜드가 지난 21년 동안 중국에 기부한 돈은 1000억 원 이상으로, 수익의 10%를 사회에 기부하는 것을 원칙으로 하고 있다. 중국은 '착한 기업'을 선호한다. 한 설문조사에 따르면, 중국인 소비자의 73%가 사회적 책임(Corporate Social Responsibility, CSR)을 다하는 기업의 제품을 우선 구매한다고 대답했다. 이랜드는 중국인의 마음을 얻으려면 착한 기업 이미지가 필요하다는 것을 잘 알았고, 적지 않은 돈을 꾸준히 기부함으로써 신뢰받는 기업이 되었다.

이랜드의 성공 스토리만 봐도 중국인을 이해하려면 관찰하지 말고 그들의 삶 속으로 들어가 함께 생활하며 중국인이 되려고 노력해야 한다는 것을 확인할 수 있다. 그래서인지 혈기만 넘치고 철없던 20대 초반에 아무 조건 없이 중국 친구들과 함께 뒹굴고 생활한 경험이 새삼 행운처럼 느껴지기도 한다.

중국에 가면
중국법을 따르라!

중국에서 사업을 하다 보면 도저히 상식적으로 이해할 수 없는 일들을 많이 겪는다. 그럴 때마다 불평불만을 늘어놓거나 항의하다 보면 스스로 지쳐 중국을 떠날 수밖에 없다. 중국에서 대학 공부를 하고, 작지만 학창시절 중국인들과 동업해 사업을 한 경험이 있는 나도 본격적으로 중국에서 사업을 하면서 새롭게 중국을 다시 공부해야 했다. 중국의 비상식적인 관례를 많이 이해하고 익숙해졌다고 생각했는데, 막상 제대로 사업을 하면서 겪어보니 또 다른 어려움이 너무도 많았다.

"로마에 가면 로마법을 따르라"는 말이 있다. 중국에서 사업을 하면서 수도 없이 비상식적인 일로 가슴앓이를 하고 나 또한 중국에 가면 중국법을 따르는 것이 맞다는 결론을 내렸다. 중국 친구에게 중국은 비상식적인 일들이 너무 많이 발생해 사업하기 어려운 나라라며 넋두리를 한 적이 있다. 그는 같은 이유로 중국인들끼리도 힘들어한다고 말했다. 하지만 내가 본 중국인들은 비상식적인 일에 너무 익숙한 탓인지 그냥 불편한 정도라고 생각할 만큼 무뎌 있는 것 같다. 외국인이 옳고 그름을 따지며 항의하고 따져봤자 아무 소용이 없다. 일말의 변화도 기대할 수 없을 뿐 아니라 오히려 중국정부와 척을 져 사업에 불이익을 당할 수도 있다. 구글이 그 대표적인 사례다. 구글은 중국정부의 인터넷 검열에 맞서다가 결국 검색 서비스를 철수했다. 여전히 중국시장에 재진입할 기회만 호시탐탐 노리는 중이다.

비상식도 상식이다. 사업이 목적이라면 설령 중국에서 통용되는 관례나 법이 비상식적이라고 생각되더라도 거스르지 말고 따르는 것이 바람직하다. 그게 중국에서 사업을 할 때 따라야 할 상식이다.

비상식은 어디에나 있다

중국에서 비상식적인 일을 경험한 것은 아주 오래전이다. 대학 시절 중국 기차여행을 할 때의 일이다. 배에 탈이 나서 급히 화장실을 가야 했다. 그런데 화장실을 가려고 기다리는 사람들이 길게 줄을 서 있었다. 볼일이 급해 이리저리 화장실을 찾다 보니 사람들이 길게 줄을 선 한 칸을 제외하고는 기차 안 화장실 문이 모두 잠겨 있었다.

사정을 알아보니 기가 막혔다. 화장실 청소를 하는 승무원이 청소하기 귀찮아서 문을 잠가놓고 몰래 돈을 주는 사람에게만 빈 화장실 문을 열어주는 것이었다. 내키지 않았지만 화장실이 몹시 급했던 나도 할 수 없이 5마오를 주고 화장실을 사용했다. 당시 5마오는 한국 돈으로 50원 정도에 불과했지만 이런 식으로 돈을 벌면 티끌 모아 태산이 되지 말라는 법도 없었다.

약 20년 전의 일이라고는 하지만 내 상식으로는 도저히 이해할 수 없었다. 더욱 이해가 안 가는 것은 중국인들이었다. 아무도 불평불만하지 않고 고분고분 5마오를 내고 화장실을 이용했다. 남이야 어찌 되었든 나만 이용하면 그만이었다. 그 모습에 더 화가 났다. 중국에서는 하물며 기차 화장실을 청소하는 승무원까지 자신의 알량한 권력을 남용하고, 사람들도 그걸 당연하게 여긴다고 생각하니 부글부글 속이 끓었다. 젊은 혈기에 한마디 하고 싶은 마음을 참느라 애를 먹었다.

지금도 우리가 생각하는 중국의 비상식은 크게 달라지지 않은 것 같다. 중국을 자주 오가는 사람이면 누구나 한 번쯤은 비행기가 예정된 시각보다 몇 시간씩 늦게 출발하는 경험을 했을 것이다. 한번은 중국 항공사를 이용해 칭다오에서 서울로 오려고 하는데 비행기가 3시간이나 늦게 출발했다. 기상

상태가 안 좋은 것도 아닌데 무슨 이유에서인지 출발이 늦어졌다. 그런데 출발 예정 시각이 지났는데도 이륙 지연 안내방송도 없고, 항공사 직원에게 물어도 모른다고만 했다. 출발 예정 시각이 한 시간 지나서야 출발 지연에 대한 안내방송이 나왔지만 언제 출발 예정이라는 이야기가 없었다. 무작정 기다리다 보니 3시간이나 지났다. 마침 그날 중요한 미팅이 있었는데 약속시간을 지킬 수가 없었다. 이후로도 이와 비슷한 경험을 몇 차례 겪은 후로는 중국에서 오는 당일에는 가급적 중요한 약속을 잡지 않게 되었다.

생각보다 중국의 비상식은 일상생활 속 곳곳에 있다. 중국에 있다 보면 꼭 사업을 하지 않더라도 평범한 일상생활 속에서 자주 비상식을 겪는다. 그때마다 일일이 비난하거나 고개를 절레절레 흔들면 끝내 중국과 가까워질 수 없다.

한 한국인 지인이 중국에 출장을 갔다가 범죄자도 아닌데 중국 공항에서 갑자기 출국정지를 당하는 황당한 일도 있었다. 아파트 관리비가 미납되었다는 것이 이유였다. 그 지인은 중국에 투자 목적으로 구입한 아파트 한 채가 있는데 미국에 거주하고 있어 아파트 관리를 부동산 관리 회사에 맡겨 놓은 지 오래였다. 그런데 아파트 관리 회사가 바뀌면서 뭔가 착오가 생겨 1000만 원 정도의 관리비가 미납된 것이 화근이었다.

1000만 원이면 큰 액수이긴 하지만 10억 원이 넘는 아파트를 차압하는 방법도 있는데 이렇게까지 할 필요가 있나 싶었다. 아마도 한때 중국의 인건비 상승, 세제혜택감면 취소 등으로 한국 기업들이 사업이 어려워지자 야반도주하는 사건이 빈번하게 발생했는데, 그 이후 내려진 조치일지도 모르겠다. 변호사 이야기를 들어보니 자국민보호 차원에서 외국인 출국정지가 많이 행해진다고 한다. 그래도 외국인 입장에서는 납득하기 어려운 일임이 분명하다.

상식과 비상식의 경계는 모호하다. 우리가 당연하다고 생각하는 상식은 체제나 역사, 문화와 관습의 산물일 수 있다. 유교사상을 중시하는 우리나라에서는 어른들에게 깍듯하게 '님'을 붙이고 존대어를 쓰는 것이 상식이지만 자유와 평등을 중시하는 서양에서는 나이와 상관없이 이름을 부르는 것이 자연스럽다. 그러니 내 상식의 잣대로 중국의 상식과 비상식을 재단하고 비난하는 것도 바람직한 일은 아닐 것이다.

중국 공무원은 갑 중의 갑

중국 어디에나 비상식이 존재하지만 관공서는 그야말로 비상식의 결정체라 해도 될 정도로 이해하기 어려운 일이 많이 일어난다. 중국에서 사업을 할 때의 일이다. 나는 거류증을 연장하러 해당 공안국에 갔다.

중국 관공서의 점심시간은 11시 30분부터 시작이라 11시

10분에 도착해 서류를 접수하려는데 담당자가 느닷없이 화를 냈다. 점심 먹으려고 하는데 이렇게 늦게 오면 어떻게 하느냐는 것이었다. 다음부터는 그러지 말라는 훈계도 덧붙였다. 서류를 심사하는 것도 아니고 그저 필요한 서류를 다 가져왔는지 확인만 하면 되는 일이었다. 그런데도 그렇게 화를 내며 사람을 죄인 취급하는 게 어이가 없었다.

중국 공무원의 권력은 늘 상상을 초월한다. 중국 공무원은 한마디로 갑 중의 갑, 슈퍼 갑이다. 관공서에 드나들 때마다 중국 공무원의 갑질에 황망했던 적이 한두 번이 아니다. 특히 사업하기 위해 관공서에서 인허가를 받아야 할 때는 공무원의 권력을 제대로 실감할 수 있었다.

한 번은 관공서에 사업상 필요한 서류를 접수하고 언제쯤 결과가 나오느냐고 물었다. 담당 공무원의 대답은 거칠었다.

"그걸 누가 알아요? 그냥 돌아가서 기다려요."

그래도 그때는 시스템이 확립되지 않아 그런가보다 이해하고 넘어갔다. 그런데 다음날 더 황당한 일을 겪었다. 다른 정부 부서에 인허가 접수를 하러갔는데 서류를 제대로 확인하지도 않고 다짜고짜 서류가 부족하다며 퇴짜를 놓았다. 보완할 서류가 뭔지 가르쳐 달라고 하자 담당자가 자기도 모른다며 서류 작성을 대행하는 브로커 전화번호만 알려주며 거기에 의뢰하라는 말만 반복했다.

대행사를 끼지 않으면 접수 자체가 불가능한 중국 시스템을 한국 상식으로는 이해할 수 없었다. 그렇다고 외국인이 안 하무인인 공무원을 공격하거나 그런 시스템이 옳고 그르고를 따지는 것은 어리석은 일이다. 실무자와 불협화음이 생기면 사사건건 발목을 잡힐 수 있다. 일이 더 커지면 정부에 협조를 안 하는 기업으로 낙인이 찍혀 사업이 불리해질 수도 있기 때문이다. 중국에서는 어떤 사업이든 관공서의 협조가 절대적인데 한 번 낙인찍히면 그 지역에서 발을 붙이기 어렵게 된다.

싸우지 말고 타협하라

관공서에서 인허가를 받아야 할 때마다 사사건건 부딪치고 일도 잘 진행이 안 되자 나는 깊은 고민에 빠졌다. 오기가 생겨 마음 같아서는 끝까지 대행사를 거치지 않고 보란 듯이 혼자서 일을 처리하고 싶기도 했다. 마음먹고 매일 관공서에 출근해 떼를 쓰면 공무원들도 사람인지라 어쩔 도리 없이 인허가를 처리해 주지 않을까 싶었다.

하지만 나를 아끼는 중국 친구들은 하나 같이 반대했다. 정부와 척을 지어서는 향후 사업 자체가 불가능하다며, 아예 사업을 접을 것이 아니라면 '대관업무 전담자'를 두라고 조언했다. 대관업무 전담자란 말 그대로 관과 얽힌 모든 것을 전담하는 사람이다.

중국에서 정부기관은 비즈니스에 절대적인 영향을 미친다. 구비 서류와 절차도 복잡하고, 진행과정을 확인하기도 어렵고, 결과가 언제 나올지는 더더욱 예측이 불가능하다. 또한 누가 인허가 서류를 접수하느냐에 따라 승인 여부가 달라지기도 한다. 아무래도 정부기관의 시스템을 잘 이해하고, 공무원과의 관계를 잘 푸는 사람일수록 일을 성공적으로 처리할 가능성이 크다. 그래서 중국에서 사업하는 기업들은 대부분 인허가 문제 해결, 정보수집 등을 위해 정부와 우호적 관계를 형성할 수 있는 대관업무 담당자를 두는 것이 일반적이다. 중국의 대표기업이자 세계 최대 PC업체인 레노버의 류촨즈(柳傳志) 회장도 2014년 보아오포럼에서 외국 기업들에게 중국에서 사업을 하려거든 제일 먼저 대외관계 전담 부서부터 설치하라고 조언했다.

대관업무의 최고 적임자는 정부를 가장 잘 아는 퇴직관료 출신이다. 일부 다국적 기업들은 태자당 출신을 영입하기도 한다. 태자당은 중국 당, 정, 군, 재계 고위층 자녀들을 일컫는 말로, 대부분 중국의 핵심 요직에 포진하고 있는 강력한 파워 집단이다. 사정이 여의치 않거나, 단순한 인허가 문제를 해결하기 위해서라면 정부와 친밀한 관계를 가진 대리 회사에 위탁하는 것도 방법이다.

처음에는 나도 꼭 대관업무 전담자를 두고 일을 처리해야 하는지 고민했다. 하지만 고심 끝에 지인들의 조언을 받아들여 대관업무 전담자를 두고 일을 맡겼다. 이후 지지부진했던 일이 순조롭게 잘 해결되었다. 내가 직접 발로 뛰는 것보다 훨씬 신속하고 정확하게 일을 처리할 수 있었다.

어떤 경우든 정부와 싸워서 득이 될 게 없다. 지방정부도 마찬가지다. 중국 지방정부의 권력은 생각보다 크다. 중앙정부가 큰 틀에서 정책을 결정하면 그 정책을 해석하는 것은 지방정부의 몫이다. 각 지방의 상황과 특수성을 고려한 지방조례, 실시세칙, 내부문건 역시 지방정부가 해석하고 적용하는 대로 따라야 한다.

이런 중국의 특수성을 이해하지 못하고 지방정부라고 만만히 보다가는 큰 낭패를 겪을 수 있다. 실제로 내가 아는 한국의 한 건설업체는 지방정부와 마찰이 생기자 소송을 준비했다. 그동안의 경험을 토대로 나는 중국에서 정부를 상대로 한 소송에서 이길 가능성이 거의 없다고 만류했다. 해당 지방인민대표대회가 지방인민법원에 대한 인사권을 가지고 있고, 법원의 예산은 지방정부가 결정하기 때문에 지방정부가 마음만 먹으면 얼마든지 판결에 영향을 미칠 수 있는 구조로 외국기업이 승소할 가능성은 희박하다.

다행히 그 건설업체가 소송까지 가지는 않았다. 설령 소송을 진행하여 승소하더라도 남는 건 상처뿐이다. 이후 정부는 미운털이 박힌 그 업체를 사사건건 방해할 것이고, 사업은 순조롭게 진행되지 못할 것이 분명하기 때문이다. 따라서 정부와 문제가 발생했을 때는 싸우지 말고 절충하고 타협 방안을 찾는 것이 바람직하다.

중국 사업을 하면서 일희일비하지 말자는 말을 수도 없이 되뇌었다. 한 가지 문제를 해결하고 한 고비 넘겼다고 좋아라 하면 또 다른 문제가 어김없이 나타났다. 중국 사업은 쉼 없는 고비의 연속이다. 전혀 예상치 못한 걸림돌들이 곳곳에서 나타나다보면 정작 중요한 부분을 놓칠 수 있다. 사업의 중요한 부분에 집중적으로 전력투구하고 쓸데없이 에너지를 낭비하는 일은 최소화하는 것이 현명하다.

계약서는 안전장치가 아닌 안심장치일 뿐

정부가 아닌 중국 업체와 일을 할 때도 원칙을 고수하기보다는 타협하는 것이 바람직하다. 선양에서 부동산개발 사업을 할 때의 일이다. 나는 중국에서 전국적인 인지도가 있을 만큼 유명한 건설사와 계약하고 공사를 진행하던 중이었다. 그런데 갑자기 원자재 가격이 급등했다. 당시 중국은 도로, 항만, 빌딩, 아파트 등을 짓느라 10여 년째 전국 곳곳이 공사 중이었고 세계 원자재 시장의 블랙홀이라 불릴 정도였다. 원자재 가격이 상승하자 건설사들의 타격이 컸다.

다행히 나는 당시 건설사를 선정한 후 계약할 때 추가 비용을 요구하지 않겠다는 조항을 넣어두었다. 그래도 도의적으로 추가 비용을 일부 지급할 생각을 하고 있었는데 건설사에서 먼저 원자재 가격상승으로 인한 추가 비용을 터무니없이 많이 요구했다. 도통 말이 통하지 않았다. 타협의 여지가 없는 것 같아 일단 거절했다. 계약서대로 추가 비용을 전혀 지불하지 않을 줄 알고 미리 비용을 크게 부풀렸는지는 모르겠지만, 그들은 막무가내였다. 요구한 비용을 주지 않으면 당장 공사를 중단하겠다고 엄포를 놓더니 정말로 공사를 중단시켰다.

나는 애가 탔다. 사업가에게 시간은 돈이나 마찬가지다. 사업 규모가 제법 커서 금융권에서 프로젝트파이낸싱(PF) 대출을 받았기에 하루 이자만 해도 어마어마했다. 공사기간이 길어질수록 그만큼 이자에 대한 부담이 커지니 어떻게든 빨리 문제를 해결해야 했다. 계약서를 들이밀어도 소용없었다. 결국 적정선에서 일부 추가비용을 지불하기로 협의하고 공사를 다시 시작할 수 있었다.

어떤 사람은 계약서가 있는데 왜 법에 호소하지 않고 바보 같이 안 줘도 될 추가비용을 지불했느냐고 한다. 중국에서 계약서는 안심장치일 뿐 안전장치는 아니다. 계약서를 믿고 중국에서 외국인이 중국인과 소송해봤자 외국인이 당연히 불리하다. 설령 승소한다 하더라도 시간과 비용도 만만치 않고,

판결 불이행 등 이겨도 이긴 게 아니라 머리 아픈 일만 많아진다. 따라서 문제가 발생하지 않도록 사전에 조정 및 타협하는 것이 가장 좋은 방법이다. 그렇다고 계약서를 소홀히 해서는 안 된다. 계약서마저 없다면 상대측이 어떻게 배짱을 부릴지 모르기 때문이다.

난무하는 편법 속에
적법만이 답이다

중국은 꽌시의 나라라고 한다. 꽌시를 통하지 않고서는 중국에서 사업을 하기가 현실적으로 쉽지 않기 때문에 그런 말이 나온 것 같다. 하지만 꽌시의 나라가 곧 편법의 나라임을 의미하지는 않는다. 많은 사람이 꽌시의 중요성을 이야기하면 꽌시를 통하면 불법적인 것도 가능해진다고 착각하는데, 그렇지 않다. 물론 꽌시를 통해 편법으로 일을 해결하는 경우도 있지만 일이 잘못되었을 때 그 책임은 어디까지나 외국인 사업자의 몫이다.

중국에서뿐만 아니라 어느 나라든 편법의 유혹은 강렬하다. 법을 정직하게 다 준수할 때는 불가능하거나 어려웠던 일이 편법을 동원하면 순조롭고 신속하게 처리되기 때문이다. 중국에서 사업을 하려면 이 치명적인 유혹을 멀리해야 한다. 편법으로는 잠시 빨리 갈 수는 있을지 몰라도 결국엔 발목이 잡혀 낭패를 보는 경우가 허다하다. 좀 시간이 걸리더라도 법적인 테두리 안에서 사업을 해야 뒤탈이 없다.

중국인 명의로 사업해도 괜찮을까?

베이징대에 재학 중일 때 나는 중국인과 함께 베이커리 매장과 랭귀지 센터를 운영한 적이 있다. 나뿐만 아니라 1992년 한중수교 이후 일찌감치 중국에 건너와 소자본으로 사업을 시작한 한국 사람들이 더러 있었다. 주로 음식점, 마트 등 소규모 사업을 위주로 많이 했는데, 그때만 해도 외국인 명의로 중국에서 사업하는 게 쉽지 않았다. 결혼한 중국인 배우자의 명의나 알고 지내는 중국인의 이름을 빌리고 한국에서 가져온 돈을 투자하는 방식으로 사업을 진행했다.

처음 시작은 아무 문제가 없다. 하지만 어느 정도 사업이 자리를 잡으면 그때부터 중국인의 마음이 바뀌기 시작한다. 분명 믿을 만한 사람이라 생각하고 명의를 빌린 것인데도, 돈 앞에는 장사가 없는지 사업이 잘되면 없던 욕심을 부리기 시작한다. 아내라 해도 예외는 아니다. 내가 아는 사람은 중국인 여성과 결혼해 부인 명의로 음식점을 차렸다. 음식점이 정말 잘되었는데, 부인이 다른 사람에게 팔아넘기고 이혼하는 바람에 순식간에 빈털터리가 되었다.

더욱더 안타까운 것은 중국인 명의로 사업을 하면 사업체를 뺏겨도 법적으로 보호받을 수 없으므로 하소연할 곳도 없다는 것이다. 사람을 믿고 사업을 시작했다가 사업체도 뺏기고 사람도 잃는 한국 사람들을 보면서 안타까웠던 적이 수도 없이 많다.

지금은 중국도 많이 바뀌어 외국인도 얼마든지 정식으로 사업자등록을 해 사업을 할 수 있다. 그럼에도 아직까지도 중국인 명의로 사업을 해도 괜찮겠느냐고 묻는 사람들이 있다. 또한 외국인 진출이 제한된 사업 영역에 중국인 명의를 빌려 무리하게 사업을 확장하고 싶어 하는 사람들도 있다.

참으로 위험천만한 발상이다. 아무리 욕심낼 만한 일이 있더라도 외국인은 법적 테두리 안에서만 사업하는 것이 안전하다. 세월이 많이 흘렀어도 중국인 명의로 사업을 하면 중국인이 변심하는 순간 모든 것을 잃을 수 있다. 예나 지금이나 명의를 빌려준 사람이 소유권을 주장하면 고스란히 뺏길 수밖에 없다.

최근에도 모 대기업이 중국에서 프로젝트성 사업을 진행하는데 상황이 여의치 않아 중국인 명의로 사업을 추진했다가 골머리를 앓았다. 사업성과가 좋아서 큰 수익이 났는데도 수익금에 손을 못 대고 있다며 상당히 난처해했다. 명의를 빌려준 사람이 변심해서 무리한 대가를 요구하며 전혀 협조를 안 하고 있다는 것이다.

중국에서 사업을 할 때는 법을 준수하며 원칙대로 해야 한다. 비용과 시간이 더 들더라도 안전하고 길게 가려면 철저하게 법 테두리 안에서 움직여야 한다. 그것만이 나와 내 재산을 보호하는 길임을 잊어서는 안 된다.

외국인에게 편법은 위험한 도박이다

외국인이 중국의 법 테두리 안에서 합법적으로 사업을 하기 위해 가장 먼저 살펴봐야 할 것이 있다. 바로 '외상투자산업지도목록'이다. 외상투자산업지도목록은 외국 투자자들이 중국에 진출 가능한 산업 분야를 장려, 허가, 제한, 금지 네 가지로 분류해놓은 것이다. 장려, 제한, 금지는 반드시 해당 산업 항목을 확인해야 하고, 나머지는 허가에 속한다고 보면 된다. 장려 업종은 중국정부가 외국 투자자의 투자를 장려할 목적으로 여러 혜택을 주며 투자를 유도하는 분야고, 제한 업종은 진입 가능한 지역과 조건에 대한 구체적인 내용을 확인해야 한다. 그리고 금지 업종은 외국인이 투자할 수 없는 분야를 의미한다. 외상투자산업지도목록을 살피지 않고 무작정 사업에 착수했다가 씁쓸하게 퇴장한 사람들도 많다.

사업가들은 누구보다도 트렌드를 잘 읽는다. 10여 년 전만 해도 경제가 급속도로 성장하고 있는 중국에서 한국이 그랬듯이 골프가 고급 사교 스포츠가 될 것이고 돈을 벌 수 있다는 걸 모르는 사람은 없었다. 그래서 중국에서 골프장 사업을 하고 싶어 하는 한국 사람들이 많았다.

내가 아는 지인도 당시 골프장 사업에 착수했다. 결론부터 말하면 크게 실패했다. 외상투자산업지도목록에 골프장 사업은 외국인이 할 수 없는 금지 항목이었기 때문이다. 그는 그걸 모르고 무조건 뛰어들었다가 돈은 돈대로, 시간은 시간대로 허비하고 만신창이가 되어 한국으로 돌아올 수밖에 없었다.

외상투자산업지도목록에 의하면 골프장 사업은 여전히 금지 항목에 속한다. 마찬가지로 중국 내국인도 골프장 건설 사업권을 허가받기가 매우 어렵다. 중국 전역에 1000여 개의 골프장이 있는 것으로 추정되지만 이 중 합법적으로 심사 · 허가를 받아 건설된 골프장은 손가락에 꼽을 정도로 적다. 나머지는 모두 불법 또는 편법으로 조성된 골프장이다.

중국에 합법적으로 건설된 골프장이 극히 적은 이유는 2004년부터 골프장 신규 건설을 원칙적으로 금지했기 때문이다. 골프장을 건설하면서 경작지가 유실되고 지하수가 감소하는 것을 막기 위한 중국정부의 조치였다.

원칙적으로 골프장 건설이 금지되었어도 암암리에 골프장이 조성되어 운영되기도 한다. 정식 허가를 받지 못하니 산림공원, 체육공원, 회의서비스시설 등으로 허가받아 변칙 운영하고 있는 것이다. 사실 지방정부도 알지만 눈감아주는 상황이다. 골프장이 들어서면 지방세수를 확대할 수 있고, 골프장 같은 위락시설이 외국 기업을 유치하는 데 도움이 되기 때문이다.

상황이 이렇다 보니 편법으로라도 골프장 사업을 시작하고 싶어 하는 사람들이 있는데, 10여 년 전이나 지금이나 달라진 것은 아무것도 없다. 외국인에게 골프장 건설은 여전히 그림의 떡이다. 설령 편법으로 골프장 사업을 시작했더라도 결말은 언제나 비극이다.

중국정부는 2004년에 골프장 건설을 금지했으나 이후에 불법 골프장이 우후죽순으로 늘어나자, 2011년에는 불법 골프장에 대해 대대적인 단속을 실시했다. 그 결과 공사 중단, 영업 정지, 경작지 복원 등의 명령을 받은 골프장들이 줄줄이 퇴출되었는데, 여기에 한국 업체들도 포함되었다. 합법적으로 정식 허가를 받고 시작한 사업이 아니므로 투자금을 회수하거나 보상받을 방법도 전혀 없다. 더구나 시진핑 정권의 부패척결 바람에 골프장이 가장 많은 광둥성은 공무원의 골프장 출입을 금지했고, 2015년에만 전국적으로 66개 골프장을 폐쇄하기도 했다.

중국 중앙정부에서 사정의 칼날을 세울 때는 외국 기업도 예외가 될 수 없다. 아무래도 중국 현지에서 문제 해결 능력이 부족한 외국 기업은 네트워크가 돈독한 중국 기업보다 상대적으로 더 불리하다. 그래서 외국인은 더욱 적법하게 사업하고, 더욱 투명하게 세금을 내는 것이 리스크를 줄이는 방법이다. 불법, 편법과는 반드시 거리를 두어야 한다. 전 세계 어느 나라에서나 적법이 투자의 기본이지만, 특히 편법이 난무하는 중국에서는 더더욱 적법만이 답이라는 걸 명심해야 한다.

만만디와
콰이콰이

흔히 중국인들의 특성을 말할 때 '만만디'를 꼽는다. 만만디(慢慢地)의 만(慢)은 '게으르다', '늦다'라는 의미다. 한자 그대로라면 게으르고 행동이 굼뜬 것을 만만디라고 하는데 실제로 중국인을 만나보면 이 말의 뜻을 조금은 이해할 수 있다.

중국인들은 대체적으로 느긋하고 느리다. 성질이 급한 한국 사람들은 처음에 그런 중국인들을 무척 답답해한다. 나도 처음 중국에서 사업할 때는 중국 직원들의 태평함이 영 낯설어 익숙해지기까지 시간이 좀 걸렸다.

하지만 중국인을 알면 알수록 그동안 만만디에 대해 잘못 알고 있었다는 생각을 하게 되었다. 만만디가 단순히 느긋하고 게으른 것이 아님을 알고 나서는 중국인들이 새삼 무섭게 느껴지기도 했다.

유리할 때까지 기다리는 것이 진짜 만만디

중국에서 사업을 추진할 때마다 일이 생각보다 더디게 진행돼 애를 태웠던 적이 한두 번이 아니다. 무엇 하나 예상대로 진행되는 일이 없다. 하루면 거뜬히 끝날 것이라 생각한 일도 일주일, 열흘 무한정 늘어지는 것은 기본이다. 미팅 약속을 잡으려 해도 내 마음처럼 절대 서두르는 법이 없다.

이런 중국인들의 만만디는 보통 협상을 할 때 진가를 발휘한다. 어떤 협상이든 서두르는 쪽이 지기 마련이다. 뭐든 빨리빨리 처리해야 직성이 풀리는 한국인으로서는 중국인들의 만만디에 쉽게 넘어간다. 중국인들은 한국인들의 급한 성질을 잘 알아 더욱더 만만디 태도로 일관한다.

중국인의 특성을 잘 모르는 사람은 그들의 행동만 보고 느리고 게으르다고 생각하지만 큰 착각이다. 아무 생각도 없이 무조건 느긋한 것이 만만디가 아니다. 겉으로는 이렇다 할 행동을 하지 않지만 속으로는 체크할 것 다 체크하면서 자기에게 상황이 유리할 때까지 기다리는 것이 진짜 만만디다.

웬만한 내공이 없으면 유리한 상황이 만들어질 때까지 진득하게 참기가 어렵다. 중국인들은 이미 그 어려운 인내를 눈 하나 까딱하지 않고 할 수 있을 정도로 내공이 탄탄하게 쌓인 사람들이다. 그런 중국인들을 상대로 유리한 상황을 끌어내려면 우리 또한 만만디가 되어야 한다.

나 또한 중국인들과 사업을 할 때만큼은 만만디의 정신으로 인내하려고 노력한다. 느긋하게, 절대 서두르지 않으려고 안간힘을 쓰지만 생각만큼 잘되지 않는다. 원래 성격은 안달복달하지 않고 느긋한 편이지만 일을 할 때만큼은 미적거리지 않고 빠르고 정확하게 처리하는 것을 좋아하기 때문이다.

수십 년 동안 중국과 함께하며 많이 익숙해졌는데도 아직도 만만디에 복장이 터질 때가 있다. 으레 그렇다는 것을 잘 알면서도 중국인들의 만만디는 매번 당혹스럽다. 그럴 때마다 심호흡을 하면서 서두른다고 되는 일이 아니니 참아야 한다고 스스로를 달랜다.

최근에 겪었던 일이다. 새로 시작한 사업과 관련해 중국의 모 소셜네트워크 업체와 계약을 맺어야 할 일이 있었다. 첫 미팅 때 이야기가 잘되었고 담당자는 2~3주 내에 계약을 하자며 곧 연락을 주겠다고 말하고 헤어졌다. 그런데 이후 연락이 두절되었다. 전화를 걸어도 받지 않고, 어쩌다 연결이 돼도 "지금 비행기를 타고 있으니 곧 연락 주겠다"고 하고는 또다시 감감무소식이었다.

"사장님, 뭐가 잘못돼도 크게 잘못된 거 아니에요? 지금이라도 당장 중국으로 가서 직접 담당자를 만나봐야 하는 거 아니에요?"

우리 회사의 중요한 파트너였기에 직원은 안달이 났다. 중국인의 만만디를 처음 접하는 직원이 그렇게 생각하는 것도 무리는 아니다. 하지만 무조건 찾아가서 재촉한다고 해결될 일도 아니었다. 윗선과 연결이 가능했지만 중국은 위에서 누른다고 일이 해결되지 않는다. 실무 담당자를 최대한 존중해주어야 뒤탈이 없기 때문이다.

그렇다고 무작정 기다릴 수도 없어 SNS를 비롯한 여러 라인을 통해 중국 담당자의 동선을 체크하며 기다렸다. 그는 상당히 바빴다. 우리뿐만 아니라 전 세계 업체들을 담당하고 있어 미처 우리 일을 처리하지 못하는 듯했다. 그래서 우리도 중국인처럼 만만디의 정신으로 기다렸고, 2~3주 안에 계약하려고 했던 일이 6개월이 지나서야 마무리되었다. 그나마 성공적으로 계약이 성사되어 다행이었다.

중국 주재원들은 종종 한국 본사가 중국의 만만디를 이해하지 못해 고충을 겪는다고 호소한다. 본사에서 지시한 업무가 중국 지사에서 차일피일 미뤄지면 대체 왜 그렇게 일 처리가 늦느냐며 질책을 한다는 것이다.

우리와 업무 진행 환경이 다른 중국에서는 계약을 체결하기까지 많은 노력과 인내가 필요하다. 업무 프로세스가 느리기도 하고 사회주의 특성상 스스로 나서서 새로운 문제를 만들어 책임을 지려고 하지 않는 중국인의 특성 때문에 일이 차일피일 미뤄지는 경우가 많다. 이런 특성을 이해하지 못하는

한국 본사에서는 일의 진전이 없다며 중국 지사 주재원을 무
능력한 사람으로 취급하기도 한다. 중국 주재원 입장에서는 억
울할 만도 하다.

이익 앞에서는 중국인들도 콰이콰이

중국인들이 언제나 만만디일 것이라고 생각하면 오산이다. 중
국인들도 자신들의 이익이 걸린 상황에서는 놀라울 만큼 빨라
진다.

흔히 중국을 '짝퉁 천국'이라 부른다. 짝퉁을 만드는 이유
는 분명하다. 돈이 되기 때문이다. 그래서 짝퉁을 만드는 속도
도 상상을 초월할 정도로 빠르다. 2014년, 삼성전자 신제품 갤
럭시 S5가 스페인 바르셀로나에서 공개된 지 꼭 하루 만에 중
국에서 짝퉁 제품이 판매되기 시작했다. 정품의 정식 출시일보
다 훨씬 앞서 짝퉁이 중국에서 먼저 유통된 것이다.

이와 유사하게 한국 기업이 중국에 진출하기도 전에 짝퉁
제품을 만든 매장이 오픈되기도 한다. 한국의 모 외식업체는
중국에 진출하지도 않았는데 한 중국 업체가 상표권을 등록하
고 인테리어, 종업원 유니폼, 간판, 메뉴판까지 그대로 따라 해
곤욕을 치렀다. 한국 업체가 진출했을 때는 이미 짝퉁 업체가
수백 개의 가맹점을 모집해 프랜차이즈 사업을 활발하게 진행
하고 있을 정도로 발 빠르게 움직였다. 어디 그뿐인가. 한국 드

라마나 음악이 중국에서 반향을 일으키면 중국 상인들이 재빨리 해적판 DVD나 CD를 만들어 한류스타나 한국 기획사보다 더 많은 돈을 벌기도 한다.

단순한 모방을 넘어 원작의 가치를 크게 훼손시키는 일도 비일비재하다. 중국에는 짝퉁 출판물이 넘쳐난다. 해리포터 시리즈도 그중 하나다. 성서 이래 최고의 베스트셀러로 불리는 해리포터 시리즈는 2007년 7월 21일 『해리포터와 죽음의 성물』 완결편이 출간되면서 10년 동안의 대장정을 마무리했다.

전 세계 사람들이 완결편을 애타게 기다리는 동안 신기하게도 중국은 열흘이나 앞서 완결편을 출간했다. 물론 해리포터와 주요 캐릭터들이 등장하지만 내용은 원작과 전혀 다른 짝퉁 완결편이다. 그 이전에도 중국에서 해리포터 시리즈가 인기를 끌자 해적판을 만드는 출판사들은 짝퉁 시리즈를 신속하게 출간해 큰 수익을 내기도 했다. 이처럼 중국인들도 이익 앞에서는 빛의 속도보다 빠르게 움직인다.

개인적으로도 중국인들의 콰이콰이(快快, 빨리빨리)를 확인하곤 한다. 빨리빨리 움직인다고 대충대충 하는 것도 아니다. 관심이 있고 필요한 일이면 중국인들은 기민하면서도 철저하게 움직인다. 평소에 알고 지내던 한 중국 기업 대표가 새로운 사업구상을 하기 위해 한국에 왔을 때 3D 프린터 업체를 소개해준 적이 있다. 그 지인은 3D 프린터를 처음 봤다며 신

기해했다. 정확히 일주일 후 내가 중국에 출장을 갔을 때 우연
히 그의 사무실에 들렀는데 책상 위에 3D 프린터 관련 자료들
이 산더미처럼 쌓여 있었다. 중국에서는 3D 프린터가 주로 산
업용과 의료용으로 개발되고 있다는 것과 미국 3D 프린터 회
사의 중국 공급처가 어디인지, 그리고 중국정부의 3D 프린터
관련 정책까지 모두 파악한 상태였다. 또한 그는 중국에서 3D
프린터가 초기 단계이므로 빠르게 선점하는 게 관건이라며 사
업을 당장이라도 벌일 태세였다.

작명,
중국에선 특히 더 중요하다

중국은 알면 알수록 독특한 나라라는 생각이 든다. 이미 세계적으로 브랜드 가치가 높은 외국 기업들이 다른 나라에 진출할 때는 브랜드명을 그대로 가져가는 것이 일반적이다. 우리나라만 봐도 간판을 보면 온통 외국 브랜드명으로 가득하다. 한글도 아닌 영문 그대로 브랜드명을 표기해 간판만 보면 한국인지 외국인지 모를 정도다.

하지만 중국은 다르다. 아무리 유명한 해외 브랜드라도 중국식으로 바꾸어야 한다. 중국인들이 좋아하는 방식으로 브랜드 네이밍을 해야 사업에 승산이 있다. 중국 사업에 성공한 기업들을 보면 대부분 브랜드 네이밍을 잘한 기업들이다. 반대로 자국이나 해외에서 인정받는 브랜드도 중국의 문화를 이해하지 못하고 잘못된 브랜드 네이밍으로 낭패를 본 기업도 있다.

맥도날드 No, 마이땅라오 OK

중국 유학 생활에 꽤 익숙해진 어느 날, 한국 친구로부터 연락
이 왔다. 중국으로 여행을 갈 계획이니 만나자는 것이었다. 모
처럼 한국도 아닌 중국에서 친구를 만난다고 생각하니 마음이
들떴다. 베이징 번화가 중의 하나인 시단(西單) 거리에 있는 맥
도날드 앞에서 만나기로 했다. 맥도날드는 어느 지역이든 번화
가 중심에 있어 눈에 쉽게 띄어 찾기 쉬울 거라 생각해서 정한
약속 장소였다.

그런데 만나기로 한 시간이 한참 지나도 친구가 오지 않
았다. 휴대전화가 흔치 않던 시절이라 서로 연락할 방법도 없
었다. 애를 태우며 한참을 기다렸는데, 저 멀리서 친구의 모습
이 보였다.

"왜 이렇게 늦었어? 걱정했잖아."

"미안하다. 사람들에게 맥도날드가 어디 있느냐고 물어봐
도 다 모른다고 하잖아. 지금 보니 맥도날드가 바로 코앞에 있
었는데 엉뚱한 곳을 헤맸네."

그때는 나도 어찌된 영문인지 몰랐다. 중국어도 모르고 중
국을 처음 방문하는 친구지만 영어를 제법 잘하는 친구라 맥
도날드 정도는 혼자서도 거뜬히 찾을 수 있을 것이라 생각했
다. 코앞에 있는 맥도날드를 못 보고 헤맬 줄은 상상도 못했다.

나중에야 중국인들은 원래 영어 발음으로 말하면 못 알아

듣는다는 것을 알았다. 중국에서는 "맥도날드 어디 있어요?"라고 물으면 안 된다. "마이땅라오 어디 있어요?"라고 물어야 한다. 맥도날드가 아무리 중국인들이 모두 알고 있는 유명한 브랜드라도 영어 발음 그대로 말하면 모르기 때문이다. 그래서 맥도날드, KFC, 스타벅스 등도 중국인에게는 중국어 발음으로 말해야 알아듣는다. 그래서 맥도날드는 마이땅라오(麥當勞), KFC는 컨더지(肯德基), 스타벅스를 씽바커(星巴克)로 발음한다. 이런 이유로 매장의 간판 역시 영어와 중국어 두 가지를 함께 표기하는 경우가 많다.

중국에서 사업을 성공시키려면 현지화가 중요하다. 그 현지화의 시작은 브랜드 네이밍으로부터 시작한다고 해도 과언이 아니다. 중국인들이 발음하기 쉽고 좋아하는 의미를 가진 브랜드 네이밍을 해야 중국 소비자들의 마음을 사로잡기가 수월해진다.

돌이켜보면 내가 베이징대에서 공부하던 1990년대 중반까지만 해도 중국인들은 영어를 잘 못했다. 당시 베이징대에는 ABC 영어반이 있었다. 영어를 배우고 싶어 하는 학생들을 대상으로 알파벳의 기초부터 가르치던 반이었다. 그때만 해도 영어는 대학입시 필수과목이 아니었다. 영어, 러시아어, 일본어 등 여러 가지 외국어 중 하나를 선택하면 되던 시절이었다. 머리가 좋아서인지 대학 때 ABC부터 공부해도 우수한 토플

성적으로 미국대학에 전액 장학금을 받고 유학까지 가는 친구들도 적지 않았다.

지금은 중국인들도 영어를 잘하는 사람들이 많다. 특히 젊은 층일수록 영어를 잘하지만 중국 전체 14억 명 인구 중 영어 단어를 보고 제대로 발음할 수 있는 사람이 얼마나 될까? 아직까지는 영어를 잘하는 사람보다 못하는 사람들이 압도적으로 많을 것이다. 그런 중국인들에게 영문만으로 된 브랜드명을 고집하는 것은 스스로 기회를 버리는 것과 다름없다. 세계적으로 콧대 높기로 유명한 애플조차 '애플'로 발음하지 않고 '사과'란 뜻의 '핑궈(苹果)'라고 브랜드 네이밍을 한 것을 보면 중국식 이름과 발음을 고려한 네이밍이 얼마나 중요한지 확인할 수 있다.

중국명 상표 등록, 왜 중요한가

중국에서 사업을 하려면 먼저 상표 등록부터 해야 한다. 중국에 아동용품을 공급하던 한 한국 기업의 사례다. 예상했던 것보다 반응이 뜨거워 날로 제품 주문량이 증가했다. 한국 기업은 중국의 두 자녀 정책 시행을 앞두고 직접 중국에서 사업을 해도 괜찮겠다는 판단을 했다. 하지만 중국 상표 출원을 준비하면서 그 업체는 놀라운 사실을 알게 되었다. 중국 거래처 중 한 곳이 이미 그 기업의 상표를 먼저 출원하고 현지에서 제품을 공급하고 있었다. 피해액도 어마어마한데 더 기가 막힌 것은 남의 상표를 무단 출원한 중국 거래처 때문에 한국 기업 제품이 오히려 짝퉁 취급을 받는다는 것이었다.

이런 소설 같은 일이 중국에서 심심치 않게 일어난다. 남의 상표를 선점하는 것을 '상표 무단 선등록'이라 하는데, 매년 피해가 끊이지 않는다. 물론 해당 상표가 자신의 것임을 입증하면 상표를 되찾아올 수 있지만 이는 하늘에 별 따기처럼 어렵다.

상표를 등록할 때도 영어 상표만 등록해서는 안 된다. 중국어 상표도 꼭 등록해야 한다. 이탈리아 명품 브랜드 에르메스는 1977년 중국에 진출할 당시 영문명 'HERMES'와 로고만 등록하고 중국어 상표명은 등록하지 않았다. 뒤늦게 중문명으로 '아이마스(愛瑪仕)'를 상표 등록하려고 하자 1995년 광둥의 한 의류 업체가 이미 상표 등록하여 자사 제품의 브랜드로 사용하고 있었다. 에르메스는 광둥 중국 업체가 상표를 무단으로 사용한 것에 대해 소송을 제기했으나 패소했다.

애플도 중국에서 iPad(아이패드) 상표권 문제로 골머리를 앓은 적이 있다. 아이패드 상표권을 가진 중국 업체와 2년 동안 분쟁을 벌인 결과, 결국 애플이 2012년 약 6000만 달러를 주고 상표권을 샀다. 이런 과정에서 중국 지방정부들은 애플 매장에서 아이패드 판매 금지 명령을 내리기도 했다.

이와 유사한 상표권 분쟁은 중국에서 수도 없이 많이 발생
한다. 내가 아는 중국인 지인으로부터 들은 이야기는 다소 충
격적이다. 지인과 알고 지내는 사람 중에 외국 유명 브랜드들
을 상표 등록해 개인 소유로 만들어놓는 사람이 있다고 한다.
한국에서 인지도가 있거나 드라마를 통해 알려진 브랜드들도
예외는 아니라고 한다. 이유는 유명 기업이라면 언젠가는 중
국에 진입할 것이고, 중국에서 고유 브랜드를 가지고 사업을
시작하면 꼭 자신을 찾아오게 되어 있다는 것이다. 그때 거액
을 받고 상표를 팔겠다고 한단다. 중국에는 이렇게 돈을 벌려
고 하는 사람들이 의외로 많다고 하니, 중국명 상표 등록에 더
욱 신경을 쓸 필요가 있다.

상표를 등록할 때 유사한 상표를 함께 등록하고, 다양한
상품류에 상표를 등록하는 것도 중요하다. 주요 업종에만 상
표 등록을 해두면 나머지 등록하지 않은 상품류는 무단 선등
록 피해를 입을 수 있기 때문이다. 또한 비슷하거나 혼동을 일
으킬 수 있는 유사한 상표도 모두 등록해 유사 상표가 브랜드
의 가치를 훼손할 위험을 봉쇄하는 것이 좋다. 중국의 최대
음료업체인 와하하(娃哈哈) 그룹이 좋은 예다. 와하하 그룹은
'와하하' 외에 '와하와' '하하와' 등 비슷한 상표를 모두 등록
해 안정적으로 브랜드 인지도를 높이고 있다. 미국 소셜네트
워크서비스 업체인 페이스북도 상표권 분쟁 가능성을 차단하

기 위해 영문상표는 물론 '렌푸(臉譜)' '렌수(臉書)' '페이수보(飛書博)' '페이쓰보커(菲絲縛克)' 등 60여 개의 중국어 상표 등록을 신청했다. 중국 사업에서 상표 등록의 중요성을 보여주는 모범적인 사례다.

작명은 음차보다 뜻

보통 우리나라에서는 외래어를 한글로 표기할 때 소리 나는 대로, 최대한 원음과 가깝게 쓴다. 예를 들어 명품 브랜드 'Prada'는 '프라다', 아이폰과 아이패드로 유명한 'Apple'은 '애플'로 표기한다. 이렇게 소리 나는 대로 표기하는 방식을 '음차'라고 한다.

중국은 조금 다르다. 한국처럼 음차해서 그대로 쓰는 경우는 많지 않다. 음보다 뜻을 중요하게 생각하기 때문에 중국명을 지을 때는 좋은 의미를 가진 글자에 음차를 고려하여 짓는다. 그래서 아무리 유명한 세계적 브랜드라도 중국명으로 들으면 도대체 무슨 브랜드인지 알 수 없는 경우가 많다.

발음이 비슷하면서도 뜻도 좋은 중국명을 짓기란 쉽지 않다. 두 마리 토끼를 다 잡기 어렵다면 의미에 중점을 두는 것이 좋다. 한 연구결과에 의하면 중국 소비자들은 아무런 의미 없이 유사한 발음만 차용한 외국 브랜드보다는 원래 발음과 다르더라도 의미가 좋은 브랜드를 더 선호한다고 한다.

발음도 비슷하고, 의미도 좋은 중국명으로 성공한 대표적
인 기업은 코카콜라와 까르푸 등을 들 수 있다. 코카콜라의 중
국명은 커커우커러(可口可樂)로 마시면 즐겁다는 뜻이다. 까르
푸의 중국명 자러푸(家樂福)는 가정에 즐거움과 복을 준다는 의
미고, 유니클로의 중국명 요우이쿠(優衣庫)는 우수한 품질의 옷
이 있는 창고라는 뜻이다.

반면 잘못된 네이밍으로 고전을 겪은 기업도 있다. 일본
자동차 회사 마츠다가 대표적이다. 마츠다의 중국명은 '송전
(松田)'인데, 이는 '하늘로 보낸다'는 뜻의 중국어 쑹톈(送天)
과 발음이 같다. 결국 마츠다는 '마쯔다(馬自達, 원하는 곳은 어
디든 갈 수 있다)'로 이름을 바꿔 어렵게 중국에서 자리를 잡을
수 있었다.

나도 중국에서 사업을 하다 보면 중국명을 지어야 할 때가
종종 있다. 가장 기억에 남는 중국명은 헤럴드차이나의 중국명
이다. 당시 나는 이미 중국에서 음차보다는 뜻을 중요시한다는
것을 알고 있었다. 하지만 혼자서 궁리를 해도 발음도 유사하
면서 좋은 뜻을 가진 중국명이 쉽게 떠오르지 않았다. 그러던
중 중국의 대문호인 루쉰의 친손자 저우링페이 선생님 부부와
식사를 할 기회가 생겼다. 평소 친분이 있었는데, 사업차 상하
이에 갔을 때 식사에 초대해주신 것이다.

식사를 하면서 정중하게 우리 회사명을 중국어로 지어줄

것을 부탁드렸다. 저우링페이 선생님은 흔쾌히 수락하고 그 자리에서 이름을 지어주셨다. 지어주신 이름은 '하이루이더(海瑞德)'였다. 바다 해(海), 상서로울 서(瑞), 덕 덕(德)으로 상서로운 기운과 덕이 바다와 같다는 의미다. 의미도 좋고 음차도 잘된 마음에 쏙 드는 이름이었다. 감사하게도 저우링페이 선생님은 이후 직접 중국명을 한자로 써서 사무실로 보내주시기까지 했다. 이후 중국에서의 사업이 잘돼 큰 결실을 맺었는데, 아마도 중국명을 잘 지은 게 한몫을 했던 것 같다.

0 3

베일 속의 중국

알수록

깊이 있는 나라

중국어, 몇 달이면 충분하다

전 세계가 중국어 열풍이다. 영어를 잘하면 많은 정보를 얻을 수 있지만, 중국어를 잘하면 많은 기회를 얻을 수 있기 때문이다. 중국이 비약적으로 성장을 하면서 중국어는 이제 예전의 영어가 그랬듯이 선택이 아닌 필수 언어로 자리를 잡았다.

구글 회장 에릭 슈미트는 일찌감치 "중국어가 웹상을 지배하는 언어가 될 것"이라고 말했고, 페이스북 창업자인 마크 주커버그는 칭화대에서 중국어로 20여 분간 혼자 강연을 할 정도로 중국어 공부에 열심이다. 월가의 전설적 투자자인 짐 로저스도 미래 언어는 '중국어'라고 말하며, 자녀의 중국어 교육을 위해 2007년 뉴욕에서 싱가포르로 이사하기도 했다. 오바마 미국 대통령, 푸틴 러시아 대통령, 블레어 영국 전 총리의 자녀들도 중국어를 적극적으로 배울 정도로 세계적으로 중국어 열풍이 거세다.

더 이상 왜 중국어를 공부해야 하는지를 이야기하는 것은 의미가 없다. 하루라도 빨리 중국어를 공부해야 한다. 사실 많은 사람이 중국어의 필요성을 절감하고 중국어를 공부하고 싶어 한다. 그러면서도 선뜻 시작하지 못하거나 겨우 시작했어도 얼마 가지 않아 어렵다며 포기한다.

중국어를 공부하는 데도 전략이 필요하다. 중국인처럼 자유롭게 중국어를 구사하고, 생각을 자유자재로 표현하려면 꽤 많은 시간을 투자해야 한다. 어쩌면 완벽하게 중국어를 하는 것은 불가능할 수도 있다. 하지만 일상생활에서 크게 불편함이 없을 정도로 의사소통을 하고, 사업을 할 때 상대방이 하는 말의 뉘앙스를 이해할 수 있는 정도로만 중국어를 공부해도 충분하다. 또 그런 정도의 중국어라면 몇 달만 집중적으로 공부하면 얼마든지 익힐 수 있다.

한자 부담감을 덜면 쉬운 중국어

중국어를 배우고 싶은데, 한자가 어려워서 용기가 안 난다고 말하는 사람들이 많다. 솔직히 나도 한자를 많이 모른다. 중·고등학교 한문 시간에 배운 것이 내가 아는 한자의 전부다. 그런 수준으로 중국어를 시작했다.

중국어를 공부하는 데 있어 한자는 필수가 아니다. 원래 모든 언어는 듣고, 말하기가 먼저다. 귀가 뚫리고 입이 열린 다음 글자를 읽고 쓰는 것이 순서다. 한자를 몰라도 중국어를 듣고 입으로 따라 하면서 얼마든지 중국어를 배울 수 있다는 이야기다.

영국의 중국어 교육이 좋은 예다. 영국 런던대학에서 공부할 때 중국어를 가르치는 방식을 보고 신선한 충격을 받은 적이 있다. 영국에서는 중국어 교육을 할 때 한자부터 배우지 않는다. 서양인에게 한자는 아주 생소하고 어려운 문자이기 때문이다. 그래서 말로 먼저 배우고, 쓰기는 발음기호로 쓴다. 한어병음이라는 중국어 발음기호는 영어 알파벳으로 표기하기 때문에 영국인들이 발음기호로 문장을 쓰는 것은 어렵지 않다. 예를 들어 '안녕하세요'라는 뜻의 '你好'를 '니하오'로 읽고 소리 나는 대로 'ni hao'라고 발음기호를 쓴다. 그렇게 어느 정도 기본적인 중국어에 익숙해지고 나면 한자를 하나씩 가르친다. 한자에 대한 부담감을 주지 않으니 오히려 서양 친구들은 마치 그림을 그리듯이 한자를 따라 쓰며 재미있어 하기도 했다.

한자를 모른다고 기죽을 필요가 없다. 사실 한자가 어렵기는 중국인도 매한가지다. 하물며 베이징대 교수님도 완벽하게 한자를 모른다. 유학시절, 수업 시간에 교수님이 한자가 생각나지 않아 칠판에 판서를 하다가 멈추고 고개를 숙여 고민하는 모습을 종종 보았다. 내로라하는 중국 수재들도 외국에 몇 년간 유학 가 있다 보면 어떻게 쓰는지 생각나지 않는 한자들이 있다고 고백하곤 한다. 요즘엔 중국인들도 컴퓨터를 많이 사용하니 직접 노트에 한자를 쓸 기회가 적어 갈수록 한자를 잘 모른다고 한다. '펜을 들어도 글자를 쓰지 못한다'는 뜻의 '티비왕쯔(提筆忘字)'란 신조어까지 생겼다.

한자를 몰라도 중국어를 배우는 데 아무런 장애가 되지 않는다. 한자를 알아야 중국어를 공부할 수 있다는 부담감만 내려놓아도 중국어는 훨씬 친근하게 느껴질 것이다.

간체자, 보기만 해도 익숙해진다

"한자는 좀 아는데, 중국어는 간체자(簡體字)를 쓰기 때문에 한자 아는 게 큰 도움이 안 된다면서요?"

이런 질문을 하는 사람들이 종종 있다. 간체자는 말 그대로 원래 한자를 단순화한 것이다. 한자는 총 5만 자가 넘는다. 이 중 실제로 많이 쓰는 한자는 약 5000자이지만 이것 또한 다 익히기에는 많은 숫자다. 그래서 청나라 말기부터 한자어 간소화 방안이 논의되다가, 1964년 마오쩌둥이 문자개혁을 해 기존의 간체자를 2238자로 확대하여 쓰게 하면서 지금의 간체자로 정착되었다. 간체자는 간략하게 쓴 일종의 '쉬운 한자'로 이해하면 된다.

우리나라에서 쓰는 한자는 번체자(繁體字)이다. 현재는 대만과 홍콩에서만 번체자를 쓰고 있어 간체자를 쓰는 중국에 가면 한자가 다 생소해 보일 수 있다. 그래서 한자를 어느 정도 알고 있어도 중국어를 배우는 데 별 도움이 안 된다고 생각하는 사람들이 많다.

나는 한자를 잘 모르는 상태에서 중국으로 유학을 가 간체자부터 배웠다. 중국어를 처음부터 간체자로 보고 익혀 번체자를 보면 오히려 헷갈릴 정도다. 반면 아내는 대학교 때 중어중문학을 전공했다. 회화는 간체자, 고전문학은 번체자로 배웠다. 두 가지 종류의 한자를 모두 사용하니 혼란스러울 것도 같지만 아내는 전혀 불편하지 않다고 한다.

아내의 말인즉슨, 간체자는 공식적으로 2238자이지만 번체자가 간체자로 바뀌는 데 필요한 몇 가지 규칙만 알면 된다는 것이었다. 예를 들어 번체자 言(말씀 언)은 간체자로 'ⅰ'이다. 言(말씀 언)의 간체자 ⅰ가 눈에 익으면 말씀 언이 들어간 다른 한자는 저절로 눈에 들어온다. 诗는 詩(글 시), 谈은 談(말씀 담)의 간체자임을 어렵지 않게 알 수 있다.

간체자 제정은 문맹률을 줄이기 위한 하나의 정책이지만 번체자를 그리워하는 사람들도 있다. 중국 역사를 전공한 한 지인은 간체자가 편리하긴 하지만 사물의 모양을 본 떠 만든 상형문자의 맛이 사라져 아쉽다고 한다. 예를 들어 날다는 뜻의 飛(날 비)는 새가 날개를 펴고 날아가는 모양을 본 떠 만든 문자인데 간체자인 飞는 날아가는 느낌이 사라졌다는 것이다.

간체자가 번체자와 달라 얼핏 보면 복잡한 것 같지만 알고 보면 간단하다. 의식적으로 간체자를 공부해야 한다고 부담을 가지니 어렵게 느껴지는 것이다. 부담감만 덜면 이미 번체자인 한자를 많이 알고 있는 경우 더 쉽게 간체자와 친해질 수 있고, 그만큼 중국어를 쉽게 공부할 수 있다.

한자를 몰라도 역시 걱정할 것 없다. 한자를 아예 모르면 간체자부터 배우면 된다. 자주 쓰는 간체자는 몇 개 안 되므로 조금만 집중하면 금방 익숙해질 수 있다.

성조를 외우지 말고 즐겨라!

한자와 더불어 중국어를 공부할 때 사람들이 어려워하는 것이 바로 '성조'다. 성조는 음의 높낮이를 의미한다. 중국어에 비하면 우리말은 음의 높낮이가 없다. 질문을 할 때 끝을 올리거나 감탄사를 터트릴 때 약간의 높낮이가 있지만 대부분 평탄하다. 그래서 처음 성조를 익히려고 하면 애를 먹는 경우가 많다.

보통 중국어를 가르칠 때는 똑같은 발음이라도 성조에 따라 의미가 완전히 달라지기 때문에 꼭 구분해주어야 한다고 강조한다. 맞는 말이다. 기본적으로 성조는 중요하다. 하지만 개인적으로는 너무 성조를 정확하게 지키려고 애를 쓰고, 성조가 잘 안 된다고 스트레스를 받을 필요는 없다고 생각한다.

중국인들도 생각보다 정확하게 성조를 지키지 않는다. 성조를 지켜서 이야기를 해보라고 하면 의외로 틀리는 경우가 제법 많다. 왜 그럴까? 나는 그 답을 알 것 같다. 성조가 중요하긴 하지만 중국인들이 어렸을 때부터 정확하게 성조를 공부하고 지키려고 노력하며 말을 배우지는 않았기 때문이다. 그저 주위에서 어른들이 하는 말을 끊임없이 들으며 자연스럽게 성조에 익숙해졌기 때문에 100% 정확하지 않은 것이 당연하다.

고백컨대, 나도 성조를 잘 지키지 못한다. 나는 주로 길거리에서 중국어를 공부했다. 랭귀지 스쿨에서 기본적인 중국어를 배우면 거리로 나와 하루 종일 중국인들과 대화를 하며 중국어를 익혔기 때문에 나도 그들의 말을 들으면서 성조에 익숙해졌다. 반면 아내는 성조를 기가 막히게 맞춘다. 중어중문학과를 전공하기도 했고, 워낙 성격도 꼼꼼한 편이라 중국인들과 이야기할 때 성조에 신경을 많이 쓴다.

그런데 아이러니하게도 중국인들은 정확하게 성조를 지키는 아내의 말은 잘 못 알아듣고, 틀린 성조로 말하는 내 말은 잘 알아듣는 경우가 가끔 있다. 아내와 함께 왜 그럴까 이유를 생각해본 적이 있다. 그 결과 성조가 오히려 대화를 방해할 수도 있다는 결론을 냈다.

아내는 책에서 배운 대로 성조를 정확히 지키려다 보니 문장 전체의 강약조절과 억양이 부자연스러운 반면, 나는 주로 중국 사람들과의 대화 속에서 그들의 말을 듣고 따라 하며 중국어를 익혔기 때문에 전체적으로 자연스러운 것 아닌가 싶다.

성조는 중요하지만 지나치게 성조에 민감할 필요는 없다. 요즘 딸 탄영이가 중국어를 배우기 시작했다. 유치원에서 일주일에 두 번 주로 노래를 통해 중국어를 배우는 모양이다. 가끔 유치원에서 배운 중국어로 말을 하는데, 성조가 정확하다. 따로 성조를 배우거나 암기하지 않았는데도, 중국어 선생님이 들려주는 노래를 듣고 따라 하며 자연스럽게 성조를 익힌 것 같다.

탄영이를 보면서 역시 성조는 의식적으로 지키려고 하지 말고, 많이 들어 자연스럽게 익숙해지는 것이 가장 좋다는 생각을 굳히게 되었다. 많이 듣는 것이 중요하다. 굳이 어려운 중국어를 듣지 않아도 된다. 아이들이 배우는 중국어 노래를 반복해서 들으며 자연스럽게 성조에 익숙해지는 것도 한 방법이다.

중국어, 6개월 몰입하면 충분하다

나는 개인적으로 모든 언어는 단기간에 몰입해 배우는 것이 가장 효과적이라고 생각한다. 중국어도 다르지 않다. 나는 중국어를 한 마디도 못하는 상태로 무작정 중국으로 가 불과 몇 달 만에 일상적인 생활을 하는 데 큰 문제가 없을 정도로 배웠다. 비교적 빨리 중국어를 익힐 수 있었던 비결은 '몰입'이다.

중국에 있었던 나는 중국어에 몰입할 수밖에 없는 환경이었다. 게다가 하루라도 빨리 중국어를 익혀야 했다. 중국어를 할 줄 알아야 대학에 입학할 수 있었으니 그만큼 몰입해서 중국어를 공부할 수 있었다.

하지만 모든 사람이 중국으로 가 중국어를 배우기는 현실적으로 불가능하다. 꼭 중국에 가야 몰입할 수 있는 것은 아니다. 한국에서도 얼마든지 스스로 몰입 환경을 만들 수 있다. 중국은 아니지만 중국어로 생각하고, 중국어로 된 노래를 듣고, 중국 영화를 보고, 중국 음식을 먹는 등 일상을 모두 중국식으로 바꾸면 마치 중국에 있는 것 같은 느낌이 들 것이다.

일상에서 혼자 질문하고 대답하는 것도 좋다. 거리를 걸으면서 중국어로 "여의도로 가려면 몇 번 버스를 타야 하지?" 질문하고 스스로 답을 하기를 반복하다 보면 중국어가 한결 편하게 느껴질 것이다.

어느 정도 중국어에 익숙해지면 짧게라도 중국을 여행하기를 권한다. 현지에서 그동안 배웠던 언어가 통할 때의 쾌감은 이루 말할 수가 없다. 그 쾌감은 중국어에 대한 관심을 더욱 증폭시키고, 더 빨리 중국어를 익힐 수 있게 하는 훌륭한 자양분이 된다.

꼭 중국에 가지 않더라도 중국인들이 많이 모이는 중국인

거리만 가도 좋다. 중국어로 된 간판도 보고, 중국인들이 운영하는 음식점에 들어가 중국어로 음식도 시켜보면 마치 놀이를 하듯 재미있게 중국어를 익힐 수 있다.

이렇게 6개월 정도만 몰입해 중국어를 공부하면 충분하다. 물론 중국어를 제대로, 완벽하게 하려면 평생을 공부해도 끝이 없다. 오죽하면 중국인들도 한자를 다 모르고 죽는다는 말이 있을 정도가 아닌가. 게다가 중국인들은 대화가 단순하지 않다. 대화를 하는 중간중간 유서 깊은 중국의 사상과 고전을 예로 들기 때문에 평생 공부해도 어렵다.

하지만 일상적인 대화에 무리가 없고, 비즈니스를 할 때 분위기를 좋게 만들 정도는 몰입해서 6개월만 공부하면 충분하다. 사업상 고급 중국어를 해야 할 때는 전문 통역사나 관련 전문가의 도움을 받으면 된다.

삶 속에 녹아 있는
중국 고전의 향기

중국을 이해하고 중국인들과 친구가 되려면 중국어는 필수다. 능숙하지는 않더라도 최소한 기본적인 소통이 가능할 정도로는 중국어를 해야 중국 문화를 이해하고 중국인들의 삶을 가까이 느낄 수 있다. 중국어를 공부하는 것만으로도 충분히 힘들지만 중국인과 좀 더 친밀감을 형성하고 싶다면 중국 고전을 읽어 보는 것이 좋다.

중국인들은 어렸을 때부터 고전을 자연스럽게 접한다. 유치원에 다니면서 당나라 시인들이 쓴 시를 노래로 배우고, 초등학교에 들어가면 중국 국어 교과서에 해당하는 『어문(語文)』에 수록된 중국 한시를 모두 암기한다. 그리고 중국에서 대학에 가려면 한시 몇백 수는 기본으로 알아야 한다. 어렸을 때부터 고전을 가까이해서인지 일상 대화 속에서도 고시나 고사성어를 많이 인용한다.

중국인에게 고전은 교양이다. 베이징대 시절 고사성어 책을 항상 옆구리에 끼고 다니던 중국인 친구도 있었다. 중국에서는 고전 문구를 많이 사용할수록 인문학적 소양을 갖춘 품격 있는 사람으로 생각하는 경향이 있다.

중국인들에게 있어 고전은 일상이나 마찬가지다. 중국 사람들과 대화나 협상을 하다 보면 고전을 인용해 의중을 밝히는 경우가 있다. 또 고사성어를 많이 쓰기 때문에 중국 고전을 모르면 대화를 잘 이해하지 못하는 경우가 생긴다. 중국어뿐만 아니라 중국 고전을 공부해야 하는 이유가 여기에 있다.

마음을 사로잡는 멋진 건배사

중국 비즈니스의 절반은 식사 자리에서 이루어진다. 얼마나 유쾌하게 식사 자리를 마무리하는가에 따라 사업의 승패가 좌우된다고 해도 과언이 아니다. 분명 식사 자리는 비즈니스의 연장선상이지만 조급한 마음에 성급하게 사업 이야기를 꺼내면 역효과가 나기 쉽다. 사업적 목적은 잠시 뒤로 하고 즐겁게 식사를 하면서 분위기를 유쾌하게 만드는 데 집중해야 한다.

보통 식사 자리는 초대한 사람이 환영인사로 술을 석 잔 정도 권하는데, 술을 권할 때마다 덕담을 건넨다. 이때 빠지지 않는 것이 건배사로, 중국인들의 건배사는 그야말로 멋진 시를 한 수 읊는 느낌이다. 중국인들이 많이 하는 건배사 중 하나가 "酒逢知己千杯少(지우펑쯔지첸뻬이샤오)"다. 송나라 이후 작자 미상의 민간에서 전해 내려오는 교훈적인 말들을 후대에 선비들이 모아놓은 책인 『명현집(名賢集)』에 수록된 구절로 '술자리에서 나를 알아주는 친구를 만나니 천 잔의 술도 부족하다'는 의미다. 처음 이 건배사를 접했을 때의 느낌이 지금도 생생하다. 정말 나를 친구로 생각하고 마음을 열어준다는 것에 감동이 벅차올랐다. 이후에도 여러 차례 식사 자리에서 이 건배사를 들었는데, 그때마다 여전히 마음이 유쾌해진다.

누군가가 이렇게 멋진 건배사를 하면 그에 대한 답도 멋지다. 보통 "酒逢知己千杯少(지우펑쯔지첸뻬이샤오)"라고 하면 상대방은 "話不投机半句多(화뿌터우지빤쥐뚜어)"라고 화답한다. 이는 "서로 마음이 통하지 않으면 반 마디의 말도 많다"는 뜻이다. 멋진 건배사만큼이나 의미심장하면서도 감동적인 화답이다.

"感情深一口悶(깐칭션이커우먼)"이란 건배사도 많이 한다. 이는 '우정이 깊으니 한 모금 조금 마시는 것은 답답하다. 잔을 비우자'라는 뜻이다. 이 건배사에 대해서는 "感情淺舔一舔(깐칭치엔티엔이티엔)"이라고 주로 화답한다. '우정이 깊지 않으면 입만 대도 상관없다'라는 의미다.

이 밖에도 중국 고전이나 유명한 중국 시에서 인용한 건배사들이 수도 없이 많다. 중국인들이 이런 멋진 건배사를 했을 때 알아듣는 사람과 무슨 말인지 몰라 어리둥절해하며 적절한 화답을 하지 못하는 사람은 분명 다를 수밖에 없다.

꼭 비즈니스 자리에서뿐만 아니라 중국에서는 친한 친구들끼리 가볍게 술 한잔하는 자리에서도 건배사를 멋들어지게 한다. 중국인들과 좀 더 깊은 교감을 하고 친구가 되고 싶다면 서툴더라도 멋진 건배사 몇 가지 정도는 준비해두는 것이 좋다. 그것만으로도 격이 달라지고 깊은 인상을 남길 수 있다.

"술을 권하려 하니, 거절하지 마시게"

중국인들은 시를 한 수 읊으며 교감하기를 좋아한다. 명시 몇 수 정도는 외워두었다가 적당한 시점에 멋지게 읊어 분위기를 고조시키면 좋다. 중국 한 도시의 시장과 식사를 할 때의 일이다. 추석 즈음이었던 것으로 기억한다. 기분 좋게 식사를 마칠 무렵 시장이 달과 관련된 시를 한 수 읊으며 달구경하러 가자고 제안했다. 밖으로 나오니 보름달이 찬란했다. 은은한 빛을 내뿜는 달을 쳐다보고 몇 마디 덕담을 나누고 악수를 하며 헤어졌다. 그렇게 마무리를 하니 사업상 만난 자리였음에도 마치 함께 풍류를 즐긴 것처럼 넉넉하고 낭만적인 느낌이 들었다.

멋진 건배사 서너 가지 정도는 준비해야 하는 것처럼 중국인들과 제대로 교감하려면 멋진 시 한두 편 정도는 알아두면 좋다. 중국 시장과의 만남에서 시가 얼마나 큰 힘을 가졌는지를 실감한 후 나도 중국인들이 좋아하는 유명한 시 몇 편을 외워두었다. 시 전체를 외워둘 필요는 없다. 시의 몇 구절로도 충분하다. 순서가 뒤바뀌어도 의미 전달만 되면 상관없다. 내가 중국인들과 함께할 때 자주 암송하는 시구절의 일부를 소개한다. 먼저 당대(唐代) 시선(詩仙)으로 불리는 이백(李白)의 시다.

將進酒, 君莫停　술을 권하려 하니, 거절하지 마시게
人生得意須盡歡　인생이 잘 풀릴 때 즐거움 다 누리고
莫使金樽空對月　금 술잔을 달빛으로 채우려 말게

– 이백 「장진주(將進酒)」 중에서

조조의 「단가행(短歌行)」도 중국 사람들과의 식사 자리에서 인용하기 좋은 시다. 조조는 흔히 정치가, 전략가로 알려져 있지만 문학에도 조예가 깊은 문무를 겸비한 인물이다. 그중 그가 지은 대표적인 시가 「단가행」이다. 영화 「적벽대전2」에서 조조가 「단가행」을 직접 읊는 장면이 나오기도 한다.

對酒當歌 人生幾何 술을 마주하고 노래하나니 과연 인생이
얼마인가?

何以解憂 唯有杜康 무엇으로 근심을 풀까? 오직 두강주뿐
이로다.

山不厭高 海不厭深 산은 높은 것을 마다하지 않고 바다는
깊은 것을 마다하지 않는다.

周公吐哺 天下歸心 주공은 씹던 음식을 뱉으면서까지 선비
를 맞이하여 천하가 그에게로 돌아갔네.

- 조조「단가행」중에서

발음이나 성조가 틀리면 어쩌나 걱정하지 않아도 좋다. 식사 자리에서 자리가 무르익을 때쯤 "오늘 마음을 나눌 수 있는 진정한 친구를 만나 정말 기쁘다. 이 자리를 기념하며 이백의 「월하독작(月下獨酌)」을 한 수 읊어보겠다"라고 말하고 시를 암송하면 상대방도 화답하듯 시 한 수를 읊을 것이다.

窮愁千萬端　시름은 천만 가지 쌓였는데

美酒三百杯　좋은 술은 삼백 잔뿐이네

愁多酒雖少　근심은 많고 술은 적으나

酒傾愁不來　술잔을 기울이면 근심 오지 않으니

所以知酒聖　술의 위대함을 알겠고

酒酣心自開　술이 거나해지니 마음이 절로 열리네

한국 사람들은 마음이 급해 식사 자리에서 "단도직입적으로 말씀드리겠다"며 성급하게 사업 이야기를 꺼내는 경우가 많은데, 역효과만 난다. 잠시 사업을 접어두고 마음을 담아 시 한 수를 읊는 여유가 오히려 사업을 성공적으로 이끈다.

중국은 유구한 역사만큼이나 걸출한 시인을 많이 배출했지만 그중에서도 이백, 두보, 백거이는 중국인들이라면 누구나 다 알 정도로 유명한 사람들이다. 이들이 쓴 주옥같은 시 몇 편만 알아두어도 중국인들과 마음을 나누기가 한결 수월해진다.

마오쩌둥이 쓴 「심원춘설(沁園春雪)」도 알아두면 좋다. 마오쩌둥은 1949년 중화인민공화국을 건국한 중국의 상징 같은 존재이자 시인이기도 하다. 마오쩌둥이 쓴 「심원춘설」을 모르는 중국인은 아마도 없을 것이다. 중국인들은 영웅의 기개를 이야기하며 식사 자리에서 「심원춘설」을 낭송하기도 하는데, 이것이 「심원춘설」이라는 정도는 알아두어야 대화의 공감대를 형성할 수 있다.

시 전반부는 중국 북방의 풍광을 찬미하지만 뒤로 가면서 역사에서 위대한 인물은 자신뿐이라며 스스로에 대한 자신감을 표현한다. 「심원춘설」에서 마오쩌둥은 중국 역사에서 회자되는 무수한 영웅들은 단지 지나간 인물에 불과하다고 말한다.

진시황은 천하를 통일하고 한무제는 왕조를 융성하게 했지만,
그들은 문화를 발전시키지 못했다. 당태종과 송태조도 칭찬할
곳이 없는 인물이라고 평했다. 칭기즈칸도 아시아와 유럽에 대
제국을 건설했지만 활을 쏴서 큰 독수리를 떨어뜨리는 솜씨 좋
은 궁사에 불과하다고 했다. 그러면서 풍류를 알면서도 역사를
크게 변화시킨 사람은 오직 자신뿐이라 말한다.

「심원춘설」은 중국 태산의 바위에도 새겨져 있을 정도로
유명한 시다. 우리나라에서 인기리에 방영되었던 「연개소문」
이란 드라마가 「심원춘설」이 적힌 병풍 때문에 곤욕을 치른 적
이 있다. 수나라 양제가 등장하는 장면에서 「심원춘설」이 적힌
병풍이 등장했기 때문이다. 이를 두고 중국에서는 수나라 시
대에 어떻게 병풍에 「심원춘설」이 있을 수 있느냐며 실소했다.
당시 연개소문은 탄탄한 구성과 배우들의 뛰어난 연기력으로
작품상을 받은 수작인데, 「심원춘설」 하나 때문에 중국에서 졸
작처럼 폄하된 것이 한국인으로서 안타깝다.

지혜의 고전, 은유의 나라

중국을 공부하면 할수록 고전의 중요성을 절감할 때가 많다. 특
히 중국을 이끌어가는 정부 관료나 기업 수장을 만나면 더욱 그
렇다. 그들에게 있어 중국 고전은 리더로서 갖추어야 할 인문학
적 소양을 키우는 자양분이자 삶이나 기업을 이끄는 철학의 밑

바탕이 된다.

그들은 대화를 하거나 비즈니스 혹은 외교 활동을 할 때 중국 고전을 자주 인용한다. 고전을 자주 인용하는 이유는 두 가지다. 하나는 중국 전통 문화와 고전에 대한 자부심의 표현이다. 수천 년에 걸쳐 형성된 중국의 문화와 고전에 대한 중국인들의 자부심은 상상을 초월한다. 오랜 역사 동안 쌓아온 중국인들의 지혜가 함축되어 담겨 있으니 그럴 만도 하다. 그만큼 인용한 고전을 알아듣고 반응해주면 문화적 동질감을 느끼면서 감동한다.

또 다른 이유는 하고 싶은 말을 직설적으로 하기보다 은유적으로, 돌려서 이야기하기 위해서다. 중국인들은 원만함과 체면을 중시하기 때문에 은유적인 표현을 주로 한다. 그러자니 자연스럽게 고전을 많이 인용하게 된다.

역대 중국 지도자들만 봐도 고전을 즐겨 인용한다는 것을 알 수 있다. 한국전쟁 때 북한의 김일성이 중국에 파병을 요청하자 마오쩌둥은 『춘추좌씨전(春秋左氏傳)』에 나오는 '순망치한(脣亡齒寒, 입술이 없으면 이가 시리다)'이라는 논리를 앞세워 참전했다.

덩샤오핑의 유명한 '흑묘백묘론(黑猫白猫論)'도 중국의 오랜 속담에 근거를 둔 것이다. 흑묘백묘는 '흰 고양이든 검은 고양이든 쥐만 잘 잡으면 된다(黑猫白猫 住老鼠 就是好猫)'는 뜻으로, 사회주의든 자본주의든 인민을 잘 살게 하는 것이 가장 중요하다는 의미를 내포하고 있다. '흑묘백묘'는 "황묘흑묘(黃猫黑猫, 只要捉住老鼠就是好猫, 누런 고양이든 검은 고양이든 쥐만 잘 잡으면 된다)"라는 쓰촨성의 속담을 인용한 말이다.

현재의 중국을 이끄는 시진핑도 고전과 고사성어를 자주 인용하는 것으로 유명하다. 2014년 3월, 그는 독일 베를린의 한 강연에서 중국 『전국책(戰國策)』에 수록된 "과거를 잊지 말고 앞날의 가르침으로 삼자(前事不忘, 後事之師)"는 고사성어를 인용해 일본의 난징대학살을 비난했다. 2014년 7월 서울대 강연에서는 북핵 문제와 관련해 "세 척의 얼음은 하루의 추위로 생긴 것이 아니다(氷凍三尺非一日之寒)"라고 말했다. 이는 명나라 시대 소설 『금병매(金瓶梅)』의 한 문구로 인내심을 갖고 대화를 지속해야 한다는 의미를 내포하고 있다. 2015년 5월 일본의 각계각층 인사 3000명이 중국을 방문했을 때는 『논어』 「이인편(里仁篇)」에 나온 "덕이 있으면 외롭지 않으니 반드시 이웃이 있다(德不孤 必有隣)"는 말로 일침을 가하기도 했다.

중국 최대의 검색 포털 '바이두(百度)'라는 이름도 고전에서 착안해 지었다고 한다. 바이두는 중국 송나라 시인 신기질(辛棄疾)의 시구 가운데 "인파 속에서 그녀를 수천, 수백 번 찾았다(衆里尋她千百度)"는 데서 유래됐다. '애타게 찾다'는 바이두의 의미가 검색 포털의 이미지와 절묘하게 맞아 떨어진다.

이처럼 중국인들의 고전 사랑은 각별하다. 고전에 대한 깊이 또한 대단하다. 그만큼 중국 고전을 공부하면 중국인들에게 좋은 인상을 줄 수 있다. 2014년 6월 박근혜 대통령이 베이징 칭화대학에서 한 연설이 좋은 예다. 박 대통령은 중국어로 연설하면서 역지사지(易地思之), 관포지교(管鮑之交), 삼고초려(三顧草廬)와 같은 유명한 고사성어를 언급했는데, 중국 언론과 중국인들이 뜨겁게 호응하며 찬사를 보냈다.

실제로 박 대통령의 고전에 대한 이해는 수준급이다. 중국 철학자 펑요우란(馮友蘭)이 쓴 『중국철학사』라는 책이 있다. 나는 베이징대에서 공부할 때 그 책을 본 적이 있다. 베이징대 역사학과 박사과정 입학시험을 준비하려면 『중국철학사』를 읽어야 하는데, 박사 준비를 하는 선배가 이 책을 읽기에 호기심에 살펴보다 어찌나 어려운지 몇 장 보지도 못하고 덮었던 기억이 있다. 중국인들도 이해하기 어려운 책을 박 대통령이 가장 감명 깊게 읽었다고 해서 중국인들이 박 대통령을 더 좋게 보는 것 같기도 하다.

중국 고전은 중국을 이해하고 중국인들과 문화적으로 공감할 수 있는 좋은 매개체다. 개인적으로는 중국어를 공부하는 것만큼이나 중국 고전을 공부하는 것 역시 중요하다고 생각한다. 하지만 나 또한 고전을 많이 공부하지는 못했다. 그래도 어렸을 때 『삼국지』 『초한지』 등의 고전을 워낙 재미있게 읽어 고전에 대한 거부감은 없다. 베이징대에서 유학을 하며 자연스럽게 『논어』 『맹자』를 접하고, 루쉰을 워낙 좋아해 그가 쓴 『아큐정전(阿Q正傳)』 『공을기(孔乙己)』 등의 작품을 읽었다. 『아큐정전』은 중국 근현대사를 공부하다 보면 어김없이 등장하는 유명한 소설이기도 하고, 중국 사람들의 마인드를 이해하는 데도 도움이 된다.

중국의 4대 고전인 『삼국지연의』 『수호지』 『서유기』 『홍루몽』도 읽어볼 만한 고전이다. 『홍루몽』은 사실 예전에 읽었을 때는 연애소설인 줄로만 알았다. 하지만 최근 중국 친구로부터 『홍루몽』에 대한 이야기를 듣고 생각이 바뀌었다. 친구는 『홍루몽』만큼 중국 근대 이전의 삶을 잘 이해할 수 있는 책은 없다고 했다. 이 한 권으로 봉건제도 비판, 사람들의 생활상과 문화, 건축양식, 사랑, 음식, 인간관계 등을 다 알 수 있다며 다시 한 번 읽어보라고 적극 추천했다.

사마천의 『사기(史記)』나 사마광의 『자치통감(資治通鑑)』과 같은 역사서도 중국을 이해하는 데 큰 도움이 된다. 특히 '제왕학의 책'이라고 불리는 『자치통감』은 고대에서 당나라 말까지의 역사서로 수백 편의 방대한 분량인데, 마오쩌둥이 머리맡에 두고 17번이나 읽었다고 할 정도니 한 번쯤 관심을 가져볼 만하다.

중국 고전을 많이 읽는 것보다는 한 권을 읽더라도 애정을 갖고 제대로 보는 것이 좋다. 굳이 어려운 책을 볼 필요도 없다. 요즘엔 우리나라에도 중국 고전을 쉽고 재미있게 번역한 책들이 많으니 큰 부담을 갖지 말고 한 권씩 읽으면 된다.

나도 다시 고전을 공부할 생각이다. 이미 읽었던 책도 다시 한 번 읽으면 느낌이 또 다르다. 너무 오래 전에 읽었던 책들은 내용이 가물가물한 것도 많고, 예전에는 그냥 지나쳤던 문장이 눈에 들어오는 경우도 많다. 그런 재미가 고전을 공부하고픈 욕구를 부추긴다.

꽌시는 '인맥'이 아니라
'우정'이다

예전에 한 친한 중국 관료가 "중국인이 사람을 죽이면 가장 먼저 무슨 생각을 할 것 같은가?"라는 질문을 한 적이 있다. 처음에는 질문의 의도를 몰라 당황했다. 그 관료는 "자신을 구해줄 꽌시를 가장 먼저 떠올린다"고 알려주었다. 중국인들은 사람을 죽여도 꽌시만 잘 찾으면 감옥에 가지 않을 방법이 있다고 믿는다는 것이다. 그만큼 중국에서는 꽌시가 중요하다는 것을 알려주려고 했던 말이다.

실제로 중국은 꽌시의 나라다. 그만큼 중국에 진출하려면 필연적으로 꽌시의 도움을 얻어야 하는 것이 사실이지만 꽌시를 맺는 게 쉬운 일은 아니다. 또 설령 어렵게 꽌시를 맺더라도 그것만으로 해결할 수 없는 일들도 많다.

꽌시는 그리 단순하지 않다. 진정한 꽌시를 맺으려면 우선 꽌시를 정확하게 이해할 필요가 있다. 그저 중국에 진출하기 위한 수단 정도로만 생각하면 예상치 못한 난관에 부딪칠 수도 있고, 꽌시가 오래가지도 않는다.

얕은 꽌시 vs 깊은 꽌시

"돈 받고 뒷거래하는 게 꽌시 아니에요?"

중국의 꽌시를 잘 모르는 사람들은 가끔 이런 질문을 한다. 단편적으로 꽌시를 보면 그렇게 생각할 수도 있다. 법과 상식에 의해 정상적인 방법으로는 해결할 수 없는 일들도 꽌시를 통해서는 처리가 되는 일들이 자주 있다 보니 그렇게 생각할 법도 하다.

하지만 꽌시는 단지 문제를 해결하기 위해 필요한 인맥이 아니다. 중국인들은 꽌시를 통해 서로 협력하여 시너지를 발휘한다. 긍정적인 영향을 미치며 서로가 잘될 수 있도록 돕는 관계가 바로 '꽌시'다. 평생을 함께할 수 있는 든든한 동반자가 곧 꽌시이기에 중국인들은 꽌시를 만들고 관리하는 데 온 힘을 쏟는다.

물론 서로의 이익을 위해 일시적으로 맺어지는 꽌시도 있다. 이러한 꽌시를 개인적으로는 '얕은 꽌시'라고 부른다. 얕은 꽌시는 철저하게 'Give & Take(기브 앤드 테이크)'에 의해 움직인다. 상대방으로부터 받은 만큼 돌려준다. 이해관계가 맞지 않으면 쉽게 등을 돌릴 수 있는 꽌시이기도 하다.

'깊은 꽌시'는 얕은 꽌시와는 달리 서로의 이해관계보다는 상호 신뢰를 기반으로 한다. 설령 친구가 사람을 죽였다는 오해를 받고 찾아와도 죽였을 리가 없다고 굳게 믿어주고 도와줄 수 있을 정도로 절대적인 신뢰를 바탕으로 형성된다.

신뢰를 바탕으로 형성된 깊은 꽌시는 평생을 간다. 이해관계가 다르다고 금이 가지도 않는다. 평생을 함께하며 서로 도우면서 시너지를 낼 수 있는 관계가 바로 깊은 꽌시다. 중국인들이 중요하게 여기는 꽌시도 이런 '깊은 꽌시'다.

깊은 꽌시가 형성되면 사업을 할 때조차 득실을 따지지 않는다. 중국에서 사업을 추진하고자 중국 파트너를 물색할 때의 일이다. 오랫동안 알고 지내던 중국 지인의 회사와 파트너십을 맺고 싶었지만 감히 말을 꺼낼 수 없었다. 지인의 회사는 규모나 지명도 등 모든 면에서 이미 대기업 수준이었는데, 설립한 지 얼마 되지 않아 매출액도 변변치 않은 신생 회사가 파트너십을 맺자고 하는 게 염치가 없어서였다.

오랜만에 만나 서로 근황을 묻다가 새로 회사를 차렸다고 하니 지인이 먼저 파트너십을 맺자고 제안했다. 회사 자본금, 매출액, 직원 수 등 아무것도 묻지 않았다. 파트너십을 맺을 때는 먼저 어떤 회사인지 검토를 하는 것이 수순인데 어떤 자료도 요구하지 않았다. 오히려 내가 미안해 자발적으로 회사 소개 자료를 만들어 보내주었다. 단지 나를 믿고 선뜻 파트너십을 제안해준 지인이 너무 고마웠다.

중국에서 사람을 소개받을 때도 깊은 꽌시는 큰 도움을 준다. 가령 내가 잘 모르는 지역을 갈 때 중국 지인의 소개를 받으면 가장 쉽고 정확하게 그 지역에 대해 잘 알 수 있다. 그러나 깊은 꽌시로 맺어진 사이일수록 사람을 소개할 때와 소개받을 때 모두 신중해야 한다. 내가 추천하는 사람은 내가 보증한다는 의미를 내포하고 있기 때문에 섣불리 사람을 소개하지 못하는 것이다. 내가 소개하는 사람이 곧 내 얼굴이다.

한국에 나와 있는 중국 기업이나 정부기관 사람들 중 잘 알고 지내는 지인들은 직원 충원이 필요할 때 종종 내게 좋은 사람을 소개해달라고 한다. 물론 직원 채용 공고도 내지만 이력서에 적힌 객관적 스펙보다 믿을 만한 지인을 통해 소개받은 사람을 더 신뢰하기 때문에 굳이 추천을 부탁하는 것이다. 그러니 적당히 소개할 수가 없다. 심사숙고해서 최적격의 사람이 아니면 아예 소개하지 않는다.

깊은 꽌시에 대한 이해 없이 무조건 얕은 꽌시가 꽌시의 전부라고 생각하면 중국을 절대 알 수가 없다. 꽌시는 옳고 그름의 문제가 아니다. 법치사회에서는 꽌시를 통한 업무 해결 방식이 법의 테두리를 벗어나는 편법처럼 보일 수도 있지만 중국은 전통적으로 인치사회였다. 지금은 조금씩 인치사회에서 법치사회로 넘어가는 과도기지만 수천 년 동안 법보다 사람을 더 중시하면서 형성된 꽌시는 중국만의 독특한 문화로 이해해야 한다.

화교 네트워크 역시 중국의 꽌시 문화를 단적으로 보여주는 예다. 영국에서 유학하던 시절 미국 화교였던 친구가 전 세계 대부분의 나라에 친인척이 산다고 말한 적이 있다. 실제로 화교의 경제력은 중국 밖의 또 다른 중국이라고 불릴 정도로 세계 경제에 영향을 미치는데, 이는 혈연, 지연, 업연을 중심으로 한 강력한 네트워크를 바탕으로 한다. 전 세계에 흩어져 있는 화교들은 '세계화상대회(World Chinese Entrepreneurs Convention)' 등을 통해 네트워크를 구축하고 함께 비즈니스를 하며 정보를 교류하고 있다. 친구를 보니 꽌시의 위력이 어느 정도인지를 실감할 수 있었다.

꽌시 문화는 중국의 역사와 무관하지 않다. 중국은 수천 년의 역사 동안 수많은 전란을 겪었다. 전란과 함께 왕조가 자주 바뀌면서 믿을 수 있는 건 오직 사람, 그것도 나와 가까운 사람이었다. 나를 지켜줄 수 있는 건 왕도 법도 아닌, 믿을 수 있는 관계를 가진 사람이었다. 그러면서 자연스럽게 꽌시 문화가 형성된 것으로 보인다.

이처럼 꽌시를 곱지 않은 시선으로 보기 전에 중국에서 꽌시가 생긴 배경과 의미를 제대로 이해하려고 노력하는 것이 중요하다. 이런 노력 없이 꽌시를 자신의 이익을 위해 이용하려다 보면 아무리 오랫동안 중국을 공부해도 피상적인 중국만 볼 수밖에 없다.

하루아침에 이루어지는 꽌시는 없다

"아는 중국 사람이 없는데 꽌시를 어떻게 만들어요?"

중국에 진출하려는 사람들 중 이런 질문을 하는 사람들이 많다. 중국인은 함께 사업을 도모하기 전에 우의를 다지고 신뢰를 쌓는 과정을 중요시한다는 것을 아는 사람일수록 절박한 마음으로 이런 질문을 한다.

사실 중국에 아무런 연고도 없는데 꽌시를 만드는 것이 쉬운 일은 아니다. 그럼에도 사업을 하려면 꽌시가 있어야 하니 아는 사람들을 총동원해서라도 꽌시를 소개받으려고 애를 쓴다. 어느 정도 불가피한 일이다. 하지만 이렇게 소개받은 꽌시는 어디까지나 '얕은 꽌시'에 불과하다. 물론 얕은 꽌시도 의미가 있다. 비록 필요에 의해 얕은 꽌시를 맺었다 하더라도 어떻게 하느냐에 따라 이후의 관계가 충분히 달라질 수 있기 때문이다.

깊은 꽌시를 만드는 비결은 따로 없다. 일부 한국 사람들이 급한 마음에 하룻밤 술자리로 빨리 꽌시를 만들려고 하지만 십중팔구 실패한다. 깊은 꽌시는 오랜 시간을 두고 충분히 소통하고 서로 교감을 한 후 신뢰가 쌓여야만 만들 수 있다. 그런데 번갯불에 콩 볶듯이 술자리 몇 번 갖고 꽌시를 만들려고 하다가 오히려 좋지 않은 인상만 남기기 쉽다.

깊은 꽌시를 만들려면 진심을 나누어야 한다. 자신의 목적을 위해 상대방을 이용하려는 마음으로는 결코 깊은 꽌시를 맺을 수 없다. 이해관계를 떠나 진심으로 마음을 주고받을 때 비로소 깊은 꽌시를 만들 수 있다.

내가 경험한 중국인들은 한 번 진 빚은 절대 잊지 않고 반드시 갚는다. 처음 보는 사람에게 쉽게 마음을 주지는 않지만 상대방의 진심을 인정하면 마음을 활짝 연다. 진심으로 아무런 조건 없이 호의를 베풀면 언젠가는 꼭 보답한다.

나를 아는 사람들은 어떻게 중국 인맥이 그렇게 넓으냐고 부러워한다. 사실 나도 그럴 때마다 대답하기가 난감하다. 특별한 노하우가 없기 때문이다. 그저 진심을 다한 결과일 뿐이다. 사람을 만날 때 관계를 이용한다거나 나의 잇속을 계산해본 적이 없다. 사소한 일도 진심으로 함께 고민해주고, 소소한 부탁도 최선을 다해 도와주었을 뿐이다. 도덕 교과서 같은 고리타분한 이야기지만, 그런 진심은 이심전심처럼 서로를 신뢰하는 꽌시의 매개체가 된다. 진심은 국적이 무엇이든 누구에게나 통하는 글로벌 언어라는 게 내 생각이다. 이런 작은 관심과 배려의 시간들이 쌓여 중국 친구들과의 관계를 단단하게 만들었고, 평생을 함께할 '깊은 꽌시'가 된 것이다.

　일반적으로 한국 사람들은 이해관계가 맞지 않으면 연락을 하지 않는다. 그러면 아무리 좋은 사람을 만나도 인연을 만들 기회를 영영 잃게 된다. 특별한 일이나 이해관계가 없어도 그 사람과 친분을 갖고 싶다면 먼저 다가가려는 노력이 필요하다. 어떤 사람은 아무 일도 없는데 연락하면 귀찮아하지 않을까 걱정하는데, 그렇지 않다. 부담스러운 부탁을 하는 것이 아니라면 외국인의 관심과 호의를 저버릴 중국 사람은 아무도 없다. 그렇게 진심으로 가까이 다가가려는 노력을 하다 보면 깊은 꽌시는 저절로 생긴다.

　무엇보다 깊은 꽌시를 만들려면 친구가 되는 시간이 반드시 필요하다. 중국에는 '일이 없으면 밥을 먹고, 일이 있으면 일을 처리한다(没事吃飯 有事辦事)'는 말이 있다. 한국인은 부탁할 일이 있으면 식사를 청하지만, 중국인은 평소에 식사를 하고 일이 생기면 부탁을 한다는 뜻이다.

　한 중국 지인이 들려준 이야기가 있다. 한국에 A와 B 두 경쟁 업체가 있는데, 이들이 중국 언론인들을 대하는 태도가 다르다는 것이다. A사는 특별한 일이 없어도 가끔씩 만나 식사도 하고 이런저런 이야기를 나누면서 친분을 쌓는 반면 B사는 사건이 벌어지면 갑작스럽게 식사 대접을 하면서 부탁을 한다고 했다. 그러고 나서 사건이 마무리되면 또다시 아무런 연

락을 하지 않는다고 했다. B사는 훨씬 많은 비용을 지불하고
도 그만큼 효과를 못 보니 안타깝다면서 꺼낸 이야기였다. 개
인뿐만 아니라 기업조차도 중국인과 친구가 되려는 시간과 노
력이 필요하다는 것을 새삼 확인했다.

하찮은 꽌시는 없다

흔히 꽌시를 직급이 높거나 사회적으로 큰 영향력을 끼치는 사
람과 맺어야 한다고 생각하기 쉽다. 한국의 조직문화에 익숙한
사람이라면 그렇게 생각하는 것도 무리는 아니다. 하지만 중국
에서는 좀 다르다. 중국은 우리와 조직문화가 달라 단지 직급이
높다는 이유로 아랫사람을 누를 수 없다. 또한 직급과 상관없이
일에 따라 실세가 달라질 수 있기 때문에 말단 직원이라도 결코
함부로 대하면 안 된다. 설령 권한이 없는 말단 직원이라도 좋은
관계를 맺어두면 어떤 형태로든 도움을 받기도 한다.

중국 사업을 하면서 알게 된 지방정부의 한국 외자유치
담당자가 있었다. 당시 그 담당자는 말단 직원이라 큰 역할을
하지는 않았지만 만나게 되면 반갑게 인사하며 잘 지냈다. 한
참이 지난 후 우연히 그 지역을 방문했는데, 그 담당자 얼굴이
보이지 않았다. 이유를 물었더니 과로로 유산을 해서 병원에
입원 중이라는 말을 들었다. 놀라고 걱정스러운 마음에 그 길
로 병문안을 갔다.

나로서는 순수한 마음에 걱정이 돼서 간 것인데, 그녀는 무척 고마웠던 모양이다. 이후 또다시 그 지역을 찾았을 때 그녀는 일부러 남편과 함께 내가 묵던 호텔로 찾아와 감사 인사를 했다. 이후 그녀는 내 일이라면 먼저 나서서 도와주는 고마운 친구가 되었다. 한번은 지인의 아들이 그 지역에서 학교 문제 때문에 걱정을 많이 했는데 우연히 사정을 알게 된 그녀가 직접 학교까지 찾아가 적극적으로 문제를 해결하는 데 도움을 주었다. 이러한 일련의 일들을 계기로 서로 마음을 주고받는 소중한 꽌시가 시작되었다.

하찮은 꽌시는 없다. 설령 당장은 도움을 줄 수 없는 존재라 하더라도 현재의 모습만으로 상대방의 가치를 평가해서는 깊은 꽌시를 만들 수 없다. 돌이켜보면 현재 중국에서 굵직한 역할을 하는 나의 꽌시들이 처음부터 대단한 영향력을 지녔던 것은 아니다. 물론 처음 만났을 때부터 큰 존재였던 사람들도 있지만 대부분은 나와 마찬가지로 열정만으로 미래를 꿈꾸던 20대 철부지에 불과했다. 그랬던 그들이 세월이 흐르면서 자타가 공인하는 큰 인물로 성장한 것이다.

중국에서 진정한 꽌시를 만들기를 원한다면 현재의 모습만을 보고 평가하거나 무시해서는 안 된다. 개인적인 관계에서뿐만 아니라 기업 간의 관계에서도 마찬가지다. 현재의 모습을 하찮게 보고 소홀히 대하면 꽌시는커녕 언제 적이 되어 돌아올지 모르는 일이다.

한 지인이 한국정부기관의 베이징지부에 근무했을 때의 일이다. 중국 스마트폰 제조업체인 샤오미가 한국의 A라는 대기업을 만나고 싶다고 찾아왔지만 A기업이 거절했다고 한다. 만남을 거절한 데는 여러 가지 이유가 있겠지만 당시만 해도 샤오미의 존재감이 크지 않던 시절이니 잘나가는 A기업으로서는 만날 필요성을 느끼지 못한 것이 아닐까 하는 생각이 든다. 하지만 시간이 흘러 샤오미가 중국 내에서는 물론 세계적으로도 영향력을 행사하는 업체로 성장하자 이번에는 반대로 A기업이 지인을 찾아와 샤오미를 만나게 해달라고 했다. 샤오미에게 전달했더니 예전에 A기업이 했던 것처럼 똑같이 단칼에 거절했다고 한다.

세상의 모든 것은 변한다. 오늘은 존재감 없는 하찮은 사람이더라도 내일은 영향력 있는 실력자가 될 수도 있고, 오늘은 아무도 눈길을 주지 않는 자그마한 신생 기업이라도 언젠가 세계적인 기업이 될지 모르는 일이다. 그러니 섣불리 가치를 평가하려 들지 말고 어떤 인연이든 소중히 생각하고 최선을 다하는 것이 중요하다.

사업에 필요한 꽌시 경영법

개인적인 차원에서는 한 번 깊은 꽌시를 만들면 평생을 함께할 수 있다. 하지만 조직적인 차원에서는 이야기가 달라진다. 중국 업체에 기계 부품을 납품하던 한국 사장이 겪었던 일이다. 중국 거래처를 관리하던 영업사원이 그만둔 후 거래처가 하나둘씩 떨어져나갔다. 사실 중국에서는 아주 흔한 일이다. 중국에서는 기업보다 사람을 믿고 거래하는 경우가 많기 때문에 담당자가 그만두면 거래처와 아무 문제가 없어도 관계가 소원해지기 쉽다.

이런 불상사를 막으려면 개인 차원이 아닌 조직 차원에서 꽌시를 관리해야 한다. 직원이 퇴사할 때 업무뿐만 아니라 꽌시까지 인수인계하도록 하는 것은 기본이다. 하지만 중국에서는 직원들이 갑작스럽게 회사에 퇴사를 통보하는 경우가 많아 평소에 함께 꽌시를 관리하는 것이 좋다. 파트너의 연락처 등 세부적인 것을 기록하여 공유하고, 회사 차원에서 거래처와 유대감을 형성할 필요가 있다.

선양에서 빌딩을 지을 때 전기공사를 맡길 업체를 선정하는 일로 고민했던 적이 있다. 중국에서는 공개입찰을 하면 선택의 폭을 넓혀 비용을 낮출 수 있지만 공사가 완료된 후 하자가 발생하면 AS를 받기 어렵다는 것을 경험했던 터라 회사 고문변호사의 소개를 받아 업체를 선정했다. 공사 후 문제가 생겨 업체에 연락했는데, 아니나 다를까 자꾸 회피했다. 다행히 업체를 소개해준 고문변호사의 중재 역할로 문제를 해결할 수 있었다. 만약 사업을 추진하는 도중 관리자가 바뀌어 거래 업체를 소개해준 사람이 누군지도 모르고 연락처도 없다면 어떻게 되었을까? 기껏 위험부담을 줄이기 위해 꽌시를 이용해 업체를 소개받았어도 꽌시를 유지하지 못하면 AS를 받을 길이 없어 애를 태워야 했을 것이다.

사람이 바뀌어도 꽌시를 놓치지 않으려면 거래 업체와 연을 맺게 된 과정, 중간 소개자와 그 연락처 등에 대해 회사 문건으로 함께 보관해야 한다. 이렇게 해야 조직적으로 꽌시를 인수인계할 수 있다.

반대의 경우도 있다. 우리 쪽 직원들은 그대로인데, 기존 거래처나 파트너 측 직원들이 다른 지역으로 발령이 나는 바람에 도움을 받을 수 없는 경우도 허다하다. 나도 그런 경험을 했다. 역시 선양에서 부동산개발 사업을 할 때의 일인데, 사업을 시작한 지 1년도 채 안 돼 어렵게 꽌시를 맺어놓은 당서기, 구청장, 부구청장, 건설국장 등 지방정부의 핵심인사들이 모두 다른 지역으로 가버렸다. 부동산개발 사업은 인허가 문제가 많아 정부의 절대적인 도움이 필요했기 때문에 핵심인사들의 갑작스런 인사이동은 사업에 치명적인 위험이 될 수도 있었다.

상식적으로 생각하면 전임자가 떠나도 법적으로 계약을 하고 진행하는 일이니 후임자가 당연히 이어서 필요한 도움을 주어야 마땅하다. 하지만 중국의 상황은 그렇지가 않다. 법보다 사람이 우선이기도 하거니와 구두로는 충분히 지원을 약속

받았지만 계약서에 명시해놓을 수 없는 사항도 많다. 예를 들어 빌딩을 올릴 때 일조권 보상과 관련한 문제는 처음부터 보상금액을 정하기가 어렵다. 그래서 프로젝트 협상 초기에는 대략적인 비용만 정해놓고, 정부의 적극적인 협조를 구두로 약속받고 사업을 진행했다. 그런데 이처럼 이런저런 사정으로 계약서에 명시해놓지 못한 내용까지 후임자에게 협조를 보장해달라고 하기는 어렵다. 후임자가 난 모르는 일이라고 잡아떼도 항변할 방법이 없다. 이처럼 어렵게 만든 꽌시가 다른 곳으로 떠나면 사업 자체가 흔들릴 수 있는 소지가 충분하다. 요즘에는 중국도 법적인 시스템을 구축하려고 노력하고 있어 예전보다는 상황이 많이 좋아졌다. 하지만 지방도시는 여전히 법보다는 꽌시에 의해 좌지우지되는 일들이 많다.

믿었던 꽌시가 떠나도 타격을 받지 않으려면 그물망 꽌시를 만들어야 한다. 아무리 영향력 있는 사람이라도 하나의 꽌시에만 전적으로 의존하는 것은 위험하다. 조직 차원에서 최고책임자는 최고 책임자끼리, 팀장급은 팀장급끼리, 대리급은 대리급끼리 직급별로 그물망처럼 촘촘한 꽌시를 만들어두면 한 명의 꽌시가 떠나도 충격을 최소화할 수 있다. 설령 최고 책임자가 떠나도 그 밑에 함께 일을 진행했던 다른 꽌시들이 후임자가 왔을 때 원활하게 일이 이어질 수 있도록 도와줄 수 있다.

통역! 잘 쓰면 약,
잘못 쓰면 독

중국인과 친구가 되기 위해서는 통역 없이 직접 대화를 하는 것
이 좋다. 사적인 자리에 제3자인 통역이 끼어 있으면 아무래도
허심탄회하게 마음을 열기가 쉽지 않다. 서툴러도 진심을 담아
직접 말할 때 상대방이 호감을 느낄 수 있음은 분명하다.

　문제는 어설프게 중국어를 잘할 때다. 중국어를 잘하니 통
역이 필요 없다고 생각한다. 하지만 중국인만큼 중국어를 잘
해도 통역을 써야 할 때가 있다. 직접 중국어를 구사하며 친구
가 되는 것과 비즈니스를 할 때 통역을 쓰는 것은 다른 이야기
다. 그런데 경우에 따라서 통역을 썼을 때 사업을 더 효과적으
로 진행할 수 있지만 반대로 통역을 잘못 쓰면 오히려 사업이
치명타를 입기도 한다.

　결국 통역을 어떻게 쓰는가에 따라 결과가 달라진다. 통역

을 안 쓰는 것도, 통역에만 의지하는 것도 정답은 아니다. 통역을 쓰는 데도 전략이 필요하다는 것을 나도 오랜 경험과 시행착오를 통해 알 수 있었다.

중국어가 유창해도 통역을 쓰는 이유

나는 비교적 중국어를 무리 없이 하는 편이지만 중요한 비즈니스 자리에는 꼭 통역을 쓴다. 이유는 분명하다. 중국인들은 대부분 협상의 달인이다. 협상을 할 때 수많은 경우의 수를 갖고 유연하게 대처할 뿐만 아니라 임기응변에도 아주 능하다. 그래서 중국인들과 회의를 하다 보면 상상을 초월하는 제안이 나오기도 한다. 나도 순발력이 제법 뛰어난 편이지만 중국인들이 전혀 예상치 못했던 말을 할 때는 잠시 말문이 막혀 바로 대답하지 못할 때가 있다. 이럴 때 통역이 있으면 생각할 시간을 벌 수 있다.

협상 테이블은 중국어 실력을 보여주는 자리가 아니라 상황을 나에게 유리하게 끌고 가는 자리다. 그런 자리에서 통역 없이 협상을 하다 마음이 조급해져 판단을 잘못하거나 실수라도 하면 큰일이다. 중국어를 할 줄 안다는 것을 보여주려다 정작 중요한 것을 놓친다면 그것만큼 어리석은 일도 없다.

이처럼 통역을 잘 활용하면 협상을 유리한 쪽으로 끌고 가는 데 도움이 된다. 다만 문제는 믿을 만한 통역사를 구하기가 쉽지 않다는 데 있다. 통역을 잘하려면 중국어를 잘하는 것만으로는 부족하다. 해당 분야의 전문용어도 잘 알아야 하는데, 전문용어까지 아는 통역사는 극히 드물다. 일반 통역사의 경우 재무, 금융, 기술 관련 전문용어에 약하고, 특히 중국인 통역사의 경우에는 한국 외래어에도 취약하다. 예를 들어 '슈퍼'를 '스파'로 잘못 이해하는 식이다. 그래서 베이징대에 재학하던 시절에는 한국의 외래어를 설명하는 사전을 만들고 싶어 자료를 모았던 적도 있다.

잘못된 통역은 사업에 치명적인 타격을 입힐 수 있다. 실수 없이 정확하게 통역할 수 있는 통역사를 구하는 것이 최선이겠지만 현실적으로 쉽지 않은 일이니 통역사가 최대한 실수를 하지 않도록 도와주는 것도 방법이다. 한국의 외래어에 익숙지 않은 중국인 통역관을 위해 미리 중요한 용어나 어휘를 설명해두는 것도 좋고, 같은 내용이라도 쉬운 말로 풀어서 이야기하는 것도 도움이 된다.

만약 중국어를 전혀 하지 못한다면 2명의 통역을 두어 더블 체크하는 것도 좋은 방법이다. 통역사와 별도로 중국어를 잘하는 조선족 동포 직원에게도 회의 내용을 기록해보라고 한 적이 있다. 놀랍게도 통역사가 전달해주었던 내용과 많이 달랐다. 따라서 2명의 통역을 두고 각각 보고서를 쓰게 한 후 비교하면 서로 다른 부분을 체크해 오류를 최소화할 수 있다.

미묘한 뉘앙스의 행간을 읽어라

중국인들은 직설적인 표현을 거의 하지 않는다. 특히 부정적인 말은 상대방의 체면을 생각해서 하지 않고, 우회적으로 돌리고 돌려서 전달한다. 협상을 할 때 이런 말을 곧이곧대로 받아들이면 안 되는데, 통역사가 행간에 숨어 있는 뉘앙스까지 전달하기는 어렵다.

뉘앙스를 파악하지 못해 낭패를 본 경험은 일일이 수를 헤아리기도 힘들 정도로 많다. 헤럴드차이나에서 중국투자컨설팅을 할 때였다. 한 제조업체 사장님이 득의양양한 표정으로 나를 찾아왔다. 손에는 MOU(Memorandum Of Understanding) 문서가 들려 있었다.

"김 대표님, 이제 본격적으로 중국으로 진출할 일만 남았네요. 중국에서 MOU까지 체결하고 제품을 수십만 개 사주기로 했어요."

MOU는 서로 합의한 내용을 확인하기 위해 정식 계약을 맺기 전에 우선 작성하는 일종의 양해각서다. 법적 구속력이 있는 문서는 아니지만 위반하는 경우 도덕적인 책임을 물을 수 있으므로 보통 MOU를 체결하면 상당 부분 협상이 잘 진행된 것으로 보아도 무방하다.

하지만 중국의 경우는 좀 다르다. 꽌시를 통해 만났을 때 체면상 거절하기는 어렵고, 제안한 사업 내용이 그래도 조금

구미가 당길 때 보통 MOU를 체결한다. 협상이 말로만 끝났을 때보다는 긍정적으로 볼 수 있지만 절대 안심할 단계는 아니다. 중국과의 사업에는 수많은 변수들이 존재하고 일이 성사될 때까지 시간이 오래 걸리기 때문에 최종 확정될 때까지 말이나 행동이 앞서면 실수하게 된다.

"축하드려요."

"한 가지 더 좋은 소식이 있어요. 요청한 물량이 많아서 원자재 구입비용이 많이 들것 같아 계약금을 좀 많이 달라고 요구했는데 고려해보겠다고 했어요."

여러 차례 이야기했듯이 중국인들은 두루뭉술하게 돌려 말하는 데 능하다. "고려해보겠다(考慮一下)"는 말은 "한 번 연구해보겠다(研究一下)"는 말과 비슷한 의미로 어려운 상황을 해결할 방법을 모색해보겠지만 성공적일 가능성은 크지 않음을 의미하는 말이다. 그래서 그 사장님께 아직은 갈 길이 머니 좀 더 상황을 지켜보는 것이 좋겠다고 조언했다.

"아니, 김 대표님. 축하는 못해줄 망정 다 된 밥에 재를 뿌리시는 겁니까? 설마 MOU까지 체결한 마당에 중국 업체가 딴소리를 하겠소?"

제조업체 사장님은 나의 진심어린 조언을 곡해하고 화를 냈다. 그리고 납기일을 지키려면 서둘러야 한다며 돌아갔다. 이후 중국에 제품을 수출하기 위해 생산라인도 확충하고, 직원도 뽑고, 중국에 법인도 설립한다는 소식이 들렸다. 아직 최종 계약을 하기도 전에 너무 빠른 행보를 보여 불안했지만 말릴 방법이 없었다. 결국 그 업체는 정식으로 계약을 체결하지 못했고, 섣부른 투자로 손해를 보았다.

사실 그 사장님은 단순히 말의 뉘앙스 차이를 이해하지 못해 낭패를 보았다고 하기는 어렵다. 결국 MOU가 결정타였다. 하지만 MOU를 체결했더라도 뉘앙스를 잘 파악했다면 좀 더 신중하게 대처해 큰 피해를 입지 않을 수도 있었기에 무척 안타까운 사례였다.

중국에 진출하려면 중국어를 꼭 배워야 하지만 언어를 단기간에 유창하게 익히기란 쉬운 일이 아니다. 하지만 최소한 협상을 할 때 중국인들이 많이 하는 말의 미묘한 뉘앙스 정도는 알아두어야 한다. 비즈니스 전문 통역사가 아니라면 뉘앙스를 제대로 파악하기 어렵기 때문이다.

통역할 때 숫자를 잘못 전달하는 경우도 많기 때문에 숫자도 익혀둘 필요가 있다. 사소한 실수지만 사업에서는 단위를 잘못 통역하면 큰 문제가 생길 수 있다. 예를 들어 1억 위안을 통역이 1억 원이라고 통역했는데, 그대로 받아들이면 어떻게 될까? 1억 위안은 현재 약 180억 원에 해당하는 금액이다. 엄청난 차이다. 따라서 뉘앙스와 더불어 숫자 정도는 직접 알아듣고 이해할 수 있을 정도는 되어야 한다.

5000년 역사,
그리고 협상의 달인들

협상을 하다 보면 중국인에게는 협상을 잘하는 DNA가 있는 것처럼 느껴질 때가 많다. 그만큼 중국인들은 협상에 능하다. 하나같이 협상의 달인들이다.

사실 중국인들은 협상을 잘할 수밖에 없는 역사를 갖고 있다. 한때 중국은 수많은 작은 나라로 쪼개져 서로 패권을 다투었는데 이를 춘추전국시대라고 한다. 각 나라가 패권을 차지하기 위해 싸우다 보니 자연스럽게 전략과 전술이 발달할 수밖에 없었다. 전략, 전술의 최고봉이라 불리는 『손자병법』을 비롯해 뛰어난 병법서들이 대부분 춘추전국시대에 나온 것은 우연이 아니다. 국가적으로는 패권을 장악하기 위해, 일반 백성들의 입장에서는 혼탁한 세상에서 목숨을 부지하기 위해서라도 전략과 전술을 연구해야 했고, 어느 상황에서든 자신에게

"

유리한 상황을 만들어야만 했다. 그러다 보니 자연스럽게 협상력도 발달한 듯하다.

이런 중국인들과 아무런 준비 없이 협상에 임했다가는 백전백패다. 준비를 철저하게 해도 막상 협상에 돌입하면 중국인들의 능수능란한 화술에 휘둘리는 일이 부지기수로 많다. 협상에서 유리한 고지를 차지하려면 중국인들이 많이 쓰는 협상 전략을 이해해야 한다. 중국인들의 협상 전략은 너무도 다양하고 유연해 몇 가지로 정리할 수도 없지만 몇 가지 기본 전략만이라도 알고 협상에 임하면 어처구니없이 상대방의 전략에 말리는 일은 최소화할 수 있다.

지피지기 백전불태(知彼知己 百戰不殆)

협상의 기본은 '지피지기 백전불태(知彼知己 百戰不殆)'다. 나를 알고 상대의 약점과 강점을 객관적으로 파악하는 것이 무엇보다 중요하다.

우선 협상 목표를 명확히 해야 한다. 그런 다음 절대 양보하면 안 될 것과 양보해도 괜찮은 것들의 우선순위를 정해두는 것이 좋다. 그래야 행여 협상이 장기화되더라도 상대방의 협상술에 휘말리지 않고 자칫 중요한 것을 내주는 실수를 하지 않을 수 있다. 중국인들은 협상의 달인답게 협상 순서를 정하는 데도 탁월하다. 일반적으로 중국인은 본인에게는 덜 중요하면서도 상대방에게는 중요한 사안을 먼저 협상 의제로 삼아 자신이 어렵게 양보하는 것 같은 분위기를 조성한다. 그럼으로써 향후 자신에게도 중요한 것을 양보하도록 요구할 수 있는 토대를 마련하는 것이다.

나의 상황에 대해 객관적으로 파악했다면 그 다음에는 필연적으로 상대방을 파악해야 한다. 상대 기업에 대한 기본적인 정보는 말할 것도 없고 향후 계획까지도 상세하게 조사해야 한다. 매출, 수익구조, 기업현황 등 객관적인 자료를 구체적으로 분석하고, 한걸음 더 나아가 대표의 신상과 마인드, 취미와 같은 주관적인 정보도 최대한 수집하는 것이 좋다. 한마디로 상대방에 대한 것이라면 사소한 것까지도 모조리 다 파악하겠다는 자세가 필요하다.

당연히 중국인들도 상대방의 정보를 파악하는 데 노력을 아끼지 않는다. 한 중국 기업의 요청으로 한국 파트너에 대한 자료를 보내준 적이 있다. 대표의 프로필을 본 중국 측 기업은 한국 기업 대표가 책을 출간한 경험이 있는 것을 보고 한국에서 발간한 책을 구매해 전체를 번역해 읽었다고 한다. 때로는 상당히 노골적인 방법으로 상대방의 정보를 파악하기도 한다. 상대 측 직원들을 사적으로 만나 어떤 계획을 가지고 있는지, 혹은 협상 데드라인이 언제인지 정보를 입수하고 철저하게 대비한 후 협상에 임하는 것이다.

상대방의 수를 알아야 이길 수 있는 확률이 높아진다. 중국 측이 나를 아는 것보다 내가 중국 측에 대해 더 많이 알아야 협상을 유리하게 이끌 수 있음은 물론이다. 특히 상대방을 파악할 때는 최종 결정권자가 누구인지까지 꼭 확인해야 한다. 보통 중국에서는 협상 테이블에 최종 결정권자는 모습을 잘 드러내지 않는다. 그렇기 때문에 협상 중 답하기 곤란한 질문은 본인에게 결정권이 없다며 회피하는 경우가 많은데, 실세를 파악하고 최종적인 의사결정권자가 누구인지를 알아두어야 적절한 대응을 할 수 있다.

한국식 '빨리빨리'를 버려라

협상은 서두르는 쪽이 불리하기 마련이다. 한국인이 중국인과의 협상에서 자주 지는 것도 조급함 때문이다. 느긋하게 기다리지 못하고 빨리 협상을 마무리하려다 보니 하나둘씩 양보하는 것들이 늘어나고, 실수를 하기도 쉽다. 중국인들은 이런 한국인의 '빨리빨리' 특성을 아주 잘 알고 이용하는 경향이 있다. 조급함을 버리지 못하면 중국인과의 협상은 언제나 질 수밖에 없다고 해도 과언이 아니다.

빨리빨리 문화에 젖어 있는 한국인이 중국인처럼 만만디의 자세로 협상에 임하기란 쉽지 않다. 하지만 어렵더라도 만만디가 되어야 한다. 중국인과의 협상은 끝이 없다. 협상이 다

종료된 줄 알았는데 느닷없이 정부의 새로운 문건을 확인하지 못했다든가 중요한 서류가 빠졌다든가 등 이런저런 핑계로 다시 재협상을 유도한다. 그렇게 일이 지지부진 늘어지는 것을 인내하지 못하면 빨리 일을 진행하고 싶은 마음에 상대방의 요구를 덜컥 들어주게 된다.

협상을 할 때는 상대에게 절박함을 들켜서는 안 된다. 절박하면 서두르게 되고, 서두르다 보면 십중팔구 협상에 끌려다닐 수밖에 없다. 국가적으로 보자면 중국과의 관계에서 한국은 이미 더 절박한 쪽이다. 1992년 한중수교 직후에는 중국이 외자를 많이 유치해야 하는 입장이어서 한국보다 더 절박한 입장이었음에도 협상할 때 우리가 더 서두르는 일이 많았다. 아무리 좋은 투자 기회라 해도 만만디의 자세로 다양한 채널을 동원해 확인, 또 확인해야 실수가 없는데 상대방의 말만 믿고 진행했다 피눈물을 흘리는 경우가 허다했다.

지금은 상황이 180도로 달라졌다. 중국이 비약적인 경제 발전을 이루면서 한국이 더 절박한 쪽이 되었다. 중국시장이 워낙 크기 때문에 어떻게든 중국시장에 진입하려는 우리의 간절함이 크다 보니 애초부터 대부분의 협상이 중국에게 유리한 상황이다. 그런 데다 조급해하기까지 하면 당연히 협상의 주도권을 뺏길 수밖에 없다.

간절함이 클수록 만만디의 자세가 필요하다. 특히 협상을

마무리할 시점이 정해져 있다 하더라도 절대 내색해서는 안 된
다. 내가 아는 한 지인은 실수로 협상 데드라인을 말했다가 큰
곤욕을 치른 적이 있다. 당시 지인은 서울에서 회사를 대표해
중국으로 계약을 하러 간 상태였다. 이미 굵직한 사안들은 메
일이나 전화로 상당 부분 합의를 본 상태라 몇 가지 사안만 협
의하고 계약을 마무리하면 되는 상황이었다. 그래서 협상 기
간도 짧았는데, 술자리에서 "무조건 3일 내에 계약을 끝내야
한다"고 말한 게 화근이 되었다.

중국 담당자는 막판까지 차일피일 협상을 미뤘고, 중국 쪽
에 유리한 조건을 더 걸기까지 했다. 결국 데드라인에 쫓긴 한
국 지인은 울며 겨자 먹기로 조건을 양보하고 계약서에 도장
을 찍을 수밖에 없었다. 계약을 아예 못하는 것보다는 조금 불
리한 계약이라도 어쨌든 체결해야 회사에서 무능력자로 낙인
찍히지 않기 때문이다.

나는 중국에 진출하려는 기업들을 컨설팅할 때마다 만만
디로 협상을 진행해야 한다는 이야기를 귀에 못이 박히도록 한
다. 그럼에도 태생적으로 빨리빨리 DNA가 몸에 밴 한국인들
은 막상 협상에 돌입하면 자기도 모르는 사이에 서두른다. 솔
직히 이렇게 이야기하는 나도 만만디는 어렵다. 하지만 꼭 기
억해두어야 한다. 만만디가 중국인들과의 협상을 유리하게 끌
고 갈 수 있는 핵심 키워드라는 것을 말이다.

"목적지에 도달하는 길이 한 가지 방법밖에 없겠소?"

베이징대 재학 시절 랭귀지 센터를 만들 요량으로 한 대학의 총장과 협상할 때의 일이다. 협상은 비교적 순조롭게 진행되었다. 그러다 막바지 과정에서 의견 충돌이 일어났다. 며칠 동안 고민했지만 도저히 내가 해결할 수 없는 문제라는 생각이 들었다. 그래서 총장을 찾아가 사업계획을 없었던 일로 해야겠다고 말했다.

총장은 "목적지에 도달하는 길이 한 가지 방법밖에 없겠소?"라며 나를 꽉 막힌 사람 취급했다. 당시 나는 경험이 부족한 학생이라 문제를 해결하는 것이 서툴 수는 있지만 나 스스로가 꽉 막힌, 경직된 사고를 하는 사람이라고 생각한 적은 한 번도 없었다. 그런데 막상 그런 이야기를 들으니 내 사고가 유연하지 않음을 인정하지 않을 수 없었다.

총장뿐만 아니라 중국 사람들은 대부분 사고가 유연하다. 한 중국 언론사 특파원이었던 지인은 왜 한국은 정권이 바뀌면 전 정권을 강하게 비판만 하느냐며 의아해했다. 한국에서 오랫동안 생활해서 한국의 상황에 대해 누구보다 잘 알고 있는 분인데도 그렇게 말했다. 잘못한 게 있지만 분명 잘한 것도 있을 텐데 잘한 것은 전혀 평가하지 않는다며 덩샤오핑 이야기를 꺼냈다. 마오쩌둥은 대약진운동과 문화대혁명 같은 중국을 몇십 년 후퇴시키는 잘못된 정책을 폈고, 덩샤오핑은 마오쩌둥으로부터 주자파(자본주의를 쫓는 사람)로 불리며 갖은 박해를 당했다. 마오쩌둥 사후 덩샤오핑이 정권을 잡았을 때 마오쩌둥을 비판할 구실이 많았음에도 불구하고, 마오쩌둥에 대한 평가를 '공칠과삼(功七過三)', 즉 공이 7할이고 잘못한 것이 3할이라고 평가했다며 한국 정치권의 유연하지 못한 사고방식을 지적했다. 중국정부도 유연한 정책을 펴기는 마찬가지다. 대만과의 관계도 '정경분리(政經分離)'의 원칙하에 정치적으로는 우리의 남북관계처럼 갈등 상태지만 경제적으로는 활발하게 교류하며 윈윈관계를 형성하고 있다. '잘했다' '못했다' 혹은 '좋다' '나쁘다'가 아니라 상반된 면이 공존함을 인정하고 어떻게 하면 실리를 취할 수 있을까 고민하는 것이 중국인이다.

이것 아니면 저것이라는 흑백논리에 젖어 있는 한국인으로서는 감탄이 절로 나올 정도로 사고의 폭도 넓고 다양한 가능성을 열어둔다. 협상을 할 때는 더욱 그렇다. 중국인들은 협상을 할 때 한두 가지 카드만을 준비하지 않는다. 상황에 따라 적절하게 내밀 수 있는 카드를 다섯 가지, 심지어 열 가지 이상도 준비해온다. 기껏해야 한두 가지 카드만 준비하는 우리와는 아주 대조적이다.

협상 카드를 많이 준비할수록 협상을 유리하게 주도할 수 있다. 중국인들 못지않게 다양한 경우의 수를 대비해 카드를 많이 준비하는 것이 중요하다. 협상이 생각대로 안 풀릴 때를 대비해 '배트나(BATNA, Best Alternative To Negotiated Agreement)'도 마련해야 한다. 배트나는 차선책이라는 의미로, 배트나를 준비했을 때와 준비하지 않았을 때의 결과는 크게 달라질 수 있다.

준비한 협상 카드를 한꺼번에 보여주지 말고, 하나씩 천천히 제시하는 것도 중요한 협상 전략이다. 중국식 협상은 끝났다 싶으면 새로운 조건을 제시하면서 추가 협상을 요구하는 것이 특징이다. 그러면서 실리를 최대한 취하는 것이 중국인들의 전형적인 협상 수법이다. 이에 대응하기 위해서라도 협상 카드는 하나씩 제시해야 한다. 협상 초기에 카드를 모두 보여주면 더 이상 다른 카드가 없는 상황에서는 상대측의 요구에 대응하기가 어렵다. 따라서 협상 카드는 하나씩 제시해야만 한다. 특히 최종 의사결정권자의 체면을 살려줄 수 있는 협상 카드는 꼭 남겨두는 것이 좋다.

애매모호에 대처하는 우리들의 자세

중국인들이 직설적으로 이야기하지 않고 두루뭉술하게 이야기하는 것은 상대방의 체면을 생각해서이기도 하지만 그들에게는 일상적인 협상 화법이기도 하다. 중국인들의 협상 화법은 복잡하고 미묘하다. 협상 초기에는 계약 조건도 완전히 공개하지 않고, 요구 조건도 모두 언급하지 않는다. 질문을 해도 명확하게 답하지 않는다. 좋다는 것인지 나쁘다는 것인지, 하겠다는 것인지 말겠다는 것인지 애매모호하게 대답한다.

때로는 눈에는 눈 이에는 이로 대응할 필요가 있다. 중국인들이 모호한 답변으로 일관할 때 우리 쪽도 느긋한 마음으로 모호하게 답해야 한다. 답변하기 곤란한 사안을 꺼내면 중국인들이 그러듯이 자신은 결정권자가 아니니 상사나 최종결정권자인 대표에게 보고하겠다는 식으로 시간을 버는 것이 좋다. 그러려면 최종결정권자는 끝까지 협상 테이블에 나타나지 않으면서 협상의 여지를 남겨두어야 한다. 중국인들에게 맞춤형 전략을 펼치는 것이다.

반면 상대방의 모호한 답변은 분명하게 짚고 넘어가야 한다. 중국인들로부터 명확한 답변을 끌어내려면 분명하게 숫자로 대화하는 것이 좋다. 예를 들어 "제품이 언제 완성됩니까?"라고 물으면 중국인들은 "곧 완성됩니다"라고 대답한다. 한국인들의 입장에서 '곧'이라고 하면 하루, 이틀 정도로 생각하기 쉽지만 중국인들에게 있어 '곧'은 열흘, 한 달일 수도 있다. 따라서 "몇 월 며칠까지 제품이 완성됩니까?"라고 구체적으로 물어야 한다.

시간만큼이나 크기와 관련된 단어도 모호하다. 제품의 크기를 물을 때도 "가로, 세로, 높이가 각각 몇 cm입니까?"라고 구체적으로 물어야 한다. 그래야 명확한 답을 들을 수 있다. 일본에서는 중국 가구제조 업체에 주문할 때 나사를 십자와 일자 중 어떤 것을 사용하는지까지 체크한다고 한다. 중국인들의 모호한 답변만 탓하지 말고 정확하게 묻고 체크하는 것이 실리를 챙길 수 있는 지름길이다.

수시로 바뀌는 중국 정책에 해답이 있다

중국뿐만 아니라 대부분의 나라에서 정책과 경제는 무관할 수 없다. 우리나라만 해도 정책에 따라 경기 판도가 달라지기도 하고, 업종에 따라 희비가 엇갈리기도 한다. 하지만 중국은 좀 더 특별하다. 정부 주도하에 경제를 발전시키다 보니 특히 더 정책에 민감하다. 따라서 중국에서 사업을 하려면 먼저 정책을 살피는 것이 중요하다.

중국의 정책을 이해하면 일차적으로는 법을 몰라 불법인지도 모르고 사업을 추진하다 무산되는 위험을 줄일 수 있고, 이차적으로는 정책을 적극적으로 활용해 좀 더 유리한 조건에서 사업을 할 수 있다. 하지만 중국의 정책을 살피는 것은 쉬운 일이 아니다. 수시로 세부적인 내용들이 바뀌기 때문이다. 그래서 더욱 공부가 필요하기도 하다. 자주 바뀌는 만큼 항상 안테나를 세워두고 정책이 어떻게 바뀌는가를 살펴야 순발력 있게 대응할 수 있다.

1년 만에 하늘과 땅 차이만큼 바뀌는 정책

중국은 법률이 아직 안정화 단계에 접어들지 않았다. 2001년 WTO에 가입한 후 시장 경쟁 시스템을 갖추기 위해 꾸준히 노력하고 있지만 아직 법치 시스템이 완전히 갖춰지지 않았다. 외국 기업들의 공격적인 투자를 방어할 만한 법률적 시스템이 부족한 상태다 보니 중국에서는 자국민과 자국 기업에 최대한 유리한 방향으로 하루에도 여러 가지 정책을 새롭게 제정하고 수시로 바꾸는 실정이다.

중국에 진출하려는 외국 기업의 입장에서는 이런 중국의 법률과 정책 시스템에 불만을 품을 수밖에 없지만 자국의 이익을 최우선으로 생각해야 하는 중국의 입장에서는 어찌 보면 당연한 행보다. 결국 목마른 사람이 우물을 파는 법이다. 중국의 변화무쌍한 정책을 탓하기보다 발 빠르게 수시로 변하는 정책을 간파하고 대응하는 것이 현명하다.

중국에서 사업을 하면서 갑작스런 정책 변화로 애를 먹었던 적이 한두 번이 아니다. 부동산개발 사업을 할 때였다. 중국 지방정부와 모든 협상이 종료되고 금융권과 프로젝트파이낸싱(PF)에 대한 협의도 마무리 단계였는데 갑작스럽게 개발

회사의 등록자본금 비율이 바뀌었다. 기존에는 등록자본금 비율이 중국 회사와 동일하게 총투자금액의 35%였으면 됐는데, 외국자본에 대해서만 50%로 강화된 것이다.

참으로 난감했다. 중국에서는 해외에서 단기성 투기자금이 유입되는 것을 억제하기 위한 수단으로 정책을 바꾼 것이라지만 나로서는 청천벽력이 따로 없었다. 이미 등록자본금을 총투자금액의 35%에 맞춰 금융권과 이야기하고 준비해놓았는데, 갑자기 비율이 대폭 증가하니 자금을 조달하는 데 브레이크가 걸렸다. 갑작스럽게 추가로 필요한 자금을 마련할 길이 없어 사업을 포기해야 하나 심각하게 고민했다.

시련은 그것으로 끝나지 않았다. 겨우 등록자본금 문제를 해결하자 또 다른 폭탄이 기다리고 있었다. 처음 사업을 시작할 때만 해도 외국인 누구나 자유롭게 부동산을 매입할 수 있었다. 그런데 본격적으로 사업을 시작한 지 얼마 지나지 않아 정책이 바뀌었다. 중국에 1년 이상 거주한 주재원이나 유학생이 직접 거주할 목적으로만 부동산을 구입할 수 있도록 정책이 바뀌었다. 갑작스럽게 중국정부가 외국인을 분양 대상에서 제외시킨 것이다.

당시 많은 한국 사람들이 중국 부동산에 상당한 관심을 갖고 있었기에 나는 당연히 한국인에게도 일부 분양할 계획이었다. 그런데 하루아침에 정책이 바뀌는 바람에 중요한 고객이 될 수 있는 한국인에게 분양할 길이 막혀버렸다.

부동산과 관련한 정책은 이후에도 수시로 바뀌었다. 1년도 안 되는 기간 동안 바뀐 정책을 보면 내용이 하늘과 땅 차이만큼 다르다. 중국어도 서툴고, 정보를 수집하는 데 한계가 있는 외국인으로서는 수시로 바뀌는 정책을 살피는 게 큰 부담이다. 하지만 노력해야 한다. 중국의 정책을 모르고서는 제대로 사업을 하기가 어렵기 때문에 지속적으로 정보를 수집할 수 있는 다양한 채널을 열어놓고 모니터링하는 것이 필수다. 또한 최첨단 기술, 친환경산업 등 중국정부에서 장려하는 분야에 대해서는 세제, 토지가격 등 우대정책들이 있는데 정보를 모르면 그런 혜택들을 누릴 수 없다.

중앙에 정책이 있으면 지방에는 대책이 있다

다행히 중국은 정책이 바뀌어도 해결할 수 있는 방법이 전혀 없는 것은 아니다. 중앙에서는 큰 틀에서만 정책을 결정하므로 지방으로 갈수록 융통성을 발휘할 여지가 있기 때문이다. "중앙에 정책이 있으면 지방에 대책이 있다(上有政策 下有對策)"는 말도 그래서 생겼다.

선양에서 부동산개발 사업을 할 때 정책 변화로 위기도 많이 겪었지만 그때마다 우여곡절 끝에 해결할 수 있는 방법을 찾았다. 그러면서 어떤 문제가 생겨도 당황하거나 포기하지 않고 방법을 찾는 맷집이 생긴 것 같다.

철거 문제도 그중 하나다. 매입한 부지에 빌딩을 올리려면 기존 건물을 철거해야 한다. 철거는 지방정부에서 해주기로 약속했기 때문에 바로 공사에 들어갈 수 있도록 준비 중이었다. 그런데 뜻밖의 일이 발목을 잡았다. 동북지역은 겨울이 추워 이사하기가 어려우므로 동절기에는 철거를 할 수 없다며 내년 3월까지 기다리라고 했다. 막대한 자금이 투입된 사업인데 겨울 내내 아무 일도 못하고 금융권에 거액의 이자만 지불하다가 사업을 접어야 할지도 모르는 위기상황에 직면했다.

전혀 예상하지 못한 문제였다. 동북지역의 내부 규정 문건에 명시되어 있다는데 통상적인 법률 검토로는 알 수 없는 사안이었다. 그런데 역시 전혀 예상치 못한 방법으로 문제를 해결했다. 수소문 끝에 알아낸 방법은 내부 규정상으로는 철거가 안 되지만 해당 지역의 중점 프로젝트로 인정되면 겨울에도 예외적으로 철거를 할 수 있다는 것이었다. 많은 사람들의 조언과 도움으로 우여곡절 끝에 중점 프로젝트로 선정되었고, 다행히 해당 지역 정부가 거주민이 불편하지 않게 이주할 수 있도록 도와주어 공사를 진행할 수 있었다.

중앙정부의 정책을 살피는 것 못지않게 지방정부의 정책을 살피면 한결 유연하게 사업을 풀 수 있다. 또한 지방마다 특색이 있고, 우대정책이 다르기 때문에 알아두면 여러 가지 혜택을 누리면서 사업을 하는 것도 가능하다. 쉬운 일은 아니지만 아는 만큼 미리 문제를 예상하고 대응할 수도 있고, 문제가 생겨도 당황하지 않고 대처할 수 있으니 어떤 형태로든 지속적으로 정책을 살피는 것이 바람직하다.

10년 단위로 세우고 30년을 잇는 국가 전략

중국은 중국공산당의 중앙집권을 기반으로 모든 산업과 경제가 움직이기 때문에 한 번 목표와 정책을 수립하면 중도에 흐지부지되는 일이 없다. 강력한 중앙정부의 주도하에 일관성 있게 끝까지 목표와 정책을 실행한다. 설령 중간에 지도자가 바뀌더라도 이미 추진 중인 목표와 정책을 흔들지 않고 그대로 계승해 추진한다. 이는 중국에서 어떤 정책이든 백년대계가 가능한 이유이다.

중국은 5년 단위로 국가경제발전 5개년 계획을 세운다. 1953년부터 제1차 5개년 계획을 수립하여 추진했고, 개혁개방 이후에도 5년을 주기로 경제발전계획을 추진 중이다. 국가경제발전 5개년 계획은 중국공산당 중앙위원회가 건의하는 일종의 대략적인 큰 그림으로 이해하면 된다. 큰 그림을 바탕으로 좀 더 세부적인 정책을 해마다 3월에 개최되는 전국인민대표대회(이하 전인대)에서 통과 및 결정해 발표한다. 그리고 국무원이 전인대에서 발표한 정책보다 더 세부적인 정책들을 수시로 발표한다.

중국의 7대 전략적 신흥산업을 예로 들면, 2010년 10월 중국공산당 중앙위원회는 12차 5개년 계획(2011~2015년) 중 신에너지, 전기자동차, 신소재, 차세대 정보기술, 에너지 절감 및 환경보호, 바이오, 첨단장비제조를 7대 신흥산업으로 건의했다. 이를 바탕으로 2011년 3월 전인대에서 7대 신흥산업을 2020년까지 GDP의 15%까지 끌어올리고, 향후 10년 동안 총 5조 위안 투입, 관련 산업 대출우대 등을 발표했다. 그리고 2011년 7월 국무원은 7대 신흥산업을 23개로 세분화하고 단계별 목표, 육성 전략, 세부 정책, 상세 발전계획 등을 발표했다.

2015년 11월 3일 중국공산당 중앙위원회는 13차 5개년 계획(2016~2020년) 건의안을 발표했다. 건의안은 경제성장, 산업발전, 민생개혁 등 큰 틀에서 다방면의 발전방향을 제시했다. 이를 바탕으로 수치화된 구체적 목표, 세부적 발전계획은 2016년 3월 전인대에서 통과 및 발표될 예정이다. 산업 분야의 경우 금융시장 자유화, 녹색발전, 서비스업 발전, 제조업 업그레이드 등을 제시하고 있는 만큼 우리도 이에 대응할 전략을 세워야 한다.

보다 구체적인 사항은 국무원에서 수시로 발표하기 때문에 중국에 진출하려면 항상 정책의 변화를 살펴야 한다. 하지만 좀 더 장기적인 안목에서 중국의 정책을 파악하고 적절한 장기계획을 세우려면 중국이 중장기적으로 추진하는 정책의 방향을 아는 것이 먼저다.

2015년 5월 발표한 '중국제조 2025' 전략도 중국이 얼마나 긴 호흡으로 정책을 결정하고 추진하는지를 알게 해주는 좋은 예다. 이 전략은 세계 제조업강국을 1그룹 미국, 2그룹 독일과 일본, 그리고 3그룹 영국, 프랑스, 한국, 중국으로 분류했다. 그리고 중국은 2015~2025년 세계 제조업강국에 진입, 2025~2030년 세계 제조업강국 중위권 진입, 2030~2045년 세계 제조업 선두국가 진입을 목표로 설정하고 세부적인 내용도 함께 발표했다. 10년 단위로 목표를 세우고 30년을 잇는 국가 전략을 세운 것이다.

중국의 중장기정책을 살펴볼 때마다 우리나라와 중복되는 부분이 생각보다 많아 놀라게 된다. 중국의 7대 신흥산업도 그중 하나다. 우리나라도 2009년 1월 녹색 기술산업, 첨단 융합산업, 고부가서비스산업에서 17개 분야를 신성장 동력산업으로 선정하고 추진 중인데, 상당 부분 중국의 7대 전략적 신흥산업과 중복된다. 경쟁에서 우위를 점하려면 더더욱 중국의 정책을 잘 살펴야 한다.

중국의 중장기 정책은 기본적으로 오픈되어 있기 때문에 비교적 어렵지 않게 살펴볼 수 있다. 5개년 계획은 발표되면 우리나라 신문에서도 확인할 수 있을 정도지만 국무원에서 수시로 발표하는 세부적인 내용까지는 파악하기가 어려워 중국에 네트워크를 만들어 수시로 체크하는 것이 좋다.

물론 중국에 네트워크를 만들기가 쉬운 일은 아니다. 하지만 장기적인 정책을 이해하고, 세부적인 정책까지 알 수 있다면 여러 가지로 유리하다. 예를 들어 중국이 문화산업을 육성하겠다는 큰 정책을 발표하면 중국의 한 성을 지정하거나 반대로 성에서 발 빠르게 문화산업을 추진하겠다고 나설 때가 있다. 나선다고 다 되는 것은 아니지만 미리 적극적으로 준비하는 성이 채택될 가능성이 크다.

네트워크를 동원해 어느 지역이 시범 지역이 될지 한 발 앞서 파악하면 한결 유리하게 비즈니스를 풀 수 있다. 일반적으로 시범 사업을 시작할 때는 여러 가지 우대 정책이 많기 때문이다.

항상 안테나를 세우고 중국의 정책을 모니터링하는 사람과 안 하는 사람의 차이는 클 수밖에 없다. 힘들고 번거롭더라도 중국에 진출해 장기적으로 사업을 하고 싶다면 꼭 가능한 모든 채널을 동원해 꾸준히 모니터링을 해야 한다. 중국의 경제는 정책에 의해 움직인다고 해도 과언이 아니므로 정책을 연구하고 모니터링하는 것이 곧 사업에서 성공하는 지름길이다.

광활할수록 하나에 몰입해야 승부가 난다

중국은 22개의 성(중국은 대만을 23번째 성으로 간주), 4개의 직할시, 5개의 자치구, 2개의 특별행정구역 등 총 33개의 지역으로 이루어진 나라다. 게다가 56개 민족으로 구성된 다민족 국가이기도 하다. 남부지방과 북부지방은 40도 이상 기온이 차이 나고, 쌀과 밀가루로 먹는 주식도 다르다. 지역마다 얼굴 생김새와 골격도 다르고 사용하는 언어도 제각각 다르기 때문에 중국 속에 여러 나라가 공존하고 있다고 해도 과언이 아니다.

중국을 전부 알려고 하는 것은 과욕에 불과하다. 차라리 처음부터 중국의 한 지역을 목표로 그 지역만큼은 속속들이 파헤치겠다는 자세로 공부하는 것이 바람직하다. 그것이 오히려 중국을 접하고 공부하는 현실적인 방법이다. 또한 그렇게 하나에 몰입할 때 성공 가능성도 커진다.

하나의 아이템으로도 승부할 수 있다

중국에 진출할 때 제품을 다양하게 준비해야 승산이 있다고 생각하는 사람들이 많다. 결론부터 이야기하면 그렇지 않다. 어떤 제품이 중국인들로부터 반응을 끌어내는지를 테스트할 목적이라면 다양한 제품을 준비할 필요가 있겠지만 시장에서 승부하려면 한 아이템에 집중하는 것이 좋다.

단, 한 아이템으로 승부하려면 철저하게 처음부터 중국을 겨냥해 연구하고 개발한 제품이어야 한다. 우리나라 기업들이 중국에 들어가 실패한 원인을 분석해보면 상당 부분 중국에 대한 이해 없이 한국에서 팔던 제품을 그대로 판매한 경우가 많다.

제대로 만든 제품이라면 얼마든지 한 아이템으로 승부를 걸어볼 수 있다. 시장이 크기 때문에 가능한 일이다. 중국에는 하나의 아이템으로 성공한 기업들이 많다. 신사복 전문 업체인 '야거얼'도 그중 하나다. 우리나라에서 남성복만으로 올릴 수 있는 매출은 얼마일까? 신사복을 포함한 한국 남성복 시장 규모는 2014년 기준으로 5조 5000억 원이다. 그런데 '야거얼'은 신사복 단일 브랜드로 중국에서만 연간 2조 원이 넘는 매출을 올리고 있다. 야거얼뿐만 아니라 신사복 단일 브랜드로 연간 매출이 조 단위가 넘는 기업이 한둘이 아니다.

쌀과자 하나로 중국에서 크게 성공한 왕왕그룹도 빼놓을

수 없다. 왕왕그룹은 대만 기업으로는 최초로 1989년 중국에 상표 등록을 했고 1992년부터 본격적으로 중국 내수시장에 진출했다. 왕왕그룹이 만든 쌀과자 왕왕은 중국인들의 입맛을 사로잡았고, 한때 시장점유율이 80%에 달할 정도로 성장했다. 지금은 중국에서 최대 식품기업 중 하나로 자리매김했다. 여러 가지 다양한 종류의 제품을 구비하는 것보다 한 가지 품목에 집중해서 더 큰 매출을 만들어낼 수 있는 곳이 중국이다.

이 밖에도 하나에 집중해 성공한 예는 아주 많다. 중국의 대표적인 검색 포털 사이트인 바이두도 검색 하나에 집중해 성공했고, 우리나라에서는 이렇다 할 성과를 내지 못하던 게임업체인 스마일게이트도 중국 인터넷 서비스 업체인 텐센트를 만나 크로스파이어 게임 하나로 단숨에 연 매출 1조 원을 올리는 업체로 성장했다.

주룽제지 회장의 이야기는 더욱 놀랍다. 주룽제지의 장인(張茵) 회장은 1995년 회사를 설립한 뒤 미국과 유럽에서 폐지를 모아 중국에서 재가공해 장난감, 전자제품, 가구 등을 포장하는 판지를 만들어 팔아 큰 부를 축적한 인물이다. 여성 사업가로서는 처음으로 중국 최고 부자 반열에 오르기도 했다.

세계를 무대로 하지 않는 한 하나의 아이템으로 크게 성공할 수 있는 나라는 아마도 중국이 유일하지 않을까 싶다. 그만큼 중국의 내수시장은 아주 크다.

맥도날드도 이긴 토종 패스트푸드 '더커스'

중국은 중국 전체를 대상으로 진출하는 것 자체가 불가능한 나라다. 하나의 성이 하나의 나라처럼 방대한 데다 문화를 비롯한 지역적 특성이 판이하게 다르기 때문이다. 중국은 단일시장이 아닌 여러 분할시장의 집합체라고 봐야 한다. 중국에 진출하려고 계획 중이라면 굳이 중국 전체를 공략하느라 시간과 자본을 낭비하지 말고 한 지역만 집중적으로 연구하고 공략할 때 오히려 성공할 확률은 더욱 높아진다.

지역별로 특성이 다른 것 외에도 지역적 접근이 중요한 이유는 또 있다. 내 사업이 지방정부에 어떤 도움과 명분을 주느냐에 따라 내가 얻을 수 있는 혜택도 달라지기 때문이다. 대만의 왕왕그룹이 쌀과자로 중국시장을 천하통일할 수 있었던 요인 중 하나도 처음에 지역적 접근을 잘했기 때문이다.

왕왕그룹은 처음에 후난성(湖南省)으로 진출했다. 왕왕그룹이 후난성을 선택한 데는 전략적인 포석이 깔려 있었다. 후난성의 주산업은 쌀농사다. 쌀과자를 만드는 왕왕그룹으로서는 주재료인 질 좋은 쌀을 싼 가격에 쉽게 구입할 수 있는 후난성이 매력적이었다. 또한 후난성에는 노동력이 풍부하다. 이것 역시 안정적으로 노동력을 확보해야 하는 왕왕그룹에게는 좋은 조건이었다.

후난성 입장에서도 왕왕그룹의 진출을 마다할 이유가 없

었다. 당시 후난성은 절실하게 외자를 유치해야 할 상황이었다. 왕왕그룹은 이러한 후난성의 입장을 잘 간파하고 '후난성에 투자한 최초의 대만 기업'이라는 명분까지 얻었다. 그 결과 후난성은 왕왕그룹에게 많은 혜택을 주었고, 그만큼 수월하게 사업을 할 수 있었다.

왕왕그룹의 예에서도 알 수 있듯이 중국에 진출할 때는 꼭 대도시가 아니어도 괜찮다. 베이징, 상하이와 같이 1선 대도시가 아니라도 지역적 특성을 잘 이용하면 훨씬 큰 기회를 얻을 수 있다. 내가 개발사업을 할 때 선양이라는 2선 도시를 선택한 것도 이런 이유에서였다. 선양은 중국정부의 동북진흥정책으로 국가계획에 의해 발전하고 있는 상황인데도 부동산이 상대적으로 저평가되어 있어 투자금도 적게 들고 우대 정책의 혜택까지 누릴 수 있어서였다.

중국의 토종 패스트푸드인 '더커스'도 작은 도시부터 공략해 성공한 좋은 예다. 더커스는 허난성의 정저우시에 본사를 두고 사업 초기에는 연평균 소득 6000위안 이상의 도시를 중심으로 진출했다. 이미 KFC나 맥도날드와 같은 대형 업체가 있는 대도시 대신 중소도시에 최초로 진입함으로써 시장을 선점했다. 그 결과 더커스는 비약적으로 성장해 정저우시 패스트푸드 영업수익에서 맥도날드와 KFC를 제치고 1위를 하는가 하면, 전국적으로 2000여 개의 매장을 보유하며 KFC, 맥도날드와 어깨를 나란히 하는 기업으로 성장했다.

단, 전국적으로 사업을 확대할 때 역시 지역적 특성을 잘 분석해야 한다. 중국은 지역별로 강자가 다르다. 각 지역마다 해당 지역을 장악하고 있는 기업도 다르고, 특성도 다르기 때문에 한 지역에서 성공했다고 다른 지역에서도 성공할 수 있다는 보장이 없다. 반대로 한 지역에서 실패했다고 실망할 필요도 없다. 한 지역의 실패가 다른 지역에서의 실패를 의미하지 않기 때문이다. 같은 아이템을 팔더라도 지역별 특성을 충분히 감안해야 성공할 수 있는 길이 열린다.

성공한 프랜차이즈 요식 업체들을 보면 대부분 지역별로 조금씩 다른 메뉴를 팔거나 같은 메뉴라도 약간의 차이를 둔다. 지역별로 선호하는 맛이 다르기 때문에 메뉴에 변화를 주는 것이다. 예를 들어 매운맛을 좋아하는 쓰촨성의 KFC에서는 프라이드치킨을 주문하면 매콤한 고춧가루 소스를 함께 제공한다. 또한 단맛을 좋아하는 남쪽 광저우 지역에서는 다른 지역에는 없는 달콤한 밀크티를 판다.

이처럼 중국은 무엇보다 지역적 접근이 중요하다. 처음부터 호기롭게 중국 전역을 대상으로 하면 진출하기도 어렵고, 설령 무리하게 시도했다 해도 성공할 가능성은 극히 낮다. 전체를 얻으려 하면 아무것도 얻지 못하고, 오히려 한 제품, 한 지역에 집중할 때 더 큰 것을 얻을 수 있는 나라가 중국이라는 것을 일을 할 때마다 새삼 확인하곤 한다. 한국 기업이 가장 많이 진출한 산둥성 하나만 해도 인구가 1억에 가깝다. 이러한 지역 하나만이라도 제대로 공략한다면 큰 기회를 얻을 수 있지 않을까.

04

기회의 중국

한국만 빼고 다 아는
가능성의 땅

네 마리의 작은 용을 넘어
승천하는 중국

내가 베이징대학에 다닐 때만 해도 중국 사람들은 한국을 비롯한 대만, 싱가포르, 홍콩을 '네 마리 작은 용(四小龍)'이라 부르며 경제적으로 강성해지는 이 네 나라를 부러워했다. 지금과는 달리 홍콩은 아편전쟁 이후 영국령으로, 1997년 중국에 반환되기 전까지 중국이 부러워하는 작은 용이었다.

중국은 네 마리 용 중에서도 특히 한국을 높이 평가했다. '한강의 기적'을 이루고 세계무대에서 활약하는 한국 대기업을 대단하게 여겼고, 88서울 올림픽을 성공적으로 개최한 한국을 부러워했다. 그럴 때마다 한국인으로 뿌듯한 자부심을 느꼈다.

하지만 거기까지다. 한국 경제는 1997년 IMF 경제 위기 이후 정체된 느낌이다. 더 이상 한국은 성장 동력을 찾지 못하고 십수 년째 고전 중이다. 우리가 제자리걸음을 하는 동안 중국은 눈부시게 성장했다. 경제 전문가인 한 중국 지인은 "한국인들은 삼성이 망하면 한국 경제가 망하는 걸로 생각하는데, 중국은 삼성 같은 회사 몇 개가 망해도 끄떡없다"는 말을 태연하게 했다. 그 말을 반박하지 못할 정도로 중국은 놀라운 경제 성장을 이루었다. 한국뿐만 아니라 한때 네 마리 작은 용이라 불렸던 나라들은 이제 GDP 규모 면에서 중국의 22개 성(省) 중 하나와 비교될 정도다. 이미 중국은 거대한 용이 되었다.

아시아뿐만이 아니다. 중국은 이미 미국 중심으로 굴러가던 세계 질서에 일대 파란을 일으킬 정도로 크게 성장했다. 더욱더 무서운 것은 중국이 본격적으로 세계를 삼킬 준비를 하고 있다는 것이다. 이른바 새판 짜기를 진행 중이다.

지금부터가 중요하다. 세계의 흐름이 중국을 중심으로 재편되고 있기 때문에 그 어느 때보다 중국을 깊이 있게 공부하고 연구해야 한다. 그래야 새로 재편되는 세계의 흐름에 우리가 어떻게 대응해야 하는지를 알 수 있다.

미국만 아는 촌놈, 우물 안 개구리가 될 수 있다

요식업에 종사하는 한 지인이 있다. 미국에서 공부하고 전 세계 요리를 모두 섭렵했을 정도로 자부심도 강할 뿐 아니라 실제로 한국에서 요식업을 이끄는 대표주자 중 한 명이기도 하다. 그런데 중국 요리만 유일하게 제대로 접해보지 못했다며 나와 함께 처음 중국 땅을 밟았다. 상하이에 가서 몇몇 식당을 둘러보더니 미국과 유럽 요리가 전 세계 요리의 전부라고 생각한 자신이 너무 부끄럽다고 했다. 중국 요리는 완전히 또 다른 새로운 세상이라며 그동안 우물 안 개구리에 불과했다고 한탄했다.

미국에서 공부했던 유학생들 중 종종 내 책을 읽고 연락하는 사람들이 있다. 미국에서 유학하고 유명 글로벌 기업에서 일하는 사람들도 중국을 공부하고 싶다며 자문을 구하기도 한다. 미국을 알면 세상을 다 아는 것으로 생각했는데, 중국에 관심을 갖고 보니 또 다른 세상, 또 다른 미국이 하나 더 있는 것 같다며 나에게 연락해오는 것이다.

지금이라도 중국에 관심을 갖게 된 것은 다행스러운 일이다. 하지만 아직도 '글로벌'이라고 하면 미국을 떠올리는 사람들이 더 많다. 지금까지 대부분의 사람이 미국이 세상의 중심이고, 미국 문화가 최고이고, 미국 제품이 최고라고 여기며 미국을 공부하고 미국에서 기회를 찾으려고 하는 것도 사실이다. 그동안 미국이 강력한 국력을 바탕으로 국제사회에서 유일한 리더 역할을 했기 때문에 그렇게 생각하는 것도 무리는 아니다.

하지만 상황은 달라졌다. 이제는 G1이 아니라 G2 시대다. 2008년 미국발 글로벌 금융위기 이후 미국의 영향력이 예전 같지만은 않다. 미국이 하는 일이라면 무조건 지지한다던 영국의 태도만 봐도 알 수 있다. 미국의 반대에도 불구하고 중국이 주도하는 아시아인프라투자은행에 주요 서방국가 중 가장 먼저 가입하는가 하면, 최근에는 영국 재무장관에 이어 블레어 전 영국총리까지 "서방국가 중 중국과 가장 사이좋은 파트너가 되길 희망한다"고 적극적인 구애를 했다. 블레어는 국제사회의 중요한 문제는 중국 없이 해결을 논할 수 없다는 말도 했다. 중국의 영향력이 그만큼 커졌다는 증거다.

이런 국제정세의 변화를 보면 미국만큼 강력한 국가, 미국과 다른 또 하나의 글로벌이 생겼다는 생각이 든다. 중국도 스스로 국제사회에서 본격적으로 영향력을 행사할 수 있는 나라가 되기 위해 새판 짜기를 시작했고, 이미 상당 부분 진행된 상태다. 중국을 중심으로 또 다른 글로벌이 형성되는 지금, 여전히 미국만을 본다면 자칫 미국만 아는 촌놈, 미국만 아는 우물 안 개구리가 되기 쉽다.

지금은 미국만큼 중국을 잘 알아야 하는 시대다. 중국의 새판 짜기가 어떻게 진행되고 있는지를 알면 왜 중국에 관심을 갖고 공부해야 하는지 공감할 수 있을 것이다.

긴 안목으로 새판을 짤 줄 아는 나라

대학 졸업 후 영국에서 대학원을 마치고 몇 년 만에 베이징에 다시 갔을 때 천지가 개벽한 느낌이었다. 그때의 충격을 지금도 잊을 수가 없다. 불쑥불쑥 솟아오른 마천루, 그 높은 빌딩들의 블록화, 자전거보다 훨씬 많아진 자동차들의 질주 등 공항에서 베이징대로 가는 동안 마냥 신기하게 차창 밖을 내다봤다. 4년 동안 다니던 대학을 찾아가는 데도 애를 먹었다. 새로운 건물들이 많이 들어서기도 했거니와 자동차도로까지 변해 있었기 때문이다. 아예 사라진 도로도 있고 대신 새롭게 놓인 도로도 있었다.

지금의 중국은 더 말할 것도 없다. 세계 1위 외환보유국, 세계 1위 무역대국, 각 산업 분야 1위 등 중국은 매년 여러 분야에서 세계 순위의 판도를 바꾸고 있다. 2030년이면 GDP도 중국이 미국을 추월할 것이라는 전망이다. 2015년 《포춘(Fortune)》이 선정한 글로벌 500대 기업 중 중국 기업이 98개로 미국 128개에 이어 두 번째로 많았고, 랭킹 10위 안에 들어간 기업은 중국 기업이 3개로 가장 많았다. 이제 중국은 G2를 넘어 G1의 자리를 위협할 정도로 강해졌다.

중국을 모르는 사람들은 단순히 중국이 30여 년 동안 비약적인 경제성장을 한 덕분에 미국과 어깨를 나란히 하고 세계를 좌지우지하는 나라로 성장했다고 생각할 수 있다. 물론 중국의 경제력도 큰 역할을 했다. 경제만을 놓고 보면 중국은 이미 G2가 아닌 G1이라 해도 무방하다. 각국의 물가수준을 감안한 구매력평가(PPP, Purchasing-Power Parity) 기준 GDP는 중국이 2014년 이미 미국을 추월했다. 미국 중앙정보국(CIA)

은 100년 넘게 유지해온 세계 경제대국의 지위를 중국에 넘겨주었다고 공식적으로 인정하기도 했다.

경제대국이 되면서 중국이 국제사회에 미치는 영향력도 커졌다. 2008년 글로벌 경제위기로 전 세계가 휘청할 때 중국은 미국, 유럽을 비롯한 전 세계를 돌며 구원투수 역할을 톡톡히 해냈다. 세계 1위 외환보유국의 위력을 제대로 보여준 것이다.

하지만 이런 경제적 성장만으로 중국이 국제사회의 중심에 설 수 있었을까? 아니다. 중국은 아주 오래전부터 중국을 중심으로 한 국제사회의 새판을 준비해왔다. 다만 국제사회에 영향력을 행사할 수 있을 정도로 힘을 키우기 전까지는 속내를 드러내지 않았을 뿐이다.

덩샤오핑이 1978년 개혁개방을 시작할 때만 해도 중국은 가난한 나라였다. 국제사회에서 큰 목소리를 낼 수 없다는 것을 인지한 중국은 대외적으로 '도광양회(韜光養晦)' 기조를 유지했다. 힘을 기를 때까지는 몸을 낮추고 외교적 마찰을 최소화한다는 의미다. 그 결과 중국은 개혁개방을 시작한 1978년부터 10여 년 이상을 조용히 자국의 경제발전에만 주력했다.

사회주의 국가가 개혁개방 정책으로 자본주의 시스템을 받아들이는 건 결코 쉬운 일이 아니다. 덩샤오핑의 결단과 용기가 없었더라면 불가능한 일이다. 중국 체제의 근본을 흔들 수도 있는 일이다 보니 주변의 반대와 위기도 많았지만 덩샤오핑은 흔들림 없이 개혁개방을 지속했다. 그런 노력 덕분에 중국은 1978년 개혁개방 이후 30년 동안 연평균 10%의 경제성장률을 기록할 수 있었다.

1990년 장쩌민이 정권을 잡은 후부터 중국은 조금씩 국제사회에서 자기 목소리를 내기 시작했다. 도광양회 대신 '할 일은 한다'는 '유소작위(有所作爲)', 즉 필요한 일에는 적극적으로 개입해 뜻을 관철시키겠다는 기조로 바뀐 것이다. 후진타오 시대(2002~2012)에는 '평화로운 가운데서 우뚝 선다'는 '화평굴기(和平崛起)'를 기본 외교방침으로 내세웠다. 유소작위보다 한 걸음 더 나아가 국제사회의 중심이 되겠다는 속내를 비춘 셈이다.

2012년 시진핑 체제에 돌입하면서 중국은 본격적으로 세계의 리더가 되는 새판을 짜기 시작했다. 2014년 파리에서 개최된 중국과 프랑스 수교 50주년 기념 강연에서 시진핑은 "중국은 잠자는 사자다. 만약 잠에서 깨기만 하면 세계를 진동시킬 것이다"라는 나폴레옹의 말을 인용하며 "오늘날 잠자는 사자는 깨어났다"고 했다. 더 이상 몸을 낮추고 때를 기다리거나 조용히 국제사회를 돕는 구원투수가 아닌 적극적으로 리더 역할을 하겠다고 선언을 한 것이다. 외교정책도 '주동작위(主動作爲)', 즉 '해야 할 일을 주도적으로 해내겠다'는 기조로 바꿨었다.

중국이 도광양회에서 주동작위까지 외교 기조를 단계적으로 바꾸는 과정을 보면 마치 한 사람이 처음부터 끝까지 정책을 진행한 것처럼 연속성이 있다. 그래서 중국이 더 무섭다. 지도자가 바뀌어도 국가 정책은 흔들림이 없다. 중국이 수십 년에 걸쳐 차근차근 힘을 키우고 스스로 리더가 되어 국제사회의 새판을 짤 수 있는 비결도 여기에 있다.

중국인 교수와 기업 대표 등 지인들과 식사를 하는 자리에서 나눈 대화가 잊히지 않는다. 중국 지인들은 세계무대에서 하나씩 힘을 발휘하는 중국을 이야기하며 중국은 판을 짤 줄 아는 나라라고 했다. 그러면서 중국에는 큰 그림을 그릴 줄 아는 사람들이 있기에 이런 일이 가능한데, 한국에는 누가 그런 그림을 그리느냐고 물었다. 할 말이 없었다.

중국 지도자들이 긴 안목에서 판을 짤 수 있는 데는 왕후닝(王滬寧), 후안강(胡鞍鋼) 등 국가 전략을 짜는 정책 브레인들의 힘도 무시할 수 없다. 특히 왕후닝은 장쩌민, 후진타오, 시진핑 정권까지 3대에 걸쳐 국가 전략을 짜는 핵심 인물로 꼽힌다. 그는 장쩌민의 '3개 대표론', 후진타오의 '과학적 발전관', 시진핑의 '중국몽'에 이르기까지 국가의 중요한 지도 이념을 만드는 데 깊이 관여한 '제왕의 책사'로 알려져 있다. 중국은 역사적으로 늘 제왕의 곁에 책사가 있었다. 한나라를 세운 유방에게는 장량이, 삼국시대 유비에게는 제갈량이, 명나라 황제 주원장에게는 유백온이 있었다. 이런 전통이 오늘날까지 이어지고 있는 것이다.

중국은 판을 짤 줄 아는 나라다. 그것도 아주 긴 안목에서 절대 흔들리지 않을 만한 튼튼한 판을 짤 줄 안다. 그런 중국이 이제 본격적으로 전 세계를 대상으로 새판을 짜고 있다. 이미 새판의 윤곽이 어느 정도 드러난 지금, 중국의 새판에 대응할 만한 우리의 전략을 세우는 것이 시급하다.

세계 2위의 중국,
그러나 지금부터 시작이다

해마다 학술대회 때문에 한국을 찾는 중국인 친구가 있다. 친한 친구라 한국에 오면 나를 꼭 만나는데 그는 그때마다 선물을 사온다. 일반적으로 중국인들은 선물로 차, 술, 지역 공예품 등을 많이 준다. 이 친구도 크게 다르지 않았다.

그런데 이번에는 샤오미 제품을 선물 받았다. 라우터, 미디어서버, 공유기, NAS 기능을 모두 하나로 집약시킨 제품인데, 본인도 유용하게 잘 쓰고 있다며 주었다. 느낌이 묘했다. 흔히 중국산이라고 하면 무시하고 보는 것이 우리의 보편적 시각이다. 질은 좀 떨어져도 값이 저렴해서 싼 맛에 산다고 하는 사람들이 많다. 또한 세계 유명 브랜드를 카피한 제품들을 생산하는 것으로도 유명하다.

전혀 틀린 말은 아니다. 중국은 무한한 잠재 노동력을 기반으로 세계의 공장 노릇을 하며 경제를 성장시켰고, 그 과정에서 유명 브랜드의 짝퉁을 양산한 것도 사실이다. 그래서 우리나라는 중국을 '세계 하청 공장'이라 폄하하며, 한국보다 한참을 뒤처진 나라로 여겼다.

개인적으로는 여러 분야에서 이미 중국이 세계 선진국과 비교해도 손색이 없을 정도의 기술력을 갖추고 있다는 것을 알고 있었다. 그럼에도 막상 중국 친구로부터 중국 브랜드의 전자제품을 선물 받고 보니 새삼스러웠다. 어느새 중국인이 자국 제품을 자신 있게 선물할 정도로 기술력이 발달했음을 실감할 수 있었다.

중간재 수출 잔치는 끝났다

대기업에 다니는 한 후배를 오랜만에 만났다. 만날 때마다 중국 때문에 바쁘다고 엄살을 부리면서도 활기찬 모습이었는데, 어쩐 일인지 어깨가 축 늘어진 게 힘이 없어 보였다. 이유를 물으니, 신사업 고민 때문이라고 했다. 중국을 대상으로 신사업을 개발해야 하는데, 마땅한 아이템이 없어 머리가 아프다는 것이었다.

사실 불과 몇 년 전까지만 해도 우리나라는 중국 덕분에 행복했다. 만약 중국이 없었더라면 우리나라 경제는 탈출구를 찾지 못해 더 깊은 침체의 늪으로 빠져들었을지도 모른다. 중국이 세계를 무대로 필요한 제품을 대량으로 생산할 때 우리나라는 주로 완제품을 만드는 데 필요한 중간재를 수출했다. 중국의 생산량이 많아질수록 우리의 중간재 수출도 증가했고, 덕분에 내수부진으로 경기가 침체됨에도 어느 정도 버틸 기반을 마련할 수 있었다.

한국무역협회 통계에 따르면 2014년 우리나라 GDP에서 무역이 차지하는 비중은 약 76%에 달한다. 이는 한국이 무역으로 먹고사는 나라임을 의미한다. 우리나라 무역에서 가장 큰 비중을 차지하는 곳은 두말할 것도 없이 중국이다. 한국의 해외 수출 중 중국이 차지하는 비중은 25%에 달하고, 수출액 규모는 미국의 2배 이상이다. 수출과 수입을 합친 총 무역액으로 따져도 2위 한미무역과 3위 한일무역을 합친 것보다 한중무역이 차지하는 비중이 훨씬 크다.

2008년 글로벌 경제위기 이후 중국 의존도는 더욱 커졌다. 세계 다른 나라도 마찬가지지만 한국의 의존도는 특히 더 그렇다. 중국이 기침을 하면 세계가 감기에 걸리고, 한국은 심각한 몸살에 걸릴 수도 있다는 이야기까지 나올 정도로 중국에 대한 무역의존도는 절대적이다. 중국에 대한 무역의존도를 낮추고 무역대상국을 다각화해야 한다는 이야기가 나온 지 이미 오래다. 그런데 현실적으로 의존도는 갈수록 심해지고 있다.

한편 중국은 글로벌 금융위기로 세계 경기가 위축되자 내수시장으로 눈을 돌리기 시작했다. 이는 중국이 수출주도형 성장의 한계를 느끼고, 전통 제조업 중심에서 내수소비 확대로 경제성장 동력을 전환했음을 의미한다. 중산층 인구가 증가하면서 소비장려를 통해 내수시장을 활성화하고 경제를 성장시키겠다는 것이다.

문제는 우리나라다. 이미 우리나라는 중국에 수출을 하지 않으면 당장 큰 타격을 입을 처지가 되었는데, 중국이 수출에서 내수로 경제성장 패러다임을 전환하면서 직격탄을 맞았다. 중국이 더 이상 우리나라의 중간재를 필요로 하지 않기 때문이다. 완제품 생산량이 줄기도 했고, 웬만한 중간재는 직접 만들 수 있을 정도로 기술력이 발달한 것이 원인이다.

중간재를 중국에 수출해 돈을 벌 수 있는 시대는 저물고 있다. 현재의 상황을 심각하게 인식해야 한다. 중간재라도 중국의 기술력으로는 생산하기 어려운 고급 중간재를 수출하거나 중국인들로부터 호응을 얻을 수 있는 완제품 소비재가 절대적으로 필요하다. 그런데 소비재 수출 비중은 10%에도 못 미친다. 더 이상 예전과 똑같이 어중간한 중간재로 수출을 할 생각을 접고, 치열하게 고민해 중국의 소비시장을 공략할 수 있는 방법을 찾아야 한다.

중국은 아주 매력적인 시장이다. 2020년이면 중국의 중산층 인구는 6억 명이 된다고 한다. 그 엄청난 인구가 소비를 시작하면 세계 경제가 출렁인다. 중국인이 초콜릿을 먹기 시작하자 카카오값이, 와인을 마시기 시작하자 와인값이, 커피를 마시기 시작하자 국제 원두값이 급상승했다. 그런 중국인들의 마음을 사로잡을 소비재를 만들기가 쉬운 일은 아니지만, 일단 제대로만 만들면 판매는 걱정할 필요가 없다. 엄청난 중국 소비층이 기다리고 있으니까 말이다. 우리나라 가까이에 그런 엄청난 소비시장이 있다는 것은 큰 축복이다.

추격자에서 추월자로 변신한 중국

과연 중국의 기술력은 어느 정도 수준일까? '아무리 발전해도 여전히 짝퉁 천국인 중국이 설마 우리보다 기술력이 앞섰겠어?'라고 생각할 수 있다. 아직은 우리보다 기술력이 떨어진다고 믿고 싶은 마음에서 그렇게 생각할 수도 있겠지만 잘못 짚어도 한참을 잘못 짚었다. 중국의 기술력은 우리를 바짝 쫓아왔다. 이미 우리 기술력을 추월한 분야도 많다.

설령 기술력이 조금 떨어진다 해도 중국 제품이 우리보다 훨씬 경쟁력이 있다. 샤오미의 스마트폰이 좋은 예다. 샤오미는 애초부터 자체 기술력을 갖춘 회사는 아니었다. 그래서 처음에는 애플의 아이폰과 아이패드를 그대로 따라 해 '짝퉁 아이폰' '짝퉁 아이패드'라 불리기도 했다.

하지만 모방은 창조의 어머니다. 따지고 보면 우리나라도 다른 나라의 기술을 모방하며 기술력을 키우던 시절이 있었다. 우리나라가 그랬듯이 산업 후발주자인 중국으로서는 일정 부분 모방을 할 수밖에 없었을 것이다. 다만 단순한 모방에만 머물지 않고, 모방에 창의성을 더해 발전시키는 것이 중요하다. 중국의 인터넷 서비스 업체인 텐센트의 마화텅(馬化騰) 회장은 "모방을 나쁘게 생각할 필요가 없다. 모방을 빨리해 중국에서 현지화시키면 그게 창조다"라고 말하면서 모방의 긍정적인 측면을 강조했다.

짝퉁 아이폰이라 불렸던 샤오미폰은 현재 중국 스마트폰 시장에서 1위를 차지하고 있다. 기술력은 애플의 아이폰이나 삼성의 갤럭시보다 떨어질지 몰라도 50% 이상 저렴한 가격으로 단숨에 중국 소비자들을 사로잡았다.

샤오미가 중국 내에서만 1위를 했다면 성공요인이 기술보다는 가격 경쟁력이라고 말할 수 있을 것이다. 하지만 샤오미는 중국뿐만 아니라 세계 스마트폰 시장 점유율 5위를 차지할 정도로 세계에서도 좋은 반응을 얻고 있다. 기술력이 뒷받침되지 않고 단순히 저렴한 가격만을 앞세워서는 어려운 일이다. 실제로 샤오미는 가격대비 성능이 월등한 제품으로 인정받고 있다. 성능이 뛰어난데, 가격이 너무 싸 '대륙의 실수'라고 불릴 정도다.

중국의 기술은 샤오미처럼 모방을 하면서 발전한 것만이 아니다. 자체적으로 발전시킨 기술들도 많다. 그중 하나가 화웨이다. 아이폰을 모방해 스마트폰을 만들었던 샤오미와는 달리 화웨이는 자체 기술로 스마트폰을 개발했다. 화웨이의 기술력은 세계에서 가장 얇은 스마트폰을 만들 정도로 뛰어나고, 그것을 세계에서 인정받아 단기간에 세계시장 점유율에서 삼성, 애플에 이어 3위를 차지했다. 비록 현재는 3위지만 앞으로 얼마든지 상승할 가능성이 있다. 화웨이는 2015년 중국 기업 중 처음으로 스마트폰 출하량 1억 대를 돌파하며 샤오미보다 더 주목받고 있다. 화웨이의 주력산업인 통신장비 시장에서는 이미 에릭슨을 제치고 세계 1위를 굳혔다.

스마트폰 시장을 예로 들어 중국의 기술력을 살펴보았지만 중국의 기술력이 우위를 점하는 분야는 이뿐만이 아니다. 한국의 전통 주력산업인 철강, 조선, 자동차, 석유화학 분야의 기술력은 이미 중국이 바짝 쫓아와 곧 추월당할 처지다. 차세대 성장 동력으로 주목받고 있는 제약, 태양광, 전기자동차 등의 신사업 분야에서 중국 기술이 한국을 추월했다는 분석도 이미 몇 년 전에 발표되었다.

중국의 첨단과학 기술력은 우리의 상상을 초월한다. 무선전파로 움직임을 조종할 수 있는 무인 항공기 드론은 중국 회사인 DJI(大疆·다장)가 세계시장의 60%를 장악하고 있고, 중국이 만든 슈퍼 컴퓨터 '톈허2'는 2013년 이후 처리 속도 면에서 세계 1위를 지키고 있다. 미국, 러시아에 이어 우주강국으로 떠오른 중국은 2020년 독자적으로 운영할 우주정거장을 완성할 계획인데, 우주·항공 분야는 미국, 러시아와 대등한 기술력을 보유했다는 평가다. 최근에는 중국인 과학자 투유유는 1600년 전 고대 의학서에서 영감을 받아 개똥쑥으로 말라리아 특효약 '아르테미시닌'을 개발해 노벨 생리의학상을 수상했다. 노벨상 수상자까지 배출하면서 중국은 세계적인 과학강국임을 전 세계에 다시 한 번 보여주었다.

중국은 막대한 자본으로 인재를 끌어모으고, 기술력을 갖춘 외국 기업들을 M&A하면서 첨단 기술력을 집어삼키고 있다. 첨단 기술 분야에서 한국이 중국보다 앞선다고 자부했지만 중국이 하나씩 빠르게 추월하는 소식을 접할 때면 놀라우면서도 한편 씁쓸하다. 방심하는 사이 추격자에서 추월자로 저만치 앞서 간 중국의 기술력과 더욱 격차가 벌어질까 걱정도 된다. 이런 속도라면 세계 최고의 기술강국이 되는 것은 시간문제가 아닐까 싶다.

현재의 중국 기술보다 앞으로가 더 무섭다

요즘 중국의 행보를 보면 더 이상 한국이나 일본을 기술 협력 파트너로 생각하지 않음을 알 수 있다. 지난 30여 년 동안 중국은 한국, 일본, 대만 등에서 생산된 원료나 부속품 등 중간재를 수입해 중국에서 조립하여 완성품을 만든 후 미국과 유럽을 비롯한 전 세계에 팔았다. 하지만 중국의 기술력이 향상돼 중간재를 직접 생산하면서 상황은 달라졌다. 이제 중국에게 필요한 나라는 중간재 공급처가 아닌 뛰어난 기술력을 갖춘 나라다.

불행하게도 한국은 기술 협력 파트너로는 부적합 판단을 받은 듯하다. 2010년까지만 해도 두산인프라코어는 중국 굴착기 시장의 약 15%를 점유하며 오랫동안 1위를 유지했다. 2010년 한 해에만 약 2만 대 이상의 굴착기를 팔았다. 그러나 중국의 건설장비 분야 대표 기업인 싼이(三一)중공업의 약진으로 지금은 점유율이 절반으로 떨어졌다. 반면 싼이의 점유율은 약 3배가량 성장했다.

어떻게 몇 년 만에 싼이가 두산인프라코어를 제치고 1위를 차지할 수 있었을까? 비밀은 독일이다. 싼이는 2012년 독일 유명 중장비 회사인 푸츠마이스터를 인수해 기술력을 흡수했고, 독일 쾰른에 R&D(Research and Development, 연구개발) 센터와 교육센터도 세워 기술개발에 총력을 기울이고 있다. 가격 경쟁력은 말할 것도 없고, 기술적인 면에서도 두산제품을 따라잡았다는 평가다.

독일과의 기술 협력은 이제 막 시작했다. 현재 중국 랴오닝성 선양에서는 '중국·독일 중장비 혁신 시험공단' 건설이 한창이다. 이 공단은 '중국제조 2025, 독일 인더스트리 4.0 공단'으로도 불린다. 중국이 독일과 손을 잡고 혁신적인 기술로 제품을 생산한다면 우리는 어떻게 될까? 기술력으로도, 가격 경쟁력에서도 밀린다면 자연스럽게 시장에서 퇴출될 수밖에 없을 것이다.

상황이 이런데도 우리나라 기업들은 여전히 R&D에 인색하다. 무섭게 성장하는 중국을 연구하려는 노력도 미흡하다. 이와는 대조적으로 중국은 현재 R&D 투자 규모가 세계 2위이며, 전 세계 R&D 인력의 20%를 보유하고 있을 정도로 기술개발에 열심이다. 뛰어난 자체 기술력을 갖춘 화웨이의 경우 직원 중 절반 가까이가 연구개발 인력이며, 연 매출의 10% 이상을 R&D에 투자하는 것으로 알려져 있다.

그뿐만이 아니다. 화웨이는 경쟁 업체를 연구하는 데도 총력을 기울인다. 화웨이에는 삼성만을 전문적으로 연구하는 삼성전담팀이 있다. 삼성전자 이재용 부회장은 2013년 아시아판 다보스(Davos)포럼으로 불리는 중국 보아오포럼에 참석한 후 기자들에게 "중국이 한국과 삼성을 너무 잘 알고 있더라. 더 분발해야 한다는 책임감을 느꼈다"고 말했다고 한다.

한국의 기술력을 대표하는 기업 중 하나인 삼성전자의 총수가 중국이 얼마나 기술개발을 위해 노력하는지, 경쟁 업체를 얼마나 치열하게 분석하는지를 알았다는 것은 반가운 일이다. 하지만 이후 삼성은, 한국은 얼마나 달라졌을까? 과연 경각심을 갖고 외국 경쟁사들을 연구하고, 현지화 및 차별화된 기술개발을 위해 얼마나 노력하고 있을까?

기술개발은 글로벌 경쟁력을 갖추기 위한 필수조건이다. 경기침체로 인한 수익률 악화는 기술개발을 게을리하는 핑계가 될 수 없다. 오히려 기술개발이 현재의 불황을 타개하는 탈출구가 될 수 있다. 지금부터라도 서둘러 전력투구해야 중국과의 기술 격차를 극복하고, 중국을 비롯한 세계시장에서 경쟁력을 갖출 수 있지 않을까?

나는 우리 기업들이 중국시장을 잘 공략하기 위해서는 중국 기업과 가깝게 지낼 필요가 있다고 생각한다. 한국과 달리 중국은 시장이 거대해 한두 개 기업이 시장 전체를 독식하는 경우가 극히 드물다. 2, 3위 업체들이 연합해 1위 업체를 공격하는가 하면, 1위 업체가 몇 개의 하위 업체들과 함께 파이를 키우기도 하고, 출혈 경쟁을 막기 위해 1위와 2위 업체가 전략적으로 회사를 합병하기도 한다. 중국에서는 실제로 기업 간에 이런 연합전선들이 종종 만들어진다. 오늘의 경쟁업체가 내일은 협력업체가 되는 것도 이런 이유 때문이다. 우리도 중국 기업들 중 경쟁사와 협력사를 잘 분석하고 상호교류 및 우호·협력관계를 만들어 필요에 따라 적절히 활용하는 장기적 전략이 필요하다.

중국과의 윈윈,
가능하다

"중국의 힘도 알겠고, 중요하다는 것도 알겠어요. 그렇다면 대체 우리는 어떻게 해야 하는 거죠?"

사람들을 만나 중국이 세계의 공장에서 세계의 시장으로 바뀌고, 기술력이 크게 발전해 우리나라의 입지가 점점 좁아지는 반면 중국의 국제적 영향력은 점점 커지고 있다고 이야기하면 이런 질문을 받곤 한다. 그러면서 중국을 알면 알수록 미래를 여는 길이 보이기는커녕 암담해진다고 덧붙이기도 한다.

내 탓도 있을지 모른다. 아직도 현재의 중국을 제대로 모르고, 예전의 가난하고 기술력 없는 나라로만 중국을 기억하는 사람들이 많아 답답한 마음에 강하게 중국의 현주소를 이야기하다 보니 경각심을 갖다 못해 두려움을 갖는 것 같다.

분명 중국은 두려움을 느끼기에 충분한 나라다. 세계에서 달러를 가장 많이 보유할 정도로 자금도 풍부하고, 기술력까지 갖춘 중국을 상대로 우리나라만의 경쟁력을 갖추기란 쉬운 일이 아니다. 하지만 불가능한 일도 아니다. 중국을 알고 치열하게 고민해 경쟁력을 갖추면 중국과 함께 윈윈할 수 있는 길을 찾을 수 있다.

한국은 더 이상 매력 없는 나라?

대학에서 학생들을 가르치다 "한국을 대표할 만한 브랜드, 혹은 기업은 무엇일까?"라고 물은 적이 있다. 한국을 대표한다는 것은 우리끼리 아는 수준이 아니라 세계에서도 통해야 한다고 단서를 덧붙였다. 제일 먼저 나온 것이 삼성이었고, 그다음으로 현대자동차, LG, 정관장이 언급되었다. 그것으로 끝이었다. 산발적으로 김치, 화장품 등이 거론되었지만 흔쾌히 세계적인 한국 대표 브랜드라 공감하기에는 2% 부족한 느낌이었다.

다음에는 미국을 대표할 만한 기업이나 브랜드를 말해보라고 하니 마이크로소프트, 구글, 페이스북, 애플, 맥도날드, KFC, 코카콜라 등 순식간에 10개가 넘는 이름들이 튀어나왔다. 프랑스도 만만치 않았다. 샤넬, 루이비통, 크리스찬 디올, 까르띠에, 에르메스, 랑콤 등 명품 브랜드들이 줄줄이 이어졌다. 일본 또한 세계적인 브랜드가 생각보다 훨씬 많아 깜짝 놀랐다. 도요타, 유니클로, 소니, 파나소닉, SKII, 소프트뱅크,

닌텐도, 세븐일레븐 등 분야별로 굵직한 브랜드들이 많았다.

학생들과 각 나라별 대표 기업과 브랜드를 짚어보면서 무척 씁쓸했다. 왜 우리나라에는 자신 있게 말할 수 있는, 세계에서 통할 수 있는 브랜드가 이렇게 적은 것일까? 여러 가지 원인이 있겠지만 개인적으로는 원천 기술이 탄탄하지 않고, 무엇이든 빨리빨리 만들었던 것이 원인이라 생각한다.

빨리빨리 문화가 나쁜 것만은 아니다. 빨리빨리 덕분에 우리는 한강의 기적을 이룰 수 있었다. 하지만 여기까지다. 트렌드에 맞는 제품을 재빨리 만들면 일시적으로 돈은 벌 수 있을지 몰라도 시간이 흘러도 변하지 않는 가치를 지닌 브랜드가 되기는 힘들다. 각 나라를 대표하는 브랜드들을 보면 대부분 그들만의 '혼'이 들어가 있다. 빨리빨리 만들면서 혼을 제대로 불어넣기란 쉽지 않다.

이제부터라도 한국만의 절대가치를 지닌 브랜드를 만들어야 한다. 중국과 함께 윈윈하려면 더더욱 한국 대표 브랜드가 필요하다. 얼마 전까지만 해도 중국은 한국의 새마을운동, 대기업의 세계시장 진출 등에 관심을 가졌다. 신농촌 건설을 위해 새마을운동을 배우러 많은 공무원들이 한국을 방문하기도 했다. 하루라도 빨리 농촌 경제를 발전시켜야 하는 중국에게 새마을운동은 분명 매력적인 본보기였을 것이다.

하지만 지금 중국은 한국에 별로 관심이 없다. 더 이상 그들에게 한국은 매력적인 나라가 아니다. 물론 여전히 한국을 찾는 중국인들이 많고, 중국에서 한국 제품들이 잘나가지 않느냐고 반박할 수 있다. 하지만 중국 관광객들 사이에 한국에서 살 만한 것이 없다는 이야기가 나온 지 이미 오래다. 지금 중국에서, 혹은 중국인들에게 인기 있는 제품들도 100% 신뢰하는 브랜드여서 잘 팔린다고 보기는 어렵다. 브랜드 가치보다는 한류의 영향이나 가격대비 성능이 좋기 때문에 팔린다고 봐야 한다.

가격으로 승부하는 제품은 그 생명력에 한계가 있다. 가성비가 더 높은 제품이 나오면 그 제품은 바로 시장에서 퇴출되기 때문이다. 삼성이 중국 스마트폰 시장에서 샤오미의 도전에 무너지는 것도 같은 맥락이다.

명품은 가격에 민감하지 않다. 수천만 원에서 수억 원까지 호가하는 스위스의 고급시계처럼 가치를 인정받는 브랜드는 가격으로 경쟁하지 않는다. 중국제품보다 가격이 10배 이상 비싸도 팔릴 수 있는 상품을 만들어야 한다. 그렇다고 비싼 프리미엄 명품을 만들어야 한다는 게 아니다. 면도칼 하나, 볼펜 하나를 만들어도 고객에게 감동을 줄 수 있는 제품을 만들어야 한다는 말이다. 무엇을 만들든 R&D에 더 투자하고, 시간이 걸리더라도 일본의 장인정신처럼 혼을 불어넣는 작업을 한다면, 그것이 곧 한국을 대표하는 브랜드가 될 수 있을 것이다. 마음이 급할수록 돌아가라는 말이 있다. 빨리 만드는 것보다 시간이 걸리더라도 제대로 만드는 것이 중국시장에서 오랫동안 생존할 수 있는 지름길임을 잊지 말자.

「대장금」에서 「별에서 온 그대」까지

무엇을 한국을 대표하는 브랜드로 만들 것인가? 일단은 우리가 잘하는 것부터 찾아야 한다. 중국에서 통할 수 있는 브랜드로 국한시켜 볼 때 우선 중국 사람들이 우리에게 열광하는 것이 무엇인지를 살펴보면 답이 나온다.

중국에는 지금 한류 열풍이 뜨겁다. 수많은 중국인들이 K-POP을 따라 부르고, 한국 드라마를 보며 울고 웃는다. 한국에서도 인기를 끌었던 「별에서 온 그대」는 중국 팬들의 마음을 단숨에 사로잡았다. 중국 인터넷 동영상 사이트 아이치이(愛奇藝)에서 동영상을 본 횟수가 무려 25억 뷰를 돌파했을 정도다.

한류는 일종의 문화 콘텐츠다. 확실히 아직까지는 우리나라가 중국보다 문화 콘텐츠를 잘 만든다. 드라마도 잘 만들고, 영화도 잘 만들고, 음악도 잘 만든다. 그럼에도 지금까지는 한류를 등한시한 면이 없지 않다. 사실 한류는 우리가 계획하고 노력해서 만든 것이 아니다. K-POP과 한국 드라마가 인기를 끌면서 저절로 만들어졌다고 봐야 한다. 쉽게 만들어진 것은 쉽게 사라질 수 있다. 지금과 같이 그저 흐르는 대로 방치하면 언제든 흔적도 없이 사라질 수 있는 것이 한류다.

한류를 단순히 일시적인 현상으로 끝나게 하지 않으려면 더 많은 콘텐츠를 개발하고, 콘텐츠의 활로를 적극적으로 모색해야 한다. 뜨거운 한류 열풍에도 정작 한류를 수익으로 연결시킨 예는 많지 않다. 오히려 한국이 아닌 중국이 돈을 벌었다. K-POP과 한국 드라마는 해적판을 판매한 중국인들에게 막대한 수익을 안겨주었고, 대장금으로 한식이 유행할 때도 중국인이 운영하는 한식당들이 큰돈을 벌었다. 반면 이틈을 타서 중국에 진출한 한국 요식 업체들은 큰돈을 벌지 못했다. 드라마 「별에서 온 그대」로 치맥 열풍이 불었지만 이 또한 발 빠르게 치맥을 도입한 중국 기업들이 한국 기업들보다 훨씬 많은 돈을 벌었다.

흔히 한류는 있는데 한류산업은 없다고 말한다. 한류가 경제적 가치 창출로 이어지는 산업으로 자리 잡지 못했기 때문이다. 우리가 잘 만드는 콘텐츠를 더욱 잘 만들기 위한 노력 못지않게 효과적인 수익구조를 만드는 것도 중요하다. 미국을 상징하는 대표적인 문화산업 중 하나인 디즈니와 할리우드 영화는 영화 자체로 벌어들인 수익보다 영화를 소재로 한 캐릭터, 관광, 출판 등 부가적인 사업을 통해 얻은 수익이 훨씬 크다고 한다. 디즈니와 할리우드를 보면서 잘 만든 문화 콘텐츠를 활용해 어떻게 경제적인 이익을 극대화시킬 것인지 심도 깊게 고민해야 할 때다.

K-뷰티가 한류를 활용해 수익을 창출한 좋은 예가 될 수 있다. 한류에 힘입어 중국에서 가장 많이 성장한 분야가 바로 화장품, 패션 등이다. 내가 중국에서 대학을 다니던 1990년대 중반만 하더라도 화장하는 중국 여성들을 거의 본 적이 없다. 중국 사람들은 한국 여성들이 피부가 아주 좋다며 부러워했다. 그랬던 중국 여성들이 한국 드라마 속 연예인들을 보며 한국의 화장품과 패션에 관심을 갖기 시작한 것이다.

2000년대 중반에 들어서자 한국 유학생 중에는 화장품 보따리 장사로 돈을 벌어 학비를 마련하는 사람이 있을 정도로 한국 화장품의 인기가 높아졌다. 당시 중국에 출장 갈 때 지인들에게 한국 화장품을 선물로 주면 무척 좋아했다. 서양의 유명 화장품보다 같은 동양인이 만든 한국 화장품이 중국인의 피부에 더 잘 맞는다는 인식도 생겼다.

오늘날 아모레퍼시픽의 성장은 한류의 영향으로 시작되었지만 그것을 발판으로 K-뷰티를 산업으로 만들어냈다는 데 큰 의의가 있다. K-뷰티의 약진으로 아모레퍼시픽 서경배 회장이 삼성 이건희 회장 다음으로 한국 주식 부호 2위로 등극했을 정도다.

하지만 역시 제일 중요한 것은 모방할 수 없는 더 좋은,

더 가치 있는 문화 콘텐츠를 만들기 위해 노력하는 것이다. 현재에 만족하지 말고 콘텐츠를 만드는 능력에서만큼은 경쟁력을 잃지 않도록 부단히 노력해야 한다. 중국은 자체적인 문화 콘텐츠 소스가 무궁무진한 나라다. 아직까지는 기획력이 부족해 다양한 콘텐츠를 만들지 못하고 있지만 다른 분야에서 그랬듯이 콘텐츠를 만드는 능력도 얼마든지 빠르게 발전시킬 수 있다.

중국을 우리의 문화 콘텐츠를 파는 대상만이 아닌 함께 콘텐츠를 개발하는 파트너로 생각해도 좋을 것 같다. 우리의 자체 콘텐츠만을 고집할 것이 아니라 우리 기획력과 기술력으로 중국의 잠재되어 있는 무한한 콘텐츠를 함께 개발하고, 여기에 중국의 자금력과 시장까지 더해진다면 전 세계로 뻗어나가는 것은 시간문제일 것이다.

다만 중국과 문화 콘텐츠와 관련해 파트너십을 맺으려면 중국의 문화적 자존심을 건드려서는 안 된다. 중국 국가 서열 6위인 왕치산(王岐山)이 중국은 왜 「별에서 온 그대」와 같은 드라마를 못 만드느냐고 말한 적이 있다. 문화적 자존심이 강한 중국이 한류를 마냥 반가워만 하지 않는다는 것을 알 수 있는 대목이다. 중국정부는 정책적으로 한국을 비롯한 다른 나라의 콘텐츠를 방송하는 시간대를 규제하고, 쿼터제를 두어 방송 시간도 엄격히 제한하고 있다.

그들이 방송을 규제하는 이유는 무엇일까? 중국은 한국과 체제가 다르다. 중국의 예를 들면, 종교의 자유는 있지만 종교 활동은 정부가 강력하게 통제한다. 종교를 통제하는 이유 중 하나가 종교를 통해 유입된 서구의 문화와 민주주의 사상이 사회주의 체제의 정체성을 위협할지도 모른다고 생각하기 때문이다.

문화도 종교와 마찬가지다. 한국 대중문화가 그들 생활 속 깊이 침투되는 것을 우려하는 것은 자유, 민주, 인권 등 분명 정부가 받아들이기에 불편한 부분이 있기 때문일 것이다. 따라서 중국과는 장기적인 안목에서 상호간의 문화교류가 이루어져야 한다. 우리 문화만 중국에 들어가는 것이 아니라 중국 문화를 받아들이려는 자세도 필요하다. 그리고 우리의 대중문화가 그들에게 해를 끼치는 게 아니라는 설득과 신뢰의 과정 역시 필요하다. 서로 원원할 수 있다는 믿음을 주어야 한다.

한국을 찾는 중국인들을 위한 관광 콘텐츠를 개발하는 것도 시급하다. 요우커라 불리는 중국인 관광객이 한국 경제에 미치는 영향은 상상을 초월하는 수준이다. 2011년 베이징대 은사님 부부를 한국에 초대한 적이 있다. 항공권은 예약을 했는데, 호텔을 예약할 수가 없었다. 당시 중국 건강용품업체 바오젠그룹 직원 1만 1000명이 서울과 제주도를 방문했는데, 이들로 인해 모든 호텔의 예약이 만료된 상태였기 때문이다. 결국 어쩔 수 없이 한 대학의 게스트 룸에 숙소를 마련할 수밖에 없었다. 바오젠그룹 직원들의 단 며칠 동안의 방문으로 인한 경제 파급효과는 무려 500억 원에 달한다. 제주도에 '제주 속의 중국'이라 불리는 바오젠 거리도 이를 계기로 생겼다.

2014년 한 해 동안 한국을 방문한 중국 관광객들은 약18조 6000억 원의 생산유발효과를 만들었다. 이는 자동차 70만 대를 수출한 것과 맞먹는 규모라고 한다. 고용유발 효과에서는 34만 명의 일자리도 만들어냈다.

중국인 관광객은 하나의 산업이다. 2014년 현재 해외여행을 즐기는 중국인은 약 1억 명인데, 여권 소지자는 전체 인구의 6%에 불과하다. 2020년에는 2억 명으로 늘어날 전망이다. 어디를 가든 돈을 아끼지 않는 중국인 관광객을 유치하기 위해 세계 각국이 치열하게 경쟁을 벌일 이유가 충분하다.

한국관광공사에 의하면 2014년 한국을 찾은 중국 관광객은 612만 명으로 이는 전체 외국 관광객의 43%를 차지한다고 한다. 문제는 재방문율이 26%로 뚝 떨어진다는 것이다. 여기에는 여러 가지 원인이 있겠지만 나는 개인적으로 중국인 관광객을 위한 '삼거리', 즉 '먹거리' '볼거리' '놀거리'가 부족하기 때문이라고 생각한다.

먹거리, 볼거리, 놀거리는 관광 콘텐츠다. 중국 관광객을 유치하려면 좀 더 매력적인 관광 콘텐츠를 개발해야 한다. 요즘 중국인들이 선호하는 힐링을 주제로 한 관광 콘텐츠도 좋고, 먹거리, 볼거리, 놀거리에도 스토리를 더하고, 테마별로 다양한 관광 콘텐츠를 개발하는 것이 중요하다. 특히 다른 나라에서 볼 수 없는 한국에만 있는 관광자원을 발굴해서 개발하는 것도 좋다. 예를 들면, 외국인들이 한국에 와서 가장 가보고 싶어 하는 곳 중 하나가 DMZ다. 중국인도 마찬가지다. 세계에서 유일한 분단국가이며 휴전상태로 있는 특수한 지역이라 호기심을 갖는 것 같다.

한국의 색깔이 분명한 관광 콘텐츠의 필요성은 중국인들도 모두 공감한다. 어떤 중국인은 "일본 여행을 가면 일본에 왔구나 하는 생각이 들어요. 그런데 한국은 한국만의 느낌이 없어요"라고 말하기도 했다. 인정하기 싫지만 맞는 말이다. 일본에 가면 일본인 특유의 친절과 서비스, 현대적으로 살린 전통 의상과 축제, 고궁의 단정하고 깔끔함, 일본 취향의 아기자기한 소품 등 곳곳에서 일본을 느낄 수 있는 것이 사실이다. 작은 소품 하나를 선물 받아도 일본에서 사온 것임을 금방 알 수 있을 만큼 특유의 색깔이 있다. 우리도 한국의 느낌을 잘 살린 문화 콘텐츠 혹은 스토리텔링이 있는 관광상품을 개발하는 것이 시급하다.

문화 콘텐츠를 잘 만드는 것 외에도 한국이 중국보다 잘하는 것들이 많다. 디자인도 뛰어나고, 디테일에도 강하다. 아직 중국이 디자인과 디테일이 떨어지는 것을 감안하면 디자인과 디테일을 살려야 하는 분야에서는 경쟁력이 있다.

몇 년 전 중국 칭다오맥주 공장에 갔을 때의 일이다. 공장을 나오면 바로 칭다오맥주 공장에서 생산되는 생맥주를 파는 맥주 거리가 조성되어 있는데, 생맥주를 사니 비닐봉지에 담아주었다. 그것도 우리나라에서 흔히 볼 수 있는 튼튼하고 예쁜 비닐봉지가 아니라 마트에서 물건을 담을 때 사용하는 얇은 비닐봉지였다. 지금은 포장이 바뀌었는지 모르겠지만 터질까 조마조마했던 기억이 있다. 초라한 비닐봉지를 보고 맥주 맛에 대한 기대감이 순식간에 사라졌다.

최근에는 제품 디자인이나 포장 기술이 좋은 한국 기업을 소개해달라는 중국인들이 늘고 있다. 중국 사람들도 제품을 만드는 기술력이 일정 수준에 도달하자, 상품 가치를 더 높여주는 디자인이나 포장 기술에 눈을 뜨기 시작한 것이다.

건강한 먹거리와 관련된 시장도 아직 우리가 우세하다. 요즘 중국 소비자들은 제품을 구입할 때 저렴한 가격보다는 안전을 중시하는 추세다. 중국인들이 자국 식품을 신뢰하지 않기 때문이다. 정부의 강력한 단속에도 건강을 위협하는 식품들이 사라지지 않고 있다. 썩은 과일로 만든 주스, 가짜 달걀 등은 차치하더라도 멜라민 분유 파동, 농약 수박 사건 등 직접적으로 생명을 위협하는 사건, 사고들이 끊임없이 발생하고 있다. 이런 상황에서 중국 사람들이 외국 식품을 선호하는 것은 당연하다. 특히 2016년부터 두 자녀 정책의 시행으로 중국은 매년 신생아가 2000만 명 태어날 것이라고 하는데, 이는 40만 명인 한국 신생아 수에 비하면 어마어마한 인구다. 다시 말해 한국의 50배에 달하는 영유아시장이 형성되는 셈인데, 안전한 먹거리에 대한 수요 역시 커질 것이다.

건강한 먹거리를 생산하고 관리하는 것은 아무래도 한국이 낫다. 중국은 아직 건강한 먹거리 시장에서 기회를 찾을 수 있는 여지가 많다. 건강한 먹거리를 잘 연구하여 경쟁력을 갖추는 것도 중국과 윈윈할 수 있는 좋은 방법이다.

한국의 지정학적 위치도 경쟁력이다

세계에서 가장 많이 판매되는 맥주는 무엇일까? 최근 2014년 세계 맥주 판매량 순위 조사 결과를 발표했는데 쉐화맥주(雪花啤酒)가 1위를 차지해 나는 적잖이 놀랐다. 선양에서 사업하면서 쉐화맥주를 즐겨 마셨던 덕에 익히 알고는 있었지만 단지 선양에서 생산되는 맥주 정도로만 알고 있었는데 세계 판매율 1위라니 놀라지 않을 수 없었다. 쉐화맥주는 맥주 방울이 마치 눈꽃 같다고 하여 붙여진 이름이다.

일반적으로 중국을 대표하는 맥주는 칭다오맥주라고 알고 있다. 2014년 쉐화맥주의 맥주 세계시장 점유율은 5.4%로,

2위 칭다오맥주 점유율인 2.8%의 두 배 가까이 되는 수치다.

더욱 놀라운 것은 쉐화맥주를 중국 내수시장을 대상으로만 팔았는데 세계 1등이 되었다는 것이다. 중국시장이 워낙 크다 보니 중국에서 1등을 한 기업이 단숨에 세계 1등 기업으로 부상할 수 있었다. 물론 쉐화맥주는 중국맥주시장의 20%를 장악하고 있는 전국구 맥주라는 사실을 이번 조사 결과를 접하면서 알게 되었다.

쉐화맥주 외에도 세계 1위를 차지한 중국 기업들은 또 있다. 개인 PC 세계 판매량 1위인 레노버와 백색가전으로 6년 연속 세계 1위를 하고 있는 하이얼도 그중 하나다. 이 업체들이 세계 1위를 차지할 수 있었던 이유는 세계시장에서 우수한 품질로 인정받았기 때문이지만, 소비 인구가 많은 자국 시장에서의 판매 또한 큰 영향을 미쳤을 것이라고 본다.

중국의 대표 SNS인 웨이보와 협력을 추진할 때의 일이다. 중국 측 담당자는 동시 접속자 수가 많으니 사이트의 서버가 다운되지 않도록 충분히 준비해달라고 신신당부했다. 가입 회원수가 6억 명이나 되니 그럴 만도 했다. 중국 최고의 동영상 사이트인 유쿠와 협력할 때도 마찬가지였다. 동영상 속에 PPL을 삽입하는 마케팅 건 때문에 만난 첫 미팅에서 접속자 수가 많을 텐데 상품 공급이 가능하겠느냐고 진지하게 물었다. 역시 회원이 수억 명이니 걱정할 만했다. 제품을 판매하는 한국 회사 입장에서는 행복한 고민이지만, 이처럼 중국의 시장 규모는 우리의 상상을 초월할 정도로 크다.

중국시장이 갖는 힘은 크다. 2020년이 되면 중국의 중산층 인구는 6억 명이 된다고 한다. 우리와 이웃한 중국시장이 점점 커지고 있다는 것은 우리에게도 기회가 크다는 것을 의미한다. 수출로 먹고사는 한국의 최대 고민은 언제나 판로개척이다. 물건을 아무리 잘 만들어도 팔 시장이 없으면 무용지물이다. 엄청난 규모의 중국시장 하나만 제대로 공략해도 글로벌시장에 진입하는 것과 맞먹는 효과를 얻을 수 있으니 이보다 좋은 기회는 없다.

중국이 세계 경제를 주도하는 경제대국이 된 지금, 중국과 가까운 거리에 있다는 것은 여러 모로 유리하다.

한국은 글로벌 FTA 허브국가가 되기 위한 조건을 갖추고 있다. 한국은 2015년 한중 FTA를 체결함으로써 세계 10대 무역대국 중에서는 미국, 중국, EU 세계 3대 경제권 모두와 FTA를 체결한 유일한 국가로 등극했다. 이 또한 중국으로 진출하고 싶어 하는 외국 기업에겐 한국 투자가 매력적인 요인이 될 수 있다. 중국과 FTA를 체결하지 않은 나라는 높은 관세를 물어야 하는데, 중국과 FTA를 체결한 한국을 거치면 관세 혜택을 받을 수 있기 때문이다.

같은 이유로 중국도 우리나라를 미국이나 유럽에 진출하

기 위한 전진기지로 활용할 수 있다. 한국에 투자해 R&D센터와 공장을 만들면 그만큼 미국이나 유럽에 진출하기도 쉽고, 관세장벽을 뛰어넘기도 수월하다. 글로벌 FTA 허브 국가의 이점을 최대한 살려 적극적으로 새로운 활로를 모색해야 할 때가 바로 지금이다.

온라인은
국경을 초월한다

요즘 내가 특별히 관심을 갖고 공부하는 분야 중 하나가 '온라인'이다. 온라인이 생활화되면서 온라인을 활용한 새로운 비즈니스 영역이 끊임없이 확대되고 있다. 본격적인 관심을 갖기 전까지 내가 알고 있던 온라인은 인터넷으로 필요한 정보를 검색하고 메일을 주고받는 정도였다. 하지만 온라인은 현실세계를 그대로 옮겨놓은 것 같은 또 다른 세상이다. 현실에서 할 수 있는 모든 것이 온라인 세상에서도 가능하다. 친구를 사귈 수도 있고, TV나 영화를 볼 수도 있고, 음악을 들을 수도 있다. 온라인으로 음식을 배달시킬 수도 있고, 물건을 사고파는 것도 온라인에서 더 활발하다. 온라인을 알지 못하면 무엇을 해도 반쪽짜리밖에 할 수 없는 그런 세상이 되었다. 농촌에서 농사를 짓더라도 온라인을 통해 고객과 직거래를 할 줄 아는 사람과 그렇지 않은 사람의 차이는 클 수밖에 없다. 변화에 민감하지 않으면 뒤처질 수밖에 없다. 그래서 나는 빠르게 변화하는 온라인 세상을 배우기 위해 틈만 나면 까마득히 어린 후배들을 열심히 쫓아다닌다.

온라인을 공부하는 또 다른 이유는 중국 때문이다. 중국은 지금 IT 산업의 급격한 발전에 힘입어 온라인시장까지 하루가 다르게 팽창하고 있다. 중국 온라인시장의 성장은 우리에겐 엄청난 기회다. 국경을 초월하는 온라인은 오프라인에서는 상상도 할 수 없는 수많은 비즈니스 기회가 곳곳에 있다. 그 기회를 놓치지 않기 위해서라도 온라인을 공부하는 것은 필수다.

중국, 최고 부호 3인방이 모두 IT 기업인

우리나라도 상당히 빨리 오프라인에서 온라인으로 전환한 나라 중 하나다. IMF 경제위기 즈음 급격하게 증가한 PC방의 공이 컸다. 전국적으로 순식간에 초고속 인터넷망이 깔렸고, 사람들은 빠르게 온라인의 매력에 젖어들었다. 그 결과 한국은 IT강국으로 자리를 잡게 되었다.

중국의 온라인으로의 전환은 우리나라보다 더 빠르다. 2015년 6월 기준으로 중국의 인터넷 보급률은 48.8%에 달한다. 인터넷 보급률로만 보면 선진국의 70%에 훨씬 못 미친다. 그러나 인터넷 사용자 수는 무려 6.7억 명, 모바일인터넷 사용자 수도 5.9억 명에 육박한다. 이는 미국 총인구인 약 3억

2000만 명보다 두 배가량 많은 숫자다. 지금 수준으로도 온라인 사용자 수가 세계적인 규모인데, 향후 인터넷 보급률이 더 증가하면 중국의 온라인시장은 규모를 예측하기 어려울 정도로 확대될 전망이다.

중국 최대 전자상거래 업체인 알리바바의 마윈(馬雲) 회장과 중국 최대 부동산 재벌 왕젠린(王健林) 회장은 온라인시장이 오프라인시장으로 대체될지 말지를 놓고 내기를 했다. 2020년까지 전자상거래 규모가 전체 소매판매액의 50%를 넘으면 왕젠린이 마윈에게 1억 위안(180억 원)을 주고, 그렇지 않으면 마윈이 왕젠린에게 1억 위안을 주기로 한 것이다. 2012년 CCTV 올해의 경제인물 시상식에서 벌어진 해프닝이었다. 중국 온라인시장의 급성장을 엿볼 수 있는 상징적인 에피소드다.

중국이 빠르게 온라인으로 전환되는 데는 1980년대 출생자인 바링허우(80後)와 1990년대 출생자인 지우링허우(90後)의 힘이 크다. 바링허우는 개혁·개방 정책으로 인한 경제발전의 혜택을 받고 자란 세대다. 또한 1가구 1자녀 정책으로 대부분 독자여서 부모로부터 귀한 대접을 받고 자라 소황제로 불리기도 한다. 개방적이고 합리적인 사고방식을 갖고 있으면서도 애국주의적 성향이 강한 편이다. 지우링허우 역시 한 자녀 정책의 마지막 세대로 바링허우 못지않게 부모, 조부모, 외조부모의 극진한 지원을 받으며 자란 신세대다. 이들은 개성이 강하고, 외국 브랜드를 선호하고, 패션, 화장품, IT 등에 대한 관심이 남다르다. 특히 지우링허우는 인터넷과 모바일 환경에 익숙해 바링허우와 함께 중국의 온라인시장을 주도하고 있다. 바링허우와 지우링허우는 중국 전체 인구의 약 4분의 1을 차지한다. 최근 이들이 주력 소비층으로 등장하면서 온라인시장은 더욱 빠르게 확대될 전망이다.

중국 온라인시장의 특징은 단시간에 PC 기반의 인터넷에서 스마트폰으로 넘어갔다는 것이다. 워낙 IT 기술이 빨리 발전했기 때문인 것으로 추정된다. 스마트폰 사용자가 급격히 증가하면서 온라인 쇼핑 규모 중 모바일을 이용한 쇼핑 규모가 50%를 넘는다.

중국 온라인시장의 급속한 발전은 중국의 부자들만 봐도 알 수 있다. 세계적인 경제 전문 매체인 《블룸버그 통신》의 분석 자료에 의하면, 2014년 중국 최고 부자 1~3위가 알리바바 마윈 회장, 텐센트 마화텅 회장, 바이두 리옌홍 회장 순이었다. 모두 중국을 대표하는 IT 기업인들이다. 이전에는 부동산 재벌이 주류를 이루었던 것과 대조적이다.

중국 온라인시장의 파급력은 한국의 잣대로는 짐작하기조차 어렵다. 중국의 '21Cake'라는 케이크 브랜드는 오프라인 매장 없이 온라인만으로 케이크를 판매하는데, 하루에 판매되는 케이크 개수가 수천 개가 넘는다. 가격이 일반 케이크보다 비싼 편인데도 매년 50% 이상 매출이 성장하고 있다.

샤오미는 주문생산방식으로 온라인에서만 판매해 중국 스마트폰 시장을 제패했다. 제조사가 통신사를 거치지 않고 소비자에게 직접 판매하는 방법으로 가격 경쟁력을 높일 수 있었다. 제조사 - 통신사 - 소비자의 기존 방법으로 판매할 경우 스마트폰 판매가격의 40%가 유통비용으로 나간다면, 자체 온라인 쇼핑몰을 통해 판매하는 경우 유통비용이 판매가격의 2%에 불과하기 때문이다.

알리바바 산하의 타오바오와 티몰 온라인 쇼핑몰은 매년 1자가 네 개 겹치는 11월 11일, 즉 싱글데이에 대대적인 세일을 하는 것으로 유명하다. 파격적인 세일 영향도 있겠지만 2015년 싱글데이 하루에 16조 5000억 원의 매출을 올렸다. 이처럼 한 기업의 하루 매출액이 16조 원을 훌쩍 넘을 수 있는 곳이 바로 중국 온라인시장이다.

중국 온라인 시장, O2O로 진화 중

알리바바의 창업자 마윈 회장이 서울대 강연에서 '3무(無)' 성공 비결에 대해 이야기한 적이 있다. 즉 돈, 기술, 계획 3가지가 없었기 때문에 성공했다는 것이다. 사업자금이 부족했기 때문에 돈을 아끼고 대신 머리를 더 많이 썼고, 기술을 몰랐기 때문에 자신처럼 무지한 사람도 쉽게 사용할 수 있는 서비스를 만들어

달라고 엔지니어에게 요구했고, 자신 역시 그들의 말에 귀 기울여 협력할 수 있었다고 한다. 마지막으로 틀에 박힌 계획 대신 변화를 도모했기에 성공했다고 말했다. 특히 '변화'를 강조했다. 급변하는 세상에 계획은 무의미하며 최고의 비즈니스 플랜은 '지속적인 변화(Keep changing)'라고 강조했다.

마윈은 그 누구보다 세상의 변화를 잘 읽고 변화를 선도하는 인물 중 한 사람이다. 몇 년 전 중국에서 생소한 경험을 했다. 지인들이 휴대전화에 뭔가를 입력하면 금방 택시가 도착하고 택시 요금도 휴대전화로 결재하는 거였다. 다들 당연하게 이 서비스를 사용하고 있었다. 당시 나는 설명을 들어도 잘 이해가 되지 않았다. 몇 년 후 그때 중국에서 본 것이 한국의 카카오택시인 콰이디다처와 온라인 결제 시스템인 즈푸바오였다는 걸 알았다. 한국에서 핀테크라는 용어가 뉴스를 도배하고 카카오택시가 출범하는 것을 보고 나서 당시 그 서비스를 정확히 이해할 수 있었다. 중국 최초 온라인 결제 시스템인 즈푸바오와 중국 최초 택시호출앱인 콰이디다처의 성공 뒤에는 모두 마윈 회장이 있다.

최근 중국 최대 전자상거래 업체인 알리바바의 마윈 회장은 중국 최대 가전유통 기업인 쑤닝과 전략적 제휴관계를 맺기로 한 기자회견에서 "알리바바가 오프라인 업체와 융합하지 않으면 미래가 없다"고 말했다. 온라인 유통을 대표하는 알리바바와 오프라인 유통을 대표하는 쑤닝의 전략적 제휴는 중국 유통 업체의 판도가 오프라인에서 온라인으로, 다시 온라인과 오프라인이 결합한 형태로 진화되고 있음을 시사한다. 그 이전에도 마윈은 "지난 20년이 온라인 기업의 시대였다면, 향후 30년은 전통 기업이 온라인과 결합하는 새로운 시대가 될 것"이라며 온오프라인 결합의 필요성을 강조해왔다.

알리바바와 쑤닝의 제휴 외에도 중국에서는 온라인시장과 오프라인시장의 결합 형태인 O2O(Online to Offline)가 이미 빠르게 진행되고 있다. 특히 소비자들이 온라인 쇼핑을 선호하는 것에 위기감을 느낀 오프라인업체들이 온라인 유통을 접목하는 데 열을 올리고 있다. 전국에 90여 개의 백화점과 168개의 쇼핑센터를 가지고 있는 중국 최대 부동산 기업 완다는 2015년에만 10여 개의 백화점을 폐점하는 한편 바이두, 텐센트와 손잡고 O2O 사업을 시작했다. 중국 월마트 역시 온라인시장이 활성화됨에 따라 매출이 급감하면서 중국 식품 분야 온라인 업체인 '이하오뎬'을 인수해 오프라인과 온라인 유통망을 연계시켰다.

중국에서 온라인과 오프라인을 결합하는 데 열중하는 이유는 어느 한쪽만 고집할 때보다 서로 결합했을 때 시너지가 크기 때문이다. 오프라인 업체 입장에서는 날로 확대되는 온라인시장을 무시하면 생존 자체가 불투명해진다. 온라인 업체 입장에서도 오프라인의 장점을 결합했을 때 시장을 더 크게 확대할 수 있다.

스마트폰이 대중화되고, 모바일 결제 수단이 발달하면서 O2O도 점점 확대되는 추세다. 중국 온라인 소비자 10명 중 7~8명이 스마트폰 앱으로 택시 호출, 배달음식 주문, 영화관 이용, 숙박정보 공유, 자동차 수리까지 다양한 오프라인 서비스를 누리고 있다. 전문가들은 중국의 O2O 서비스가 한국보다 3~4년 정도 앞서 있다고 한다. 그리고 인터넷과 모바일 사용 인구가 지속적으로 증가함에 따라 중국의 O2O 시장 역시 더 커질 것으로 보고 있다. 땅도 넓고 인구도 많아 효율적인 마케팅이 어려운 중국에서 O2O는 우리에게 새로운 기회가 되지 않을까 생각해본다.

자금력이 약한 중소기업의 희망, 온라인

중국의 온라인시장이 크게 확대되는 것은 한국 입장에서는 반가운 일이다. 온라인을 활용하면 여러 모로 중국에 진출하기도 쉽고, 위험부담도 최소화할 수 있기 때문이다.

온라인에는 국경이 없다. 지금까지는 중국에 진출하려면 먼저 현지 법인을 설립해야 했다. 당연히 현지 법인을 설립하는 데는 자본금과 임대료, 인건비 등이 든다. 하지만 온라인으로 시작하면 이런 직접투자 비용이 상대적으로 적게 들어 부담이 덜하다.

직원이나 꽌시를 관리하기도 수월하다. 한국인들이 중국에서 사업을 할 때 가장 큰 애로점으로 꼽는 것이 직원과 꽌시 관리다. 온라인으로 사업을 하면 현지에 직원을 두지 않아도 되니 따로 직원 관리가 필요 없고, 꽌시도 오프라인으로 사업을 할 때보다 덜 고민해도 된다.

온라인 사업을 할 때 부담이 되는 것 중 하나가 쇼핑몰을 개설하고 홍보하는 것이다. 하지만 처음부터 자체적인 쇼핑몰을 개설할 필요가 없다. 알리바바 산하의 타오바오나 티몰 등 기존의 중국 인터넷 쇼핑몰에 입점하거나 한국정부산하기관과 연계된 중국 쇼핑몰 내 한국제품 전용관을 이용하면 큰 부담 없이 시작해볼 수 있다. 자금력이 약한 중소기업으로서는 이런 방법으로 큰돈 들이지 않고 중국시장을 테스트해보는 것이 가능하다.

온라인이 중국 전역을 대상으로 한다는 것도 매력적이다. 오프라인으로는 불가능한 일이다. 워낙 땅도 넓고 지역별로 문화가 다르며 사용하는 언어도 다르기 때문에 보통 중국에 진출할 때 어느 한 지역을 중심으로 진출할 수밖에 없다. 하지만 온라인은 처음부터 중국 전역을 대상으로 할 수 있다. 뿐만 아니라 지역별로 어떤 제품이 잘 팔리는지 반응을 체크하는 것도 가능하다. 온라인으로 중국시장을 먼저 테스트한 후 오프라인으로 진출하면 그만큼 위험부담을 줄일 수 있다.

제품을 판매하려면 마케팅이 아주 중요하다. 중국 쇼핑몰에 제품을 올리기만 하면 판매가 될 것이라고 믿는 사람들이 많은데, 이건 크나큰 오산이다. 알리바바 산하의 타오바오 쇼핑몰에서만 거래되는 제품이 8억 개가 넘을 정도로 많다. 다시 말해 유명 쇼핑몰에 등록했다고 곧바로 판매로 이어질 것이라고 생각하는 것은 큰 착각이다. 효과적인 온라인 마케팅 없이는 온라인시장에서도 성공하기 어렵다.

그러나 온라인은 마케팅 면에서도 장점이 있다. 중국의 SNS는 외국인에게도 열려 있다. 웨이보, QQ, 위챗과 같은 SNS 계정을 만들면 한국에서도 얼마든지 온라인 마케팅을 할 수 있다. 특히 중국의 최대 소비층인 바링허우나 지우링허우를 타겟으로 하는 품목이라면 온라인 판매와 온라인 마케팅을 절대로 놓쳐서는 안 된다.

마윈 회장은 최근 한 포럼에서 "대기업이 세계로 진출하는 것이 과거 20년 동안의 글로벌화였다면, 중소기업이 인터넷을 이용해 세계로 뻗어나가는 것이 향후 20년의 글로벌화다"라고 말했다. 온라인은 소자본으로도 도전해볼 수 있는, 누구에게나 평등한 또 다른 기회의 땅이다.

결국은,
사람이 힘이다

강연이나 방송에서 나를 중국 전문가로 소개할 때마다 쑥스럽다. 수십 년 동안 열심히 중국을 경험하고 공부하긴 했지만 중국 전문가로 불리기에는 내가 아는 중국이 일부에 불과하다는 생각이 들어서다. 중국은 한 사람이 다 알기에는 너무 규모가 방대하고 변화의 속도도 빠르다.

지금은 그 어느 때보다도 중국 전문가가 필요한 때다. 한국의 미래가 중국에 어떻게 대응하고 협력하는지에 따라 달라지는 만큼 제대로 중국을 아는 중국 전문가의 역할이 중요하다. 세계 최대 소비시장인 중국의 14억 인구를 상대하려면 적어도 10만 명의 중국 전문가가 있어야 한다는 게 내 생각이다. 하지만 지금 중국을 제대로 아는 사람은 턱없이 부족하다.

인재육성 면에서 중국은 참으로 위협적인 나라다. 이미 개혁개방 이후 적극적으로 인재를 키우기 위해 노력한 결과, 그 어느 나라보다도 뛰어난 인재를 많이 보유하고 있음에도 국가적인 차원에서 인재육성에 더욱 박차를 가하고 있다. 그래서 중국이 무섭기도 하고 한편으로는 부럽다. 인재가 많다는 것은 그만큼 나라의 미래도 밝다는 것을 의미하기 때문이다.

만인계획, 인재를 위해서라면 아끼지 않는 나라

중국은 국가 차원에서 인재를 육성한다. 국가에 필요한 인재를 키우기 위한 노력은 덩샤오핑이 개혁개방정책을 실시하면서부터 본격화되었다. 당시 경제를 발전시키기 위한 기술력이 턱없이 부족했던 중국은 수많은 유학생을 해외로 보냈다. 선진국의 기술과 지식을 공부해 귀국하면 그만큼 중국이 발전하는 데 도움이 될 것이라는 생각이었다.

하지만 초기에는 중국 유학생들 대부분이 돌아오지 않았다. 중국정부의 의도대로 공부하고 돌아와 중국을 위해 기술과 지식을 전수한 유학생은 고작 30%에 불과했다. 이를 우려한 정부 관료가 덩샤오핑에게 유학생들이 돌아오지 않으니 어쩌면 좋겠느냐고 물었다. 덩샤오핑의 대답이 무척 인상적이다.

"그래? 그러면 더 많이 유학을 보내라. 다 안 돌아와도 된다. 더 많이 보내면 돌아오는 사람도 더 많아지지 않겠는가."

작은 거인 덩샤오핑의 통 큰 대답이었다. 사람에 대한 믿음과 인재육성에 대한 신념이 없이는 나올 수 없는 말이다. 돌아오지 않는 유학생들은 해외에서 직장을 구하고 정착했다. 이들이 국가에 도움이 안 되는 것처럼 보이겠지만 오늘날 중국이 성장하는 데 음으로 양으로 큰 역할을 했다.

또한 중국 경제가 성장하면서 해외의 좋은 일자리를 포기하고 중국으로 돌아오는 유학생들도 점점 증가하는 추세다.

내가 대학에 다닐 때, 베이징대의 이공계 어느 학과는 졸업과 동시에 전원이 해외 유학을 떠났다는 말을 들은 적이 있다. 당시 중국 학생들은 유학을 성공의 지름길이라고 믿었다. 유학을 준비하는 대학생들은 고3 입시생처럼 하루 종일 공부만 했다. 나중에 알게 된 사실이지만 당시 유학을 간 학생들 대부분이 전액 장학금을 받고 유학길에 올랐다고 한다.

영국에 있을 때 만난 한국인 교수님이 있다. 미국대학의 교수였는데 그분이 중국인 유학생들에 대해 한 이야기가 인상적이었다. 중국인 학생들이 대학원 지원을 굉장히 많이 하는데, 모두 성적이 우수해 선별하는 데에 애를 먹었다는 것이다. 합격시킬 수 있는 인원은 몇 명으로 제한되어 있어 불가피하게 우수한 중국인 학생들을 떨어뜨려야 하는 상황이었다. 교수님은 아쉬움을 반액 장학금으로 표현했다. 당시만 해도 중국 유학생들은 전액 장학금을 받지 못하면 비자를 발급받기 어려웠기 때문에 반액 장학금만 주면 대학원에 진학할 수가 없었다. 그래서 반액 장학금을 받는 학생은 아쉽지만 대학원 진학을 포기해야 했다.

그때는 외국에 정착할 목적으로 유학을 떠나는 학생들이 많았지만, 그중에서도 혜안이 있는 친구들은 귀국을 선택했다. 2000년대 중반 한 친구는 세계은행(World Bank)에 일자리를 구했음에도 불구하고 포기하고 중국으로 귀국했다. 중국에 더 많은 성공의 기회가 있다는 것이 그 이유였다. 외교관을 하는 한 친구는 제법 높은 자리까지 올라갔음에도 역시 같은 이유로 외교관을 그만두고 현재 중국에서 사업을 하고 있다. 요즘은 중국에서 꿈을 펼치기 위해 해외 유학 후 귀국하는 열정이 넘치는 젊은이들을 흔히 볼 수 있다. 그만큼 중국에 더 좋은 기회가 많다는 반증이다.

지금은 남부럽지 않게 인재를 보유하고 있는 인재대국, 인재강국임에도 중국은 더 열심히 인재를 육성하기 위해 노력하고 있다. 2008년부터 실시한 천인계획(千人計劃)과 2012년 발표한 만인계획(萬人計劃)이 그 증거다.

천인계획은 쉽게 말하면 해외의 인재를 중국으로 영입하겠다는 계획이다. 2008년부터 5~10년 동안 세계적 수준의 학자 1000명을 영입한다는 것이 천인계획의 핵심이다. 해외에서 영입한 인재들에 대한 지원은 가히 파격적이다. 우선 대상자에게 일시 보조금으로 100만 위안(약 1억 8000만 원)을 지원하고, 연구에 필요한 경비는 요구하는 만큼 지원한다고 한다. 연구에만 몰입하고 싶어 하는 인재들의 관심을 끌기에 충분한 조건이다.

해외에서 영입하려는 인재들을 구분하면 크게 자연과학 분야의 40세 이하의 연구자, 해외에서 학위를 취득하고 3년 이상 연구활동을 수행하거나 중국에서 학위를 취득한 후 해외기관에서 5년 이상 연구 및 교육을 수행한 자, 같은 연령층에 비해 우수한 연구활동을 하거나 잠재능력을 가진 자 등 세 부류다. 게다가 중국인으로 한정하지 않고 우수한 인재는 국적과 상관없이 초청했다. 이미 중국의 파격적인 천인계획에 매료된 수많은 젊은 인재들이 중국에 둥지를 틀고 연구를 하고 있다.

천인계획에 만족하지 않고 중국은 2012년 만인계획 정책을 발표했다. 만인계획의 핵심은 중국이 향후 10년 동안 국내 자연과학, 공학기술, 철학·사회과학 분야의 고급 인재를 1만 명 선출해 지원하고 육성한다는 것이다. 천인계획이 외국에 있는 인재를 중국으로 초빙하는 것이라면 만인계획은 국내에 있는 우수인재를 발굴해 지원하는 것에 중점을 두고 있다. 이 또한 차근차근 순조롭게 진행 중이다.

중국의 인재 욕심은 끝이 없다. 다른 욕심과는 달리 인재를 확보하려는 욕심은 얼마든지 부려도 좋을 것 같다. 기업 차원에서도 인재사랑은 각별하다. 중국의 구글이라고 불리는 바이두의 창립자 리옌훙 회장은 인재가 있는 곳이면 어디든 간다며, 직접 대학을 찾아가는 등 업무시간의 3분의 1 이상을 인재를 유치하고 관리하는 데 쓴다고 한다. 텐센트 마화텅 회장도 사업 프로젝트는 실패하더라도 다시 시도할 수 있고, 자금 역시 대책을 세우면 조달할 수 있지만, 인재는 어떤 것으로도 대체할 수 없기 때문에 가장 큰 재산은 인재라고 밝힌 적이 있다. 레노버 류촨즈 회장은 좋은 사람이 있으면 없는 자리를 만들어서라도 데려 오겠다고 할 정도로 인재를 귀하게 여긴다.

인재는 하루아침에 만들어지지 않는다. 일관성을 갖고 오랜 기간 지속적으로 추진할 때 비로소 결실을 맺을 수 있다. 그런 면에서 중국은 걱정이 없어 보인다. 정권이 바뀌어도 인재양성 계획은 지속될 것이고, 인재를 사랑하는 기업 총수들의 마인드도 변함이 없을 것이기 때문이다.

미국의 목표, 중국 전문가 10만 명

인재에 대한 욕심은 우리나라도 뒤지지 않는다. 특히 우리나라 부모들의 교육열은 가히 세계 최고 수준이다. 그러나 우리나라의 인재양성은 어쩐지 순조로워 보이지 않는다. 누구보다도 열심히 가르치고, 학생들도 공부를 열심히 하는데 인재강국이 되는 길은 멀기만 한 것 같다.

굳이 이유를 언급하지 않아도 무엇이 문제인지 공감할 수 있을 것이다. 창의적인 교육의 부재로 미래가 필요로 하는 인재를 육성하지 못하는 것이다. 개인적으로는 급부상하는 중국에 대응할 수 있는 인재 또한 부족하다는 것이 못내 안타깝다.

현재 우리나라에 가장 필요한 인재는 누구일까? 기초가 튼튼한 과학자도 필요하고 각 분야별로 학식이 뛰어난 학자도 필요하겠지만, 우리에게 가장 중요한 파트너이자 경쟁자로 부상하는 중국을 제대로 알고 현실적인 해법을 제시할 수 있는 중국 전문가가 제일 시급하다는 게 내 생각이다.

중국의 경쟁상대인 미국도 이미 중국어 인재 10만 명을 양성하기 시작했다. 정부 차원에서 중국어를 네이티브 수준으로 구사할 수 있는 인재 10만 명을 양성하겠다는 '10만 스트롱 이니셔티브(Strong Initiative)'가 진행 중이다. 물론 중국어를 잘한다고 중국 전문가라 말하기는 어렵다. 하지만 중국을 이해하는 데 있어 중국어는 필수이기 때문에 미국의 '10만 스트롱 이니셔티브' 프로젝트는 중국 전문가를 육성하는 데 튼튼한 기반이 될 수 있을 것이다.

세계 넘버원 미국도 중국의 힘을 인지하고 중국을 견제할 수 있는 인재를 키우기 위해 노력하는데, 과연 우리나라는 얼마나 노력하고 있을까? 한국에게 있어 중국의 존재는 절대적이다. 중국이 없는 한국의 미래는 상상하기조차 어렵다. 그만큼 중국을 제대로 분석하고 대응할 만한 인재가 절실하게 필요한데, 지금까지는 이렇다 할 움직임이 없다.

중국이 워낙 큰 나라이다 보니 한 사람이 중국 전체를 알기란 불가능하다. 그래서 10여 년 훨씬 이전부터 지역별, 산업별 중국 전문가가 필요하다는 데 많은 사람이 공감하고, 지역별 혹은 산업별로 전문가를 양성해야 한다는 이야기가 나왔지만 여전히 제자리걸음이다.

중국 전문가의 필요성을 몰라서 인재를 양성하지 않는 것은 아니라고 본다. 방법을 모르고, 어떻게 하면 중국 전문가를 양성할 수 있는지 고민이 부족한 것이 문제가 아닐까 싶다. 그렇다면 어떻게 해야 제대로 중국 전문가를 양성할 수 있을까? 남들보다 조금 일찍 중국을 공부하기 시작했다는 이유로 나는 오래전부터 그 방법을 고민해보았다.

현실적으로 실행 가능한 방법으로는 우선 대학의 커리큘럼부터 조정할 필요가 있어 보인다. 대학에서 학생들을 가르치면서 한국 대학들의 중국 관련 학과 커리큘럼들을 비교해보았는데, 모두 약속이라도 한 듯 대동소이한 커리큘럼을 갖고 있었다. 그래서는 경쟁력이 없다. 대학별로 커리큘럼의 차이를 두어, 지역별, 산업별 혹은 다른 방법으로 중국을 세분화 및 특화시켜 연구하는 것이 중국 전문가를 양성하는 데 더 많은 도움이 될 것이라고 생각한다. 예를 들어, A대학은 한중 문화콘텐츠를 특화시키고, B대학은 중국 프랜차이즈를 전문화시키고, C대학은 산둥성 지역을 전문적으로 연구하고, D대학은 중국 전자상거래에 대해 실용적으로 접근하는 등 각 대학이 특화된 분야에서만큼은 A부터 Z까지 모두 섭렵하여 꿰뚫고 있다면 여러 가지 긍정적인 면이 파생될 것이라고 생각한다. 기업은 중국에 대한 세부정보가 필요할 때 효율적으로 도움을 받으며 활발한 산학협력을 견인할 수 있고, 경쟁력을 갖춘 졸업생들은 바로 현장에 투입되고 중국 기업에 취업할 수 있는 기회도 열릴 것이다. 중국을 보다 심도 있게 공부할 수 있는 환경을 조성하고 특화된 전문 인력을 양성한다면 우리의 미래가 든든하지 않을까 생각해본다.

200만 명에 달하는 조선족 동포도 훌륭한 자산이다. 베이징대 재학 당시 주중일본대사관에서 일하고 있는 일본인 친구를 알게 되었다. 외무고시에 합격하고 일하면서 어학연수를 하던 친구였는데 "한국은 중국에 조선족 동포가 많으니 얼마나 좋냐"며 부러워했다. 한국 기업들이 중국 진출 초기 조선족 동포들의 도움을 받는 것을 보고 그랬을 것이다. 그리고 10년쯤 지나 다시 만났을 때는 "한국인들은 조선족 동포와 사이가 좋지 않은 것 같다. 조선족 동포라는 큰 자원을 왜 잘 활용하지 못하느냐"며 아쉬워했다.

중국어와 한국어를 다 구사할 줄 알고, 중국을 이해하고 있는 그들을 등용하면 중국을 연구하는 데 큰 힘이 될 것이다.

예전에는 조선족 동포들이 주로 노동자 신분으로 한국에 왔지만 이젠 교수, 변호사, 회계사, 언론인, 금융인, 국영기업 한국 대표 등 엘리트 조선족 동포들이 한국과 중국 곳곳에 포진하고 있다. 이들과 함께하면 더 큰 시너지를 발휘할 수 있을 것이다.

한국에서 공부하는 중국인 유학생도 소홀히 해서는 안 된다. 한국에 10만 명의 중국인 유학생이 공부하고 있는데, 이들은 미래 한중 양국을 잇는 가교 역할을 할 인재들이다. 현재 중국에서 서열 3위인 장더장(張德江)은 중앙정치국 상무위원이자 전인대 상무위원장으로, 김일성 종합대학 유학파 출신이다. 한국에서 유학하고 있는 학생들 중에 미래의 장더장과 같은 인물이 나올 확률이 높다. 중국인 유학생들이 한국에 대한 좋은 감정을 가질 수 있도록 더욱 애정을 갖고 관심을 기울일 필요가 있다.

조금만 생각을 바꾸면 방법이 보인다. 중국 전문가를 양성하는 일은 개인적인 문제가 아니다. 국가적인 차원에서 필요한 일인 만큼 미국처럼 국가가 주도해 중국 전문가를 양성하는 방법을 고민하고 실행하는 날이 빨리 오길 바란다.

고래 싸움을 대하는
새우의 지혜

고래 싸움에 새우등 터진다는 말이 있다. 인정하기는 싫지만 현재 우리나라의 위치는 미국과 중국이라는 거대한 고래 사이에 낀 새우와도 같다. 중국이 경제적인 발전에 집중할 때는 그래도 방향을 분명히 잡을 수 있었다. 기본적으로는 미국과 함께하면서 경제와 관련한 부분에서만 중국 손을 잡으면 됐기 때문이다.

하지만 중국이 경제뿐만 아니라 국제사회에서도 주도권을 잡으려는 움직임을 보임에 따라 상황이 복잡해졌다. 미국과 중국 모두 자기의 필요에 따라 한국이 자기 손을 잡아주기를 바라면서, 자칫 잘못하면 고래 싸움에 새우등이 터질 위험이 커졌다.

우리는 과연 어떻게 대처해야 할까? 미국과 중국 사이에서 현명하게 처신할 수 있는 전략이 필요하다. 올바른 전략이 있다면 고래 싸움에 새우등 터질까 하는 걱정 없이 우리의 미래를 준비할 수 있다.

G2의 대립, 위기가 아니라 기회다

2013년 6월 시진핑 주석이 미국을 방문해 오바마 대통령과 정상회담을 할 때 처음으로 '신형대국관계론'을 제의했다. 현재 중국의 경쟁상대는 미국이 유일하다. 비록 중국이 세계의 중심으로 부상하고는 있지만 미국은 여전히 중국을 견제할 수 있는 힘을 갖고 있는 대국이다. 중국도 역시 미국의 독주를 막을 수 있는 힘을 갖고 있는 나라다. 이런 두 대국이 서로 충돌하지 말고 대화와 협력을 통해 상호 공영하자는 것이 신형대국관계론의 주 내용이다.

중국 속담에 "한 산에 두 마리의 호랑이가 있을 수 없다"는 말이 있다. 사실 미국과 중국은 세계라는 산에서 패권을 겨루는 두 마리 호랑이와도 같다. 미국은 이미 오래전부터 세계를 리드하는 호랑이였고, 중국은 최근에 힘을 키운 신예 호랑이인 셈이다. 시진핑은 그 두 마리 호랑이가 한 산에서 공존할 수 있다며 서로를 인정하고 협조하며 충돌을 피하자고 미국에 제안한 것이다.

동북아에서 패권을 차지하기 위한 미국과 중국의 힘겨루기는 이미 시작되었다. 그 한가운데에 한국이 있다. 우리나라

는 여러 가지 면에서 미국과 중국 모두와 협조하며 함께 가야
한다. 지금까지는 국가안보와 관련해서는 미국의 손을 잡고,
경제와 관련해서는 중국의 손을 잡는 것이 가장 실리적이라는
의견이 지배적이었고, 실제로 그렇게 해왔다.

그런데 중국이 국제사회에서 목소리를 높이면서 상황이
복잡해졌다. 미국은 여전히 한미일 동맹구도로 아시아에서 중
국의 부상을 견제하길 원하고, 중국은 적어도 동북아에서만큼
은 확실한 주도권을 잡길 원하기 때문이다. 2015년 한 해만 해
도 한반도의 사드 배치 문제, 한국의 아시아인프라투자은행 가
입 문제, 박근혜 대통령의 중국 전승절 기념 열병식 참여 문제
등을 놓고 미국과 중국이 한국을 서로 자기편으로 끌어들이기
위해 신경전을 벌였다. 앞으로도 두 나라 사이의 팽팽한 줄다
리기는 계속될 것이다. 이런 상황에서 우리나라가 전략적으로
어느 나라를 선택하는 것이 유리한지를 두고 의견이 분분하
다. 자칫 고래 싸움에 새우등 터질까 우려하는 목소리도 크다.

이에 대한 내 생각은 분명하다. 미국과 중국, 어느 나라의
눈치도 볼 것 없다. 철저하게 우리나라의 이익을 고려해 사안
별로 적절한 선택을 하면 된다. 국가 안보적인 차원에서든 경
제적인 차원에서든 국익을 최우선으로 두면 어떤 선택을 해야
하는지 분명히 보인다.

동북아 문제의 최대 현안은 한반도의 비핵화이자 동북아

의 평화다. 다행히도 북한의 핵보유를 반대하는 것은 한국은 물론 미국과 중국 모두 같은 생각이다. 특히 북한의 3차 핵실험 이후 중국은 북핵실험을 단호히 반대하고 강력한 경제제재에 동참했다. 중국의 태도가 이전과 확연히 달라진 것이다. 나는 중국의 이런 태도 변화를 신형대국관계를 만들어내기 위한 준비 단계라고 본다. 동북아에서 중국이 주도권을 갖기 위해서는 자기 편을 많이 만들고 미국의 입지를 약화시켜야 한다. 그런 측면에서 봤을 때 중국의 북한 핵보유 반대에 대한 강경한 태도는 미국의 우방인 한국과 전략적으로 강력한 유대감을 형성하는 동시에 국제사회에서 세계 평화와 발전을 책임지는 리더라는 명분을 쌓기에 충분한 카드였다.

이런 중국과의 관계도 우리 역시 국익 차원에서 풀면 된다. 경제적인 측면은 말할 것도 없고 안보적인 측면에서도 중국은 충분히 손을 잡을 만한 가치가 있다. 북한은 우리의 아픈 손가락이다. 한 핏줄이면서도 서로의 가슴에 총구를 겨누고 있다. 분단과 통일은 우리가 자주적으로 해결해야 할 문제임에도 국제사회의 이해관계에 의해 우리 당사자들보다는 세계 강대국들의 논리가 한반도를 지배한다. 즉 한국과 미국 vs 북한과 중국, 좀 더 확대하면 일본과 러시아까지 한반도에 발언권을 행사한다.

중국의 신형대국관계론이 현실화되면 한반도 문제만큼은

북한에 큰 영향력을 행사하는 중국의 역할이 확대된 한미중 공조체제가 생겨날 수 있다. 이런 시나리오는 우리나라 안보에도 긍정적이다. 전통적으로 중국은 북한과 '혈맹관계' '순치관계'를 유지하면서 적극적으로 지원해왔다. 그랬던 중국이, 북한이 3차 핵실험을 계속하고 중국통으로 알려진 친중파 장성택을 처형한 이후 북한을 대하는 태도가 달라졌다. 더 이상 무조건적으로 지원하지 않겠다는 의중을 공공연히 밝히고 있다. 북한은 중국에 대한 무역의존도가 80% 이상에 달할 만큼 경제적으로 중국에 전적으로 의지하고 있다. 중국이 등을 돌리면 북한은 고립무원이 될 수밖에 없다. 결국 현재로선 북한에게 영향력을 발휘할 수 있는 가장 위협적인 나라가 중국인 셈이다.

한편 2016년 1월 6일 북한의 4차 핵실험에 대해 국제사회는 강경하고 적극적인 중국의 역할을 강조하고 있지만, 중국은 대화로 풀자는 다소 미온적 입장을 취하고 있다. 그렇다고 해서 한반도의 비핵화 및 동북아 평화에 대한 중국의 기본 입장이 변한 것은 아니다. 다만 중국은 딜레마에 빠진 듯하다. 국제사회의 진정한 리더가 되기 위해서는 북한을 적당히 제재하는 수준으로 넘어갈 수 없기 때문이다. 하지만 어디로 튈지 전혀 예측할 수 없는 김정은 정권의 북한을 완전히 고립시키면 이웃한 국가로서 위험이 따르게 된다. 어쨌든 분명한 건 중국은 상황에 따라 북한에 대해 당근과 채찍을 적절히 활용하며 국익을 극대화할 것이라는 점이다.

『손자병법』「모공편(謀攻篇)」에 "적국을 온전한 채로 포섭하는 것이 최상이며, 적국을 공격해 파괴하여 얻는 것은 차선이다(全國爲上 破國次之)"라는 말이 있다. 중국의 북한에 대한 영향력을 효과적으로 활용하면, 북한을 견제하고 설득하면서 한반도의 평화를 유지하는 데 큰 도움이 될 것으로 보인다.

2015년 9월 4일 '항일(抗日)전쟁 및 세계 반(反)파시스트 전쟁 승전 70주년' 기념 열병식에 박근혜 대통령이 참석한 것만 보아도 중국은 안보적으로 협력의 대상이지 갈등의 대상이 아님을 알 수 있다. 실제로 2015년 8월 북한의 지뢰도발과 포격도발로 남북이 서로 군사를 대치하는 일촉즉발의 상황이었을 때, 중국이 북한에 직·간접적으로 평화적 해결을 위한 압력을 행사해 한반도의 긴장을 해소하는 데 도움이 되었다. 지속적인 경제성장을 위해 동북아에서 어떤 전쟁도 원치 않는 중국 역시 미국 못지않게 한반도 평화를 위해 중요한 역할을 하는 나라임을 인정하고, 서로 윈윈할 수 있는 관계를 만들기 위해 노력할 필요가 있다.

미국과 중국의 대립 속에서 한국이 중국 편에 서야 한다는 말이 아니다. 미국과 중국 모두 동북아 패권을 차지하기 위해 서로 자기편을 만들려고 노력하는 상황에서 양국 간 신경전은 우리가 실리를 취하기에 더 없이 좋은 기회라는 뜻이다.

미중 양국의 한국에 대한 전략적 가치를 최대한 활용하여 우리의 국익을 극대화시키는 게 가장 중요하다.

계획은 신중하게 행동은 과감하게

국제 경제를 둘러싼 중국의 새판 짜기 역시 한참 진행 중이다. 이미 중국은 세계 경제를 좌우하는 거대한 경제대국으로 성장했다. 그럼에도 중국은 이에 만족하지 않고 향후 국제 경제를 확실히 주도하기 위해 과감하면서도 공격적으로 새판 짜기를 하고 있다. 단적으로 '아시아인프라투자은행'과 '일대일로(一帶一路) 프로젝트'가 그 대표적인 증거다.

아시아인프라투자은행은 중국이 주도해 설립한 국제금융기구로 아시아 개발도상국의 인프라 건설자금 지원을 목표로 하고 있다. 중국은 아시아 지역을 개발하는 데 필요한 자금을 기존의 아시아개발은행(ADB), 세계은행 등의 국제금융기구가 충분히 지원하지 못한다는 생각이다. 아시아개발은행이 조사한 자료에 의하면 2010년부터 2020년까지 아시아·태평양 지역 개발도상국의 인프라를 구축하기 위해 필요한 자금은 매년 7300억 달러에 달하는데, 실제 지원자금은 매년 80~100억 달러에 그쳤다. 필요한 자금에 비해 지원자금이 턱없이 부족한 것은 사실이다.

하지만 중국이 아시아인프라투자은행을 만든 진짜 이유

는 미국이 주도하는 국제금융질서에 도전하고 중국의 국제적 영향력을 넓히기 위해서다. 아시아의 개발자금을 마련한다는 명분하에 미국과 일본 주도의 세계은행과 아시아개발은행을 견제하려는 것이다. 그래서 많은 나라들이 아시아인프라투자은행 가입 여부를 두고 우방국인 미국과의 의리를 지킬 것인지 경제적 실리를 취할 것인지 사이에서 갈등하기도 했다.

시진핑은 2013년 동남아 순방 중 아시아인프라투자은행 창설 구상을 발표했고, 2014년 7월 한국 방문 당시 박근혜 대통령에게도 공식적으로 가입을 권유했다. 하지만 우리는 우방국인 미국의 암묵적 반대로 바로 결정을 하지 못했다. 그러던 중 2015년 3월 영국이 미국의 만류에도 G7 국가 중 처음으로 가입의사를 밝히고 뒤이어 굵직한 유럽 국가들이 줄줄이 참가하면서 뒤늦게 우리나라도 가입을 결정했다. 2015년 4월 15일 57개의 창립회원국이 확정되었고, 향후 일반회원국 자격으로 가입국이 계속 늘어나면 중국의 국제적 영향력은 그만큼 더 커질 것이다.

중국은 명분을 중시하는 나라다. 우리 입장에서도 중국이 절대적 수출대상국이기 때문에 아시아인프라투자은행 가입을 거절하기가 어려운 상황이었다. 어차피 이런 상황이라면 선도적으로 가입해 주도권을 확보하여 경제적 실리를 확실하게 챙길 명분을 만들었으면 어땠을까 하는 아쉬움이 남는다.

미국의 최고 우방국인 영국은 주요 서방국 중 최초로 아시아인프라투자은행에 가입하여 중국에 힘을 실어주면서 많은 실리를 챙겼다. 영국 대학원에서 공부할 때만 해도 영국은 미국과 '매우 특별한 관계(special relationship)'를 가지고 있기 때문에 모든 국제문제에 대해 영국은 항상 미국을 지지한다고 배웠다. 사실 영국에서는 자신의 뿌리를 찾아 영국에 공부하러 오는 미국인들을 많이 볼 수 있다. 영국과 미국은 단순한 동맹국을 넘어선 '매우 특별한 관계'다. 그런 영국이 미국의 반대에도 불구하고 아시아인프라투자은행에 가입함으로써 핵심 동맹국이란 의리 대신 실리를 취한 것이다. 또한 영국은 미국이 다른 우방국들의 아시아인프라투자은행 가입을 저지할 명분까지 잃게 만들었다. 그런 영국에 화답이라도 하듯 시진핑은 2015년 10월 영국을 방문했을 때, 영국이 주요 서방국가 중 아시아인프라투자은행에 가입한 첫 번째 국가임을 강조하며 양국의 '황금시대'를 열자는 데 합의하고 영국에 70조 원 규모의 투자를 약속했다. 국가 간의 관계는 언제나 자국의 이익이 우선이다. 우리나라가 더 많은 국익을 취할 수 있는 좋은 기회였음에도 미국을 고려하다 타이밍을 놓친 것이 못내 아쉽다.

하지만 아직 기회는 있다. 중국은 아시아인프라투자은행과 함께 '일대일로 프로젝트'를 진행 중이다. 일대일로 프로젝트는 한마디로 중국을 중심으로 중앙아시아, 아프리카, 유럽을 잇는 21세기판 대규모 육·해상 신(新) 실크로드를 만드는 것이다. 일대일로 프로젝트에 포함되는 주변국은 26개국으로 인구만 해도 44억 명이다. 전 세계 인구의 60%에 달하고, 글로벌 GDP의 약 30%에 해당하는 경제 규모를 가지고 있다.

중국 입장에서 일대일로는 중국몽을 실현하기 위한 하나의 포석이다. 중국몽은 한 마디로 '세계의 중심에서 세계를 호령하는 중화민족의 대부흥'을 의미한다. 중국몽의 모델은 중국 역사의 전성기인 '강한 한(漢)나라'와 '부유한 당(唐)나라'다. 당시 한나라와 당나라는 전 세계 GDP의 50%를 차지하면서 경제뿐만 아니라 문화를 이끌었다. 이것만 봐도 중국몽이 얼마나 거대한 꿈인지를 짐작할 수 있다. 일대일로를 추진해 가는 중국을 보면 '중국몽'이 단순한 꿈이 아니라 얼마든지 실현가능한 현실로 다가온다.

일대일로 프로젝트는 주변 국가에도 좋은 기회다. 일대일로는 10년간 1조 6000억 달러가 투자되는 거대한 프로젝트다. 건설·토목, IT·통신, 전력, 상·하수도 등 다양한 사업이 진행될 예정이므로 여기에 참가하는 것은 선택이 아닌 필수다. 이미 60여 개 국가와 국제기구가 관심을 보이고 있다. 우리도 국가적인 차원에서 어떻게 일대일로 프로젝트에 참가해 국익을 챙길 것인지를 그 어느 때보다도 진지하게 고민해야 한다.

아직 중국 진출의 기회는
열려 있다

솔직히 고백컨대, 나조차도 가끔은 중국을 알고 준비하기에는 너무 늦은 것은 아닌지 걱정할 때가 있다. 이미 오래전부터 나는 중국의 가능성을 이야기하며 중국을 제대로 알고 준비해야 한다는 말을 밥 먹듯이 했다. 하지만 상당한 시간이 흐를 때까지 내 목소리는 울림 없는 공허한 메아리일 뿐이었다. 그 사이 많은 사람이 아무런 준비 없이 중국에 진출했다 호되게 된서리를 맞고 후퇴하곤 했다.

그렇게 세월이 흐르는 동안 중국은 완전히 달라졌다. 더 이상 중국은 먹고살기 힘들었던 가난한 빈민국가가 아니다. 경제를 발전시키기 위해 한국을 비롯한 다른 나라에게 투자를 요청하던 개발도상국가도 아니다. 어느새 중국은 경제적으로나 정치적으로나 세계적으로 영향력을 발휘하는 강대국으로 우뚝 섰다. 하루가 다르게 발전하며 한국과 여러 면에서 격차를 벌이는 중국을 볼 때마다 두렵고 조바심이 나는 것도 사실이다. 과연 저렇게 앞서가는 중국을 따라갈 수 있을지 불안하기도 하다.

하지만 "늦었다고 생각할 때가 가장 빠른 때"라는 말은 언제나 옳다. 늦었다고 아무것도 시도하지 않는 것처럼 어리석은 일도 없다. 나는 20대 때 남들보다 한참을 늦게 출발했다. 재수, 삼수에 실패하고 군대에 다녀온 나를 기다리는 것은 차가운 현실이었다. 정상적으로 출발했던 친구들은 이미 대학 졸업을 앞두고 있는데, 여전히 출발선에서 한 걸음도 떼지 못한 내 모습은 초라하기 짝이 없었다. 어디로 가야 할지 방향조차 가늠할 수 없었고, 자신감은 땅에 떨어져 무언가를 시도해볼 용기조차 내기 어려웠다.

만약 그때 내가 너무 늦었다고 생각해 그 자리에 주저앉았다면 어떻게 되었을까? 상상만 해도 끔찍한 일이다. 돌이켜 보면 20대 젊은 시절의 몇 년은 긴 인생에서 찰나에 가까운 시간이다. 그럼에도 그 나이 때는 왜 그렇게 마음이 조급하고 불안한지, 제대로 차분히 미래를 설계할 여유가 없었다.

다행히 가장 절망스러운 순간에 나는 두려움을 누르고 새로운 도전을 시도했다. 중국 유학이 바로 그것이다. 어찌 보면 남들보다 출발이 한참 늦었다는 조바심이 있었기에 결과가 보장되지 않는 중국 유학을 선택할 수 있었던 것 같기도 하다. 그 결과 나는 중국 전문가로 성장하고 인정받을 수 있었다.

중국도 마찬가지다. 좀 더 일찍 중국을 공부하고 준비했다면 더할 나위 없이 좋았겠지만 지금도 늦지 않았다. 막연하게 중국을 이해하고 어설프게 준비하는 것보다는 지금부터라도 제대로 공부하고 중국의 변화에 적절하게 대응하고 준비하는 것이 중요하다.

이 책은 기본적으로 내가 경험한 중국인과 중국에 초점이 맞춰져 있다. 이 책을 읽고 중국에 관심이 없었던 사람들이 지금이라도 관심을 갖길 바란다. 그리고 중국에 관심은 있었지만 제대로 알지 못해 애를 태웠던 사람들이 좀 더 중국을 이해할 수 있다면 더 바랄 것이 없다. 그동안 내가 경험했던 중국 이야기가 중국에 진출해 새로운 미래를 여는 데 조금이라도 도움이 되었으면 하는 마음이다.

또한 이 책이 비록 중국을 이야기하는 책이지만 꿈과 희망을 잃고 좌초하는 우리나라 20대들에게 조금이나마 위안이 되고, 다시 미래를 꿈꾸게 하는 역할을 하기를 바라는 마음도 있다. 2011년『20대에는 사람을 쫓고, 30대에는 일에 미쳐라』라는 책을 출간한 적이 있다. 내 생애 최초의 책이다. 그 책에도 재수, 삼수에 연거푸 실패하고, 더 이상 물러날 곳이 없는 인생의 막다른 골목에서 중국 유학을 선택했던 이야기를 했는데, 특히 20대 청년들의 반응이 뜨거웠다. 자신의 모습과 지독하게 닮은 나의 20대의 아픔과 절망에 공감하고 용기를 얻을 수 있었다고 말하는 청년들이 많았다. 이 책은 중국과 대만에서도 번역돼 출간되었는데, 역시 젊은 층의 반응이 좋았다. 국가는 달라도 세계적으로 보면 현재 젊은 층의 고민은 비슷한 듯하다.

지금도 상황은 그리 나아지지 않았다. 아니, 오히려 더 악화되었다. 취업난은 더 심해졌고, 열심히 공부하고 준비해도 앞이 보이지 않는다는 젊은 친구들의 절규가 하늘을 찌른다.

그런 친구들에게 이 책이 또 다른 가능성을 보여주는 역할을 할 수 있기를 기대해본다.

좀 더 욕심을 부리자면, 중국에 진출하고 싶어 하거나 이미 중국 관련 사업을 하는 분들에게 이 책이 올바른 방향을 알려주는 길잡이 역할을 할 수 있었으면 좋겠다. 『중국 천재가 된 홍 대리』를 출간한 후 기업가들로부터 연락을 많이 받았다. 소설처럼 이야기를 풀면서 중국 사업을 할 때 알아야 할 실무적인 내용을 소개한 것이라 미처 못다 한 이야기가 많았는데도 많은 분이 도움이 되었다며 고마움을 표시했다.

『중국 천재가 된 홍 대리』를 보고 강연을 요청하는 분들도 많았는데, 강연을 할 때마다 사람들이 지금의 중국에 얼마나 당황하고 있는지를 느낄 수 있었다. 강연뿐만 아니라 중국과 관련해 사람들을 만날 때 가장 많이 듣는 말 중 하나가 "아니 중국이 언제 IT가 이렇게 발전했나요?"다. 중국이 비약적인 경제성장을 했다는 것은 알았어도 IT까지 우리나라를 앞지를지는 몰랐다는 반응들이다. 한때 IT강국으로 군림하던 우리나라였기에 더욱 충격이 큰 것 같다. IT마저 추월당했으니 이제 어떻게 해야 할지 모르겠다며 난감해하는 사람들이 많다.

지레 의기소침할 이유가 없다. 너무 늦었다고 자책할 이유도 없다. 개인적으로는 지금이 중국에 진출할 수 있는 최고의 적기라 생각한다. 한국과 중국의 관계는 그 어느 때보다도 우호적이다. 한류의 영향으로 한국에 대한 중국의 이미지가 좋고, 수많은 중국 관광객들이 한국에 들어오고 있다. 아직 충분히 기회가 있다. 그래서 이 책을 썼다. 지금이라도 중국을 제대로 공부하면 얼마든지 중국에 진출해서 성공할 수 있는 기회는 있다. 그 기회를 만들고 현실화시키는데 꼭 알아야 할 중국 이야기를 이 책에 담았으니, 부디 도움이 되었으면 좋겠다.

중국 전문가 김만기 박사의 가슴 뛰는 중국 이야기

왜 나는 중국을 공부하는가

초판 1쇄 발행 2016년 1월 22일
초판 5쇄 발행 2021년 8월 4일

지은이 김만기
펴낸이 김선식

경영총괄 김은영
콘텐츠사업1팀장 임보윤 **콘텐츠사업1팀** 윤유정, 한다혜, 성기병, 문주연
마케팅본부장 이주화 **마케팅2팀** 권장규, 이고은, 김지우
미디어홍보본부장 정명찬
홍보팀 안지혜, 김재선, 이소영, 김은지, 박재연, 오수미, 이예주
뉴미디어팀 김선욱, 허지호, 염아라, 김혜원, 이수인, 임유나, 배한진, 석찬미
저작권팀 한승빈, 김재원
경영관리본부 허대우, 하미선, 박상민, 권송이, 김민아, 윤이경, 이소희, 이우철, 김재경, 최완규, 이지우, 김혜진
외부스텝 구성 유혜규 **표지디자인** 가필드

펴낸곳 다산북스 **출판등록** 2005년 12월 23일 제313-2005-00277호
주소 경기도 파주시 회동길 490
전화 02-702-1724 **팩스** 02-703-2219 **이메일** dasanbooks@dasanbooks.com
홈페이지 www.dasan.group **블로그** blog.naver.com/dasan_books
종이 (주)한솔피앤에스 **출력 · 인쇄** (주)북토리

© 김만기, 2016

ISBN 979-11-306-0709-2(13320)

• 책값은 뒤표지에 있습니다.
• 파본은 구입하신 서점에서 교환해드립니다.
• 이 책은 저작권법에 의하여 보호를 받는 저작물이므로 무단 전재와 복제를 금합니다.
• 이 도서의 국립중앙도서관 출판시도서목록(CIP)은 서지정보유통지원시스템 홈페이지(http://seoji.nl.go.kr)와
  국가자료공동목록시스템(http://www.nl.go.kr/kolisnet)에서 이용하실 수 있습니다. (CIP제어번호 : CIP2016000262)

다산북스(DASANBOOKS)는 독자 여러분의 책에 관한 아이디어와 원고 투고를 기쁜 마음으로 기다리고 있습니다.
책 출간을 원하는 아이디어가 있으신 분은 다산북스 홈페이지 '투고원고'란으로 간단한 개요와 취지, 연락처 등을 보내주세요.
머뭇거리지 말고 문을 두드리세요.